文化吉林

長嶺卷

弘揚長白山文化
打響吉林特色地域文化品牌

王儒林

　　吉林有文化，而且吉林文化有底蘊、有潛力、有特色、有希望。從前郭縣王府屯距今約一百萬年的石製工具到距今十六萬年的樺甸仙人洞和距今三萬年的榆樹人，從燕趙文化東進到漢武帝設四郡，從扶餘、高句麗、渤海文明的興衰更替到遼金、清朝問鼎中原，從抗日烽火、解放硝煙到新中國老工業基地的紅色記憶，從二人轉、吉劇、長影到吉林期刊、吉林歌舞和吉林電視劇現象，勤勞智慧、淳樸善良、勇於開拓的吉林人民在白山松水間創造出絢麗多彩的地域文化，成為中國文化版圖上一道獨特風景。

　　文化與山素來結緣，正如泰山之於魯，嵩山之於豫，黃山之於皖，長白山是吉林的象徵、吉林的品牌。吉林文化始終與長白山難捨難分、血脈相連，集中體現於長白山文化之中。長白山文化發源和根植於吉林沃土，是包容吉林各民族文化、蘊含吉林發展歷史、反映吉林人性格特質、凸顯吉林氣派的「大文化」，是中華民族「多元一體」文化的重要組成部分，源遠流長、博大精深，構成了吉林文化的骨骼和脊梁。在地域文化越來越受到人們關注、文化軟實力越來越成為衡量一個地區核心競爭力的重要指標的當今時代，大力弘揚作為吉林文化標誌性符號的長白山文化，把這份寶貴的文化資源保護好、挖掘好、利用好、開發好，對於打響吉林特色地域文化品牌，鑄造極具時代內涵的吉林精神，提升吉林文化軟實力，凝聚吉林改革發展正能量，無疑具有十分重要的現實意義。

近年來，我省大力推進以優秀吉林地域文化為主要內容的長白山文化建設，出台了《長白山文化建設規劃綱要》，啟動實施了長白山文化建設工程，在長白山文化資源保護研究、挖掘整理、開發利用等方面做了大量工作，取得了顯著成績。我們要進一步加強長白山文化理論研究，豐富長白山文化內核和外延，進一步加強長白山文化遺產的發掘、保護和展示推介力度，擴大長白山文化的影響力，進一步加強對長白山文化內涵的拓展和提升，把長白山文化資源更好地轉化為文化產品、文化事業和文化產業，推動長白山文化建設躍上新台階，推動吉林文化大發展大繁榮，為實現富民強省目標、中華民族偉大復興、中國夢做出貢獻。深入挖掘、研究、整理長白山歷史文化，既是一項宏大浩繁的系統工程，又是一項功在當代、利在千秋的基礎工程。希望有更多有識、有志之士投身長白山文化建設事業，讓這份寶貴的文化資源更好地服務於當代，惠澤於未來。

　　由省委宣傳部組織編撰的《長白山文化書庫》系列叢書，是長白山文化建設工程的重要標誌性成果。叢書從基礎研究、地方特色、主要藝術門類三部分，對長白山文化的歷史資源進行了全面細緻的挖掘和整理，堪稱長白山文化研究與普及的鴻篇巨製，不僅對研究和宣傳長白山文化大有裨益，而且對培育吉林文化品牌、樹立吉林文化形象也將產生積極的促進作用。在叢書即將付梓之際，謹表祝賀並向全體工作人員致以問候。

主編寄語

莊嚴

　　長白奇迤蘊靈秀，松江悠長毓文傑。千百年來，雄渾壯美的白山松水賦予了肥沃豐饒的吉林大地以生機和活力，滋養了吉林人民勤勞睿智、堅韌進取、寬容開放的精神品格，積澱了多元融合、底蘊深厚、色彩斑斕的地域文化。這獨具魅力的吉林特色地域文化猶如一株馥鬱芳香的花朵，在中華民族文化百花園中爭妍綻放。

　　文化是經濟發展之根，是社會發展之源。省委、省政府高度重視文化建設，制定出臺了《長白山文化建設規劃綱要》，把吉林省歷史文化資源工程列入宣傳思想文化工作「六大工程」之一。省委宣傳部深入貫徹落實省委、省政府的要求，開展《長白山文化書庫》建設，啟動實施了《文化吉林》叢書編撰工作，將其作為全省宣傳思想文化工作的重要舉措，周密部署，精心組織，強力推進，取得了預期成果，為全省人民奉獻了一份珍貴的精神食糧。

　　《文化吉林》叢書是《長白山文化書庫》中全景展現特色地域文化的重要組成部分。年初以來，我省廣大宣傳文化工作者以對家鄉、對歷史、對文化事業的高度責任感和使命感，不畏繁難，勤勉執著，嚴謹認真，精益求精，在資料收集、遺產挖掘、書稿撰寫等方面付出了大量艱辛的努力，進行了許多開創性的探索和實踐，圓滿完成了這次編撰任務。叢書編撰秉承傳播和弘揚吉林文化的理念，梳理總結吉林文化資源，提煉昇華吉林文化精髓，激發增強吉林人的文化自覺、文化自信，使優秀文化更好地服務於吉林的發展振興。

《文化吉林》內涵豐富，圖文並茂，辭美情摯，引人入勝，是人們認識吉林、瞭解吉林、研究吉林的概覽長卷，是吉林文化走向全國，面向國際的真誠心聲。叢書真實勾勒了吉林文化歲月滄桑的歷史縱深，生動展現了吉林文化多姿多彩的時代律動，帶我們走進吉林地域文化演進的舞臺，親身感受風雲激盪的文化事件，出類拔萃的文化人物，領略淵深源遠的文化景觀，妙趣橫生的文化傳說，體驗琳瑯紛呈的文化產品，淳樸濃郁的文化民俗。叢書將吉林文化的發展脈絡、現狀和未來，客觀詳盡地展現給廣大讀者，是一部能夠讀得進去、傳播開來、傳承下去的佳作精品。

　　鑒往以勵志，展卷當奮發。《文化吉林》這套融史料性、知識性、可讀性於一體的叢書，為我們進一步保護、研究、開發吉林地域特色文化提供了重要史料資源。作為後繼者，當代吉林人有責任、有義務肩負起將吉林文化充分融入社會主義核心價值觀，推動吉林文化發展進步的歷史使命，讓優秀傳統文化在繼承中創新，在創新中前行，在全國文化發展大格局中唱響吉林「聲音」，打造吉林文化品牌，樹立文化吉林形象。

弘揚長白山文化　打響吉林特色地域文化品牌

主編寄語

第三章 · 文化名人

第四章 · 文化景址

第五章・文化產品

第六章 · 文化風俗

第一章———

文化發展概述

赫赫長嶺，從蠻荒矇昧，到開化文明，無不凝結著長嶺人的辛勞與甘苦、激情與智慧。從犁荒開田、遊獵騎射，到文化事業的蓬勃發展，無不湧動著厚重而深遠的文化傳承和深厚文化底蘊，腳步深深，宏圖偉業，彰顯著關於人文和歷史的多彩魅力。

長嶺賦

莽莽綠嶺，燦燦金崗。逶迤綿亘，浩浩湯湯。風雲百年，史溯周商。唐元肇始，契丹興邦。明清躞蹀，科爾沁王。皇恩光緒，拓土維疆。夷蠻置縣，犁田墾荒。長春洮南，取道中央。御筆硃批，長嶺名揚。

綿綿長嶺，腹居朔方。野沃草豐，勁展特長。春怡秋爽，夏暖冬涼。生機葳蕤，宜孕宜長。左偎農安，右牽保康。前擁懷德，背依牧場。高天闊野，人歡鶴翔。東植玉米，西收雜糧。南有特產，北牧牛羊。大疇平川，滿囤滿倉。玉米葵花，神州絕響。春秋迭代，恆登龍榜。食美衣豐，喜盈眉堂。

赫赫長嶺，乘勢開放。憑風借力，亦工亦商。農副特品，霽霞虹光。土豆粉條，世人品嚐。三辣精品，全球飄香。薄皮西瓜，小秤難量。巨葵色拉，擂動四方。牛羊肉品，車載箱裝。家禽肉絨，直銷海上。草業繁阜，兵戎威壯。鄉鎮異軍，半壁海洋。基地項目，熠熠閃光。化工大業，醫藥脂肪。建材磚瓦，覆蓋城鄉。食品酒水，春風蕩漾。龍鳳山水，魚肥人忙。人工造林，綠色屏障。借天聚能，風力電廠。拓業維艱，富含寶藏。天然油氣，數億立方。油母頁岩，具能具強。環城園區，璀璨閃亮。木業規模，後推前浪。玻璃器皿，大放銀光。澳洲移殖，薩福克羊。秸稈酒精，資源共享。葩妍景麗，政通業旺。樂猶忘返，富賈巨商。

煌煌長嶺，靚在城鄉。一街一景，現代模樣。鳥瞰嶺城，成方呈網。花樹成趣，堪比水鄉。徑入街衢，幻迷方向。亭榭曲徑，文化廣場。縣標石刻，笑雨迎光。欣花賞草，物我徜徉。遊歸故里，如客他鄉。高樓劍指，萬馬騰驤。店鋪櫛比，商品琳瑯。中西玩偶，南菜北糧。膚迥音異，北調南腔。比肩接踵，熙來攘往。新裝煥彩，追比時尚。笑指農家，喜披盛裝。棚戶改造，揖別草房。庭院花木，流彩溢芳。老歌新舞，童叟若狂。牛哞馬嘶，蜂舞蝶忙。自來水清，如溪甘爽。太陽能源，扮亮山莊。新型農機，鄉村暢想。全新社區，

笑沐丹陽。

浩浩長嶺，科教盈光。移動聯通，神網翱翔。巍峨學府，和風惠暢。楚韻唐風，道德華章。寒窗蒼海，百年棟梁。玉壺冰心，柏翠花香。校園影壁，儒雅端莊。博大精深，教學長廊。師承先賢，春色滿堂。文韜武魄，倜儻昂揚。狀元俊朗，遠涉重洋。拱星衛月，國運永昌。職教中心，做大做強。英才芸芸，聲顯名彰。藝苑昂首，恣意堂皇。二人轉戲，逸蘊獨芳。拉場大戲，聲情酣暢。聖水湖畔，五一金獎。希望田野，豪情萬丈。蒙古之娃，攝影稱觴。一代風流，根植鄉壤。鵬翼翩躚，維烈維強。

悠悠長嶺，萬千氣象。三城容姿，儀態萬方。環城大道，直銜哈廣。北通漠河，南抵機場。東穿長白，西過瀋陽。在建鐵路，客暢八方。溪流歸海，容納大江。馳譽靈秀，慨當以慷。鄉村公路，出行便暢。機車人流，如梭來往。山清水潤，林茂成行。桑梓氤氳，果美瓜香。燕啼鶯囀，蛙鳴蟬唱。楊蔭柳濃，互話短長。痴夢痴幻，恍入天堂。螢屏競彩，短夜悠長。村姑靚仔，窈窕新妝。柔媚千姿，炫彩透芳。綺麗旖旎，歌舞笙簧。威風八面，四海開張。盛世凱歌，主旋高唱。胸襟壯志，大路康莊。

烈烈長嶺，回眸瞻望。曾難忘否，歲月淒涼。日蹄踩躪，民遭重創。悲秋苦雨，血沃滄桑。烈風鐵骨，赴海蹈江。屢試復興，拒絕淪喪。星火燎原，啟明東方。羅氏勇標，拒敵沙場。除匪懲惡，傲雪凌霜。金戈鐵馬，肩負興亡。原係贛南，血灑我疆。長歌浩嘆，蕩氣迴腸。英烈四海，勇成國殤。捍天豐碑，彪炳史章。軒轅社稷，固若金湯。

巍巍長嶺，傲立北方。恢宏雄健，驚艷陽剛。得天獨厚，可馳可張。滄溟邈遠，柔美粗獷。招商引資，兼容八方。迎風納海，仁愛無疆。馳目騁懷，氣宇軒昂。風清氣正，旗展帆揚。科學發展，潛龍飛翔。物阜文豐，濟世經邦。騏騰驥躍，萬民永康。

今有歌曰：紫氣祥瑞，和諧氣象。羽豐翅健，垂天高翔。

今又頌之：谷幽峰秀，山高水長。追風攬月，曠世華章。

▲ 綠嶺風貌

▲ 長嶺境內油氣作業

　　長嶺縣成立於一九〇八年（清光緒三十四年），光緒帝御筆硃批會議政務處議復增設「吉林省屬長嶺縣」。一九四一年七月成立四平省，長嶺縣劃歸四平省。一九四六年二月長嶺縣建立民主政府，隸屬遼西省。一九四六年六月，遼西省撤銷，長嶺縣改為遼吉省管轄。一九五六年長嶺縣開始隸屬於吉林省白城專員公署，一九九二年開始隸屬於吉林省松原市。長嶺縣位於吉林省西北

▲ 龍鳳湖漁民晨曦出工冬捕

▲ 全國糧食生產先進縣。長嶺縣農民喜售餘糧

▲ 公路交通四通八達。新修環城大道

部，東經 123°06'-124°45'，北緯 43°59'-44°42'，東與農安縣接壤，南與公主嶺市、雙遼市交界，西與內蒙古科爾沁左翼中旗毗鄰，北與通榆、乾安、前郭爾羅斯蒙古族自治縣為鄰。地處松遼平原腹地、科爾沁草原東部，是農業和草原牧區的交錯帶，境內無山脈河流，地勢平坦，從東南到西北略呈傾斜。屬中溫帶大陸性季風氣候，年平均氣溫 4.9℃，10℃以上有效積溫 2919℃，年降雨量 470 毫米，無霜期 140 天左右，具備農林牧副漁各業發展得天獨厚的條件。礦產資源豐富，已探明二氧化硅含量達 93%的硅砂儲量四億噸以上，含油率 5.7%的油母頁岩儲量二億立方米，煤儲量四億噸，可開採的石油 327 萬噸，天然氣 72.24 億立方米，野生經濟植物 387 種，其中 108 種可以入藥。

長嶺縣面積 5736.2 平方公里，總人口七十萬人，下轄十個鄉、十二個鎮、五個園區和六個國營農林牧場，二百三十三個行政村。

縣政府駐地長嶺鎮距省會長春市 108 公里，距松原市 110 公里。

商、西周時期，長嶺縣轄區屬於鬼方、肅慎兩族地界接合部；東周、秦時期為東湖游牧地；漢、三國時期為鮮卑族所據；晉、南北朝及隋朝時期為契丹族所據；唐時期屬河北道松漠都督府所轄；五代十國時期復為契丹族所據；遼、北宋時期屬遼上京道烏古部烏古敵烈統軍司所轄；金、南宋時期屬金臨潢府路東北路招討司所轄；元時期為內蒙古王公翰赤斤的封地，隸屬中書省寧昌

▲ 「文革」時期京劇樣板戲

路折連川管轄；明時期為蒙王兀良哈領地，隸屬奴兒干都司塔山前衛卜剌罕衛管轄；清代初期仍為兀良哈領地；後來封扎薩克輔國公牧地，隸屬哲里木盟郭爾羅斯前旗管轄，晚期設吉林巡撫，歸東三省總督節制，前旗屬吉林巡撫統轄。清光緒三十四年（1908年一月九日），東三省總督徐世昌等向清廷奏請，在吉林「省城之西郭爾羅斯所放蒙荒地，長春、洮南兩府道，擬於適中之長嶺子地方設知縣一員，名曰長嶺縣」。同年十

▲ 二十世紀八十年代後期的長嶺電影公司

二月二十六日，光緒帝御筆硃批會議政務處議復，增設「吉林省屬長嶺縣」「酌派設治委員先行試辦」。一九〇八年置長嶺縣。一九一三年四月（中華民國二年三月），將長嶺縣規劃吉林省西南路道尹管轄。一九一四年八月（中華民國三年六月）西南路改成吉長道，長嶺縣隸屬吉長道管轄。一九四五年十一月初，長嶺縣隸屬遼寧省遼源專屬管轄。一九四八年七月，遼吉省改為遼北省，長嶺縣隸屬遼北省管轄。

長嶺縣位於科爾沁草原東南部，與滿族蒙古族交融，遼金時代遺址隨處可見，因而長期以來形成了豐厚的農耕文化、漁獵文化、草原文化和遼金文化。長嶺百年的發展史足以證明，百年來，長嶺人民締造了可歌可泣的故事；百年來，長嶺人民譜寫了一曲曲華美的樂章；百年來，長嶺人民創造了溫馨美好的幸福生活，這些都是長嶺文化建設的絢麗瑰寶。記錄長嶺的發展印痕，傳承長嶺的文化傳統，弘揚「開放包容、創新進取、誠信務實、文明和諧」的長嶺精神，這是時代的要求、人民的呼喚！歷經三十多年改革開放的長嶺，正以日新月異的驕人成績，正以一日千里的飛速提升，正以奮發圖強的人文理念，向世人描摹著一幅幅圖新、圖快、圖強的浩浩長卷。

長嶺縣人民一向有酷愛文化藝術的傳統。設治前，境內群眾文化藝術單調，流行帶有一定迷信色彩的講「瞎話兒」。設治後，逢年，農民多扭秧歌娛樂，亦為喜慶豐收。中華民國初年，蹦蹦（地方戲）、書曲、皮影等曲藝活動

▲ 二十世紀九十年代，長嶺廣播電視工作者的工作環境

陸續傳入長嶺縣，有少數藝人活動於民間。抗日戰爭東北淪陷時期，縣城建有「同樂茶園」「長興劇場」等文化娛樂場所。解放戰爭初期，遼吉軍區二分區「前哨」評劇隊在長嶺縣成立，二專署文工團來長嶺縣，分別演出了評劇《逼上樑山》和歌劇《兄妹開荒》《楊白勞》等。一九四七年後，長嶺各區、鎮、村組建業餘劇團一百六十五個，編演一些歡慶翻身解放、歌頌共產黨的文藝節目，群眾文藝活動頗為活躍。新中國成立後，文化館、圖書館、評劇團、電影隊（院）、地方戲隊相繼建立。一九七六年十月

▲ 長嶺縣人民體育場

▲ 長嶺鎮山灣文化廣場

後，長嶺縣文化藝術進入復興階段。黨的十一屆三中全會以後，縣、鄉（鎮）、村文化網絡形成。豐富多彩的文藝活動，對豐富人民文化生活、促進精神文化建設和物質文化建設發揮了積極的作用。

新中國成立前長嶺縣無新聞廣播事業。外地出版的《大同日報》《康德新聞》等報刊皆由長嶺人開辦的報刊分銷處代銷。一九五三至一九八五年，長嶺相繼辦起了廣播站、《長嶺報》、電視調頻轉播台及電視差轉台、《長嶺科普報》等。

新中國成立前長嶺縣無檔案資料可考。一九一六年（中華民國五年），縣知事崔蓬山逃避內蒙古巴布扎布叛軍時將所有檔案銷毀；抗日戰爭結束後日本侵略者逃離長嶺縣時把全部檔案掠走。新中國成立後長嶺縣保存了部分檔案並成立了檔案機構，到一九八五年，成立檔案館、歷史展覽館，縣檔案館庫存文書檔案六七二七卷、科技檔案四四一七卷（袋）、會計檔案資料八百八十八卷、資料四十冊、報刊合訂本五百三十二本。縣直機關及各鄉、鎮存文書檔案

▲ 一九八三年和二〇一三年大篷車送戲下鄉

一七四一五卷。檔案資料充分發揮了為社會主義物質文明和精神文明建設服務的作用。

　　一九九八年，在長嶺城區和太平川鎮增設文化體育活動中心，在體育場內建設一座一千五百平方米的封閉式綜合訓練館，在城區建設一座集圖書館、展覽館於一體的文化信息共享的綜合場館，在縣城中心地段建設一座能容納五千人的文化活動廣場，各鄉鎮建設一座三百平方米的標準文化站和五千平方米的文化活動廣場，新農村建設示範村各建成一處文化活動廣場。長嶺縣文物博物館文物收藏數據庫一百平方米、辦公室一百平方米、文物展覽館四百平方米。

▲ 長嶺電視臺創辦初期，播音員由廣播電臺播音員王玉華兼任

　　二〇〇〇年創辦長嶺縣有線電視臺，縣城居民可以收看通過衛星轉播的電視節目。二〇〇七年，吉視傳媒長嶺分公司成立，城鄉普遍開通有線電視節目。以光明鄉為試點，全縣開展「農家書屋」建設活動。連續多年開展「綠嶺金秋音樂會」「文化藝術節」等活動。縣文化部門積極組織演出單位，開展大

▲ 廣場健身操

▲ 廣場摺扇舞

篷車「送戲下鄉」活動。創辦了大型網站《長嶺網》、文學網站《文苑風景線》，及時宣傳報導長嶺文化事業發展新動態。

　　文化是一種深情的訴說，文化是一種真誠的表白，文化更是一種鮮活的引領。藝術形象地記錄和展演一個區域的文化成就，其形式可以百花齊放、異彩繽紛、絢麗多姿，或小說，或戲曲，或書畫。地處廣袤的松遼平原上的長嶺，成長出了郝國忱、馮延飛等全國著名劇作家，湧現出了《昨天、今天和明天》《希望的田野》《秋林盡染》《劫年》《尋一朵蒲公英的微笑》《車老闆的歌》等上千部文藝作品，

▲ 廣場太極拳

▲ 廣場書法

打造了龍源山公園、龍鳳湖景區、沙嶺水泊、暖泉冬青等二十多處人文自然景觀，產生了長嶺縣文藝社團等代表新時期文化發展方向的重大事件，揭秘了節日節令、習俗禮儀以及地名起源等傳統文化的迷人魅力。讀來充盈而厚重、飽滿而殷實、爛漫而馨香，必將贏得世人的喜愛和青睞。

　　長嶺肥沃的黑土地滋養了勤勞、善良、勇敢、優秀的長嶺兒女。此地民風

▲ 第九屆文化藝術節開幕入場式

淳樸、性情豪爽，在長期生產生活中形成了獨特的東北方言，養成了醃酸菜、吃黏豆包等飲食習慣，處處瀰漫著秧歌舞、二人轉、廣場歌舞、廣場書法等民間藝術的風情，處處洋溢著富有長嶺特色的濃郁文化氣息。加強對這些文化資源的深入挖掘和精心整理，既能融入民族、大眾文化的滔滔長河，又能充分體現中國文化事業大發展大繁榮時期的新氣象、新風貌和新成就。

文化是人文血脈的律動，文化是氣韻精魂的張揚。高揚文化旗幟，吹奏文化號角，是歷史的寄託，也是現實的期望。長嶺縣委、縣政府高度重視文化建設，熱心扶持文化名人成長，精心打造文化景址，深入整理民風民俗，對於提升文化實力，引導經濟社會發展，促進人的全面進步，做出了突出貢獻。如何引導文化事業健康發展，一直是全縣傾情鼎力追求的目標和任務。

近年來，長嶺文學社團風起雲湧、方興未艾。長嶺縣文聯組織成立了長嶺縣作家協會、長嶺縣民間藝術家協會、長嶺縣書畫家協會、長嶺縣綠嶺詩社等文藝組織，創辦了《龍鳳湖》《秋林詩刊》等文藝季刊和詩刊，開創了長嶺文藝事業發展的新階段。「老年書畫社」「明德軒書畫社」「常青影視傳媒」等民間藝術組織獨樹一幟，為長嶺縣文化發展做出了突出貢獻。

二〇〇八年九月，正值長嶺建縣百年之際，縣委、縣政府高度重視這一具

▲ 建黨九〇周年，學生們合唱愛國歌曲

有歷史意義的紀念活動，組織出版了大型紀念文集《長嶺百年風雲錄》以及大型畫冊，舉辦了大型紀念活動和文藝演出活動，向世人展示了百年以來長嶺的發展變化和歷史性成就，樹立了新時期長嶺的美好形象。

據統計，長嶺百年的文化成就，尤其是改革開放三十年來的文化成果，其作品幾千

部，獲得市級以上獎勵幾百部，形式涉及文學、戲曲、攝影、書法、繪畫、音樂、楹聯、篆刻、新聞等，其中，郝國忱的劇作《喜蓮》獲華表獎、馮延飛的《希望的田野》《美麗的田野》《永遠的田野》田野三部曲獲「五個一工程」獎；韓承利的攝影作品《蒙古娃》獲全國攝影大賽一等

▲ 長嶺兒童舞蹈《21 世紀飛翔》

獎；張祖鵬的辭賦《清徐賦》獲中華辭賦大賽一等獎。長嶺縣被文化部授予「全國文化建設先進縣」榮譽稱號。

　　面對當今文化多元化的新環境，增強文化的國際競爭力、建設社會主義文化強國的宏偉目標，要通過文化的大發展大繁榮來鑄就國家生存之基、民族延續之魂、社會發展之本。新形勢和新任務，新機遇和新挑戰，為長嶺文化事業的發展提出了新的更高的要求。在深入推介長嶺文化成就、全面樹立長嶺文化形象的同時，要立足新起點，勾畫新藍圖，通過求真務實、銳意創新、不懈奮鬥，一定會為長嶺文化事業創造新佳績、彈奏新樂章、譜寫新輝煌！

　　「身居蒼茫俟豪氣，笑走關山賴大尊。」長嶺正在走向文化事業更加美好的明天。

▲ 縣城西部新區

第二章 ——

文化事件

滔滔江河，千回百轉。長嶺漫長的歷史中，有很多重要的文化事件，以獨特的文化內涵，點綴著長嶺文化的多彩與厚重，展示著長嶺歷史的悠遠與燦爛。無數旋律，點點印痕，引領著長嶺地域文化迅速發展，不斷譜寫新的樂章。

長嶺最早學堂的建立

　　長嶺建縣後，在這片蠻荒的土地上，文明還沒有開化，農耕時代的民俗現象較為突出，人們日出而作、日落而息，處於以衣蔽體、以食果腹的生存狀態。而此時，黃河流域、長江流域的古老文明和傳統文化早已在城鄉上下影響著人們，詩、書、禮、樂、義已成為人們教育孩子們的主要內容。於是，長嶺一些有志於民族振興的有識之士，便致力於治學興邦，使本地的孩子們接受良好的教育。

　　一九一〇年（清宣統二年）五月，長嶺縣城創辦初等小學堂一處。學生三十名，教員兩名。這兩名教師曾分別在長濟區開辦兩所私學班，一名是長濟區（今利發盛鎮）陳檀木屯的蔡秀生，另一名是長濟區三縣堡屯的安子良，兩人都是簡易師範畢業，在家做私塾先生。是年五月，兩處私學班合併到長嶺縣城，成立長嶺第一學堂，安子良任第一任校長。這是長嶺建縣初期文化事件的發端，是有識之士的文化創舉，更是長嶺培養人才的重要活動。正是由於這所學堂的建立，開始影響和帶動全縣教育的發展，也推動了長嶺文化的發展。長嶺最早學堂的建立，標誌著長嶺有了正規的教育場所，是一種文化延伸，也是一種文化引領，表明長嶺這片土地上，有了造就人才、培養棟梁的殿堂。

長嶺縣曲藝社的創辦

一九三五年六月，長嶺縣人張寶山在縣城東南隅建「同樂茶園」，邀請長嶺本地名角說書、唱曲，說唱的都是古書、古曲，以章回小說和大鼓書為主，如《三國演義》《封神演義》《西遊記》《雙鎖山》《三請樊梨花》等。當時來「茶園」的聽眾甚少，每天收入微薄，經營「同樂茶園」者勉強維持生計。長嶺「同樂茶園」雖然是一種簡單的文化場所，卻為當時的長嶺帶來了一種文化之風，讓人們在淡淡的茶香中，品味本土的、古老的、特色的文化內容，得到一種文化的薰陶。

一九五四年，以盲人趙俊峰為主的民間藝人，在長嶺縣城西市場內設曲藝茶社一處，說傳統評書，每天兩場，有很多觀眾前來聽書，深受人們喜愛和關注，也為這個時期的長嶺文化的傳播起到了積極的作用。

一九六〇年，縣文化站設立曲藝茶社，由評書名角登台講書，評書內容由說傳統評書改說新書《戰火中的青春》《林海雪原》等，這是長嶺第一個比較正規的曲藝社，每天向公眾開放，管理嚴格，觀眾絡繹不絕，在當時的長嶺，形成了一種濃重的文化氛圍。

曲藝社是一個民間團體，也是早期民間藝術社團的雛形。它把茶餘飯後和業餘時間渴望文化生活的人們聚集起來，以滿足大家精神世界的要求，這是長嶺文化藝術的源頭，為長嶺後來文化藝術的發展奠定了良好的基礎，創造了有利的條件。

從最初的茶園到創辦正規的曲藝茶社，長嶺的民間藝術形式，一步步延伸和發展。隨著社會的不斷進步，這種極為樸素的藝術形式和文化現象，卻引領著長嶺文化現象正不斷向更加多樣、更加廣泛的方向發展。

長嶺民間曲藝團體的建立，是長嶺民間文化創造、成長、發展的標誌，是長嶺悠久文化的重要組成部分。

長嶺縣新聞電影製片廠誕生

▲ 七十年代建的電影院

長嶺縣新聞電影製片廠是一九五八年「大躍進」時期建立的，只有一部由放映機改裝的印片機和一部舊攝像機，從攝影到洗印都是採取土洋結合辦法，拍製新聞紀錄片。在長春電影製片廠的支持下，生產出《慶祝全縣實現人民公社化》《公社花開金滿倉》兩部十六毫米小型新聞紀錄片。每部時長二十分鐘。《慶祝全縣實現人民公社化》由錄音機磁帶放音，《公社花開金滿倉》由長春電影製片廠配音。一九五九年三月，長嶺新聞電影製片廠停辦。該製片廠的建立，雖然短暫，但它卻是長嶺文化事業發展的獨特藝術形式，開闢了長嶺文化新領域，對以後長嶺文化事業的發展產生了積極和深遠的影響。長嶺新聞電影製片廠的成立，標誌著長嶺的文化事業已經向高端領域、向更高層次、向長遠方向邁進。

長嶺縣大型話劇《主課》問世

話劇屬於舞台藝術，是高雅的藝術形式之一。在二十世紀七十年代，話劇曾一度佔領了大中城市的文藝舞台。可以說，話劇創作應該是大都市著名作家的事情，可是土生土長的鄉土作家卻敢試鋒芒，從基層生活中汲取藝術營養，大膽嘗試舞台劇創作，不僅獲得了空前的成功，而

▲ 大型話劇《主課》劇照

且走上了省城藝術舞台，從而引領了基層藝術創作的走向。

一九七〇年，由長嶺縣劇作家郝國忱創作的以知青為題材的大型話劇《主課》在吉林省文藝調演中引起轟動，獲省級優秀劇目並參加了全國的文藝調演，之後在吉林、長春、白城等地演出了一百多場，每到一地，都受到觀眾的熱烈歡迎。而後被著名作家趙羽翔改編成劇本被長春電影製片廠拍攝成電影《山村新人》。《主課》影響非常深遠，反映了那個時代的精神特徵和人生追求，同時也記錄了那個時代的生產與生活方式以及人們的精神方面的追求與嚮往。大型話劇《主課》的誕生，表明長嶺文藝創作已處於全省領先的地位，同時反映了長嶺的文藝創作緊跟時代、貼近生活。長嶺的劇作家創作出大量的精品佳作，為長嶺文化的發展繁榮做出了貢獻。同時，《主課》的成功嘗試，進一步表明了郝國忱的創作意向，激發了他的創作熱情，為他今後話劇創作風格的形成奠定堅實基礎。

長嶺縣跨地區舉辦文物普查會

　　文物是歷史的積澱，也是文化的痕跡。文物多散落在民間，有的在老百姓家中，有的暫存在村屯裡，還有的矗立於荒郊野外之中，由於處在縣區交接地帶，其歸屬和管理權問題還頗有爭議。對此，長嶺縣對文物管理工作高度重視，專門召開會議，安排部署此項工作，並組織專業技術人員，面向社會進行全面普查，進而贏得了文物管理的主動權。

　　一九八六年三月，長嶺縣開始組織文化系統人員深入到村屯進行文物普查。他們踏雪破冰，風餐露宿，克服重重困難，徵集到遼金時期珍貴的文物多件，並對珍貴文物進行收集整理和妥善保管。此次普查，是長嶺最早的、也是最有意義的文物普查活動。

　　一九八八年春，長嶺縣打破縣區界線，統一組隊參加吉林省縣與縣合作組隊，區、縣既合作又分工，跨地區舉辦普查會，取得了很好的效果。白城地區文化處和四平地區文化處在長嶺前進鄉聯合召開關於南城子石刻群一具石羊歸屬的洽談會，決定南城子石刻群歸長嶺縣文物部門管理。

▲ 文物普查活動現場

長嶺縣進行文物普查和文物歸屬洽談會，記載了長嶺在文物挖掘和管理方面所做的大量工作，表明長嶺縣的文物工作已經向規範化軌道邁進，並取得了可喜的成績。

吉林省文物考察隊來長嶺開展考察活動

　　長嶺縣建縣雖晚，但並不表明歷史短暫，並不表明這裡較長時間沒有人類活動。為了進一步弄清這一關乎長嶺土地上人類活動年限和人類歷史的重大問題，長嶺縣專門向省有關部門進行了申報。吉林省一向對全省範圍內的文物管理工作高度重視，為此專門組織技術人員，對長嶺縣的文物進行專門和特別有意義的考察，以此來鑑定長嶺漫長的歷史和源遠的文化。

　　一九八七年十月二十四日，吉林省文物考察隊對長嶺三十號鄉北崗遺址進行考古發掘，經過艱苦努力、反覆研究、科學論證，認定該遺址為新石器時期人類活動遺址，並可以充分證明七千多年前長嶺縣境內就有人類在此繁衍生息。對此，經國家有關部門審批，此遺址被認定為國家級重點保護單位。由此長嶺這片土地上，人類活動的歷史可以追溯到七千年以前。

　　長嶺三十號鄉北崗遺址的考古發掘與認定，表明長嶺具有悠久的歷史文化、七千多年的漫長腳步。有人類的活動，就有歷史，就有文化的衍生、萌芽、變化和發展，就有可以挖掘和整理的寶貴的人文資源。長嶺文化的根鬚深深地扎根在一片豐厚的土地上，使得長嶺文化源遠流長、不斷發展。同時表明，長嶺三十號鄉北崗遺址是極其珍貴的文化史料，對新石器時期長嶺文化的研究具有不可低估的歷史價值。

遼吉二地委駐長嶺黨政機關創辦文化報刊

一九四六年，東北民主聯軍撤出四平、長春、吉林等地後，第二松花江南岸和中長路、沈吉路中間地帶及兩側大部分地區被國民黨軍佔領和控制。為適應撤退後的新形勢，開闢根據地建設的新局面，東北局決定重組區劃，加強領導，建立鞏固東滿、遼吉及南滿根據地。

一九四六年六月，東北局決定設立遼吉省委、遼吉軍區和遼吉行政公署，隸屬西滿分局。遼吉行政區下設五個分區，其中第二分區設在長嶺縣。遼吉省委根據工作需要，將原遼西二地委、遼西二專署、遼西二軍分區改為遼吉二地委、遼吉二專署和遼吉二軍分區，分別任楊易辰為書記、劉瑞森為專員、馬驥為司令員。轄區除長嶺縣外，均已淪為敵戰區，因此當時地委機關設在長嶺縣（舊址位於原長嶺縣武裝部院內）。一九四六年九月，遼吉二地委、二專署、二軍分區由長嶺撤至乾安。一九四六年八月，遼吉三地委、三專署、三軍分區機關由郭前旗撤至乾安。遼吉省委根據遼吉二地委、三地委、專署、軍分區先後撤至乾安，仍稱二地委、二專署和二軍分區。一九四六年十月，落實合併決定，郭峰、楊易辰並任地委書記（郭峰於 1947 年三月調任吉林省民運部長）；專員賈其敏（1947 年 四月改任章雲龍）；軍分區司令員鄧忠仁（後改任羅傑）。1947 年四月二日，新合併組建的二地

▲ 遼吉二地委舊址及刊物

委、二專署、二軍分區領導機關從乾安遷回長嶺縣。同年八月，隸二專署的大賚、安廣、乾安、郭前旗劃歸遼吉省委、遼北省政府直接領導。一九四八年七月，遼吉二地委改稱遼北二地委。

遼吉二地委在長嶺期間出版了《前轍》《群眾通報》兩種刊物，宣傳黨的路線、方針和政策。此刊物如戰鼓、似號角，一定程度上起到了瞭解戰情、統一思想、鼓舞士氣、激發鬥志的作用，深受戰區和解放區人民群眾的讚譽和好評。

▲ 縣委成員合影

長嶺縣榮獲全國文化先進縣稱號

▲ 全國文化先進縣獎牌

長嶺縣多年來特別重視文化事業的發展，深入挖掘豐厚的地域文化資源，大力弘揚富有地方特色的戲曲藝術，其戲劇、二人轉、拉場戲等具有時代氣息、地方特色的戲曲藝術和地方戲創作以及表演藝術多次在吉林省內獲得大獎，有的在首都舞台演出，在全國產生了良好的反響，樹立了長嶺戲劇藝術和地方戲在國內的知名品牌和地位。長嶺縣還積極打造鄉鎮文化建設，每個鄉鎮都有大秧歌隊和文化書屋，使長嶺的鄉鎮文化建設別具特色、成效顯著。長嶺縣的綠嶺演藝公司，常年在鄉村進行文藝演出，為鄉村百姓帶去喜聞樂見的文藝節目，豐富了農村文化生活。長嶺部分民間文藝組織風起雲湧，形成了先進文化建設的滾滾熱潮。長嶺縣每兩年舉辦一次文化藝術節和綠嶺金秋音樂會，集中展示了全縣文化藝術成果。這一系列的文化活動，深受廣大人民群眾的喜愛和歡迎，也得到了上級組織的廣泛關注和認可。

一九九四年年底，吉林省人民政府授予長嶺縣文化先進縣稱號。一九九九年年底，長嶺縣被中華人民共和國文化部授予文化先進縣光榮稱號。這表明長嶺縣準確把握先進文化的方向，使文化事業在改革中不斷發展，表明全縣群眾文化活動、文藝創作十分活躍，文化市場日趨繁榮，文化網絡已經形成。無論是群眾文化，還是專業文化，在全省都產生了重大影響，文化事業成果十分顯著。長嶺縣榮獲文化先進縣榮譽稱號，是長嶺縣文化事業方面的最高榮譽，表明了長嶺縣在文化領域做出了突出的貢獻。這個榮譽的獲得，標誌著長嶺的文化事業已經步入全省、全國先進文化的行列，是對長嶺文化工作的認可，也是一種鼓勵和鞭策，使長嶺人更加積極努力，做好文化方面的各項工作，為中國文化事業的大發展、大繁榮，做出更大的貢獻。

長嶺鎮榮獲全國文明村鎮稱號

　　長嶺縣於二〇〇八年提出省級文明縣城創建目標，創城八年，長嶺縣歷經持續創建，勇於挑戰，不斷提升創建歷程。二〇一一年，長嶺縣第十四次黨代會進一步提出創建國家級文明縣城，並將文明城創建納入全縣「12345」發展規劃。二〇一二年，該縣榮獲創建全省文明縣城工作先進縣城榮譽稱號，長嶺鎮榮獲全省文明鎮榮譽稱號，為全國文明村鎮創建目標打下長遠基礎。二〇一五年，經過中央文明委暗訪測評和省文明委考核驗收，通過激烈競爭考驗，縣城所在地長嶺鎮獲得第四屆全國文明村鎮榮譽稱號，受到中央文明委表彰。它標誌著長嶺縣創建全國文明縣城工作取得圓滿成功，是長嶺縣歷年精神文明建設工作取得的最高榮譽。

　　創城八年，長嶺人戮力同心，協同作戰，共同努力，為創建全國文明村鎮奠定堅實基礎。一是高點定位抓創建，提升創建水平。抓創建就是抓發展，抓環境就是抓經濟。創城八年，長嶺縣堅持經濟、政治、文化、社會、生態五位一體，整體推進，不斷提高城市文明程度，全面提升城市綜合競爭力；堅持以人為本、重在建設的原則，著力推動以思想道德、科學教育、民主法治為主要內容的公民素質的顯著提高，以健康向上、豐富多彩、服務人民為主要要求的文化生活質量的顯著提高，以社會風氣、公共秩序、生活環境為主要標誌的城鄉文明程度的顯著提高，以創建工作來凝聚人心，以創建工作來促進和諧，從而促進了文明城創建又好又快發展。二是持之以恆抓創建，建立健全長效機制。文明縣城創建是一項系統工程。長嶺縣高度重視，以縣委、縣政府文件制定下發《長嶺縣創建全國文明城實施方案》，建立了黨委統一領導、黨政主要領導負總責、分管領導具體抓的領導機制，並建立健全各級創建工作聯席會議制度，形成了「上下聯動、條塊結合、全民參與」的聯動機制，做到既各司其職，各負其責，又相互協調、密切配合，高效有力的創建工作機制。同時，嚴

格落實任務目標責任制，逐級逐層分解落實任務，切實做到有規劃、有部署、有檢查、有考核。三是求真務實抓創建，把工做作到群眾心裡。長嶺縣始終將市民群眾需求，作為創建文明村鎮主要目標。創城八年，制定出台了《長嶺縣創建全國文明村鎮考核細則》和《長嶺縣城市管理暫行辦法》等措施，加快推進民主決策和依法行政，著力構建勤政高效的政務環境；深入開展平安創建，著力構建公正公平的法制環境；探索建立社會誠信體系，著力構建規範守信的市場環境；強化文體科普和思想道德建設，著力構建健康向上的人文環境；高度關注民生，著力構建安居樂業的生活環境；積極推進生態文明建設，著力構建可持續發展的生態環境；大力開展群眾性文明創建活動，不斷滿足群眾文化生活需求，讓廣大人民群眾充分享受創建成果。四是群策群力抓宣傳，營造文明和諧氛圍。創建文明村鎮的主體是市民，因此，創城八年，長嶺縣堅持動員群眾，依靠群眾，不斷加大創建工作宣傳力度，不斷提高群眾的知曉率和支持率。圍繞「百日會戰」、「春風行動」等活動開展集中宣傳，發放《長嶺縣文明市民手冊》三萬餘冊。在縣電視台常年開設專欄，每週播出兩期，每年一百期。在城區各出入口、城區重點區域設立大型公益廣告牌十六塊。在窗口單位、商場、賓館、醫院、客運站等場所張貼宣傳畫報一萬餘份。一系列卓有成效的宣傳措施，營造了濃厚的創建氛圍，提高了廣大幹部群眾的創城意識，極大助推了全國文明村鎮創建水平。

▲ 全國文明村鎮獎牌

▲ 全國文明村鎮榮譽證書

長嶺作者加盟國家級電視劇創作

一九九八年，王永奇、隋程雁、梁云才加盟中央電視台《歡樂家庭》劇組參與大型室內情景喜劇《恭喜發財》的創作，其中王永奇、隋程雁合作創作三集，梁云才創作三集。此劇拍攝完成後，先後在河南、長春等電視台播出。一九九九年，吉林電視台拍攝的電視系列劇《農家十二月》中，王永奇、隋程雁創作七集。二〇〇四年王永奇參與創作的二十集電視連續劇《聖水湖畔》，於六月六日在松原市前郭爾羅斯境內的查干湖開機，九月封機。長嶺縣劇團國家二級演員郭志臣加盟電視劇《聖水湖畔》的演出。二〇〇七年，郭志臣在全國著名劇作家何慶魁編劇、著名演員王璐瑤領銜主演的三十二集電視連續劇《幸福和幸福不一樣》中飾演「大明白」一角。長嶺人參與電視劇創作，表明長嶺的文化人正在向著更加深遠的文化領域邁進，長嶺人的創作水平正在提高，表演技能正在提升。期待在不久的將來，長嶺將會有自編、自導、自演的電視劇問世。

▲ 王永奇

▲ 隋程雁和友人

▲ 系列劇《農家十二月》

▍成立長嶺縣文藝社團

▲ 長嶺縣文藝社團成立大會

▲ 長嶺縣書協舉辦迎新春送春聯活動

二〇〇九年四月，長嶺縣成立攝影家協會。長嶺縣攝影家協會成立後，多次開展活動，二〇一一年攝影家協會深入鎮賚莫莫格濕地進行攝影採風，會員互相學習，切磋技藝，將挑選出來的優秀照片送到《吉林日報》攝影部，大大提高了會員創造熱情。二〇一三年五月一日，攝影家協會與企業聯合舉辦了「尚客優杯」攝影比賽，評選出一、二、三等獎作品五十六幅，並給予獎勵。連續三年組織了冬捕攝影活動，拍攝了大量的照片，捕捉長嶺冬捕精彩的瞬間，為宣傳美麗的家鄉長嶺、展示地域風光起到了積極的作用。

二〇一〇年六月二十二日，長嶺縣作家協會成立，並召開了第一次會員代表大會，通過了《長嶺縣作家協會章程》，選舉產生了第一屆理事會。選舉產生了長嶺縣作家協會成員體系，名譽主席郝國忱、馮延飛、王永奇，主席劉殿珩。長嶺縣作家協會自成立後，認真貫徹「百花齊放、百家爭鳴」的方針，以「傳承民族文化，弘揚時代精神」為宗旨，打造時代精品，培養文學新人，為繁榮和發展長嶺文學藝術、培養造就一支德藝雙馨的文藝創作隊伍為己任，有力地推動了長嶺文學創作事業的振興與發展。長嶺縣作家協會成立後，積極開展各種活動。二〇一〇年八月，縣作家協會、綠嶺詩社組織會員深入到實驗小

學、長嶺二中採風，為實驗小學一百週年校慶、長嶺二中五十週年校慶創作出一大批作品，為這值得紀念的日子留下鮮活亮麗的一筆，由《綠嶺風》文藝季刊進行了陸續刊發，並把紀念長嶺二中建校五十週年的作品彙編成《大愛鑄輝煌》一書。二〇一一年八月，長嶺縣作家協會邀請《長白山詩詞》編輯劉慶霖來長嶺就詩歌創作進行講座，參會的詩歌愛好者百餘人，通過座談切磋，收效顯著，進一步激發了長嶺詩歌愛好者的創作熱情。之後，又有一大批作品問世，如：劉殿珩的文集《秋水集》（中國文聯出版社）、張祖鵬的大型人物傳記《秋林盡染》（中國經濟出版社出版）、王占祥的詩集《占祥詩選》（吉林人民出版社）、門淑媛的散文集《尋一朵蒲公英的微笑》（中國經濟出版社）。這些作品的問世，彰顯了長嶺作家的整體實力，也展示了長嶺作家協會的魅力所在，為長嶺的文藝園地增添了濃墨重彩。

二〇一〇年六月，長嶺縣書畫家協會成立，它是長嶺縣書畫、篆刻愛好者自願組成的群眾性藝術團體。二〇一〇年六月二十二日，召開了第一次會員代表大會，制定並通過了《長嶺縣書畫家協會章程》，選舉產生了第一屆理事會，當選理事三十人。長嶺縣書畫家協會先後組織會員參加各項活動。一是送春聯進社區。縣內四十多名書畫家參與了二〇一四年春節前組織的「迎新春，送春聯」活動，連續四天深入到西關街社區、東關街社區、長勝路社區，以及秋林商場、世貿商城、太平川鎮世貿商場等開展現場送春聯活動，給廣大群眾書寫春聯二千多副，收到了很好的社會效果，得到了社會各界的廣泛好評。二是送書法進校園。二〇一〇年七月十七日，書畫家協會走進長嶺二

▲ 詩書畫愛好者作交流

▲ 民間藝術家在表演

中，為學校創作書畫作品二十多幅。三是送書法進軍營。二〇一一年十二月，縣書畫家協會秘書長姚興武為五十二空軍寫了春聯等書法作品，並現場培訓了幾名熱愛書法藝術的士兵，共敘軍民魚水情意，為子弟兵送上節日的祝福和問候。四是積極舉辦各種活動和參加各種比賽。二〇〇九年五月十二日，在太平川鎮舉辦了首屆中小學校師生硬筆書法大賽。二〇一一年七月一日，在長嶺縣東嶺鄉朱克山村農家大院舉辦了書畫作品展，展出作品四十多幅。二〇一三年一月長嶺縣書畫家協會被中國書法家協會授予「二〇一二年中國書法進萬家活動」先進集體。

▲ 中國書法家協會頒發先進集體獎牌

二〇一〇年六月二十二日，成立長嶺縣民間藝術家協會，名譽主席施立學、賈慧敏，主席王占祥。民間藝術家協會成立後，舉辦了豐富多彩的活動，二〇一〇年七月十二日，長嶺縣民間藝術家協會，在永久鎮柳蒿泉山莊召開了第一屆理事（擴大）會議。「民間藝人」第一次以藝會友，展示才藝，歡聚一堂，載歌載舞，吉林省民間藝術家協會理事長施立學也應邀參加了會議。此後，民間藝術家協會部分代表又先後到腰井子牧場、南城子古城和八寶湖考察長嶺悠久的遼金歷史和文化。二〇一一年，民間藝術家協會出版了《關東民間古語》一書，此書收錄了長嶺民間藝術工作者多年蒐集整理的民俗民諺，具有很高的實用價值和歷史價值。吉林省民俗學會理事長施立學評價說：《關東民間古語》是一份難得的非物質文化遺產，將在弘揚吉林地域文化中發揮不可估量

的作用。

二〇一〇年六月，長嶺縣綠嶺詩社成立，綠嶺詩社成立後，開展了豐富多彩的活動，在長嶺實驗小學建校一百週年和長嶺二中建校五十週年校慶期間，組織綠嶺詩社成員，深入到二所學校實地採訪，創作出大量的詩歌、詩詞作品，刊發在長嶺縣文藝季刊《綠嶺風》上，同時《松原日報》還為綠嶺詩社作者的詩作刊發了專版。二〇一二年八月，在長嶺縣慈善總會為已故詩詞作者馬俊遠舉辦了詩詞創作研討會，參會者三十餘人，對馬俊遠的詩詞進行了研討，並用詩歌的形式對長嶺這位英年早逝的詩詞愛好者進行了緬懷。綠嶺詩社成立後，成為詩歌愛好者十分鍾愛的組織，也為長嶺乃至域外的詩歌愛好者搭建了一個溝通和交流的平台，進一步激發了詩歌創作的熱情，有很多詩歌、詩詞作品在全國各大報刊發表，使長嶺的文藝百花園更加花團錦簇、色彩繽紛。

長嶺縣文藝社團的成立，為長嶺的文化藝術搭建了一個五彩繽紛的舞台，通過文藝社團各項活動的開展，展示了長嶺地域文化的獨特魅力，豐富了長嶺城鄉人民的文化生活，宣傳了長嶺日新月異的發展變化，謳歌了和諧長嶺、幸福長嶺在實現「中國夢」進程中的良好形象，用多彩筆墨，為長嶺的文化園地增姿添色，為長嶺文化事業的發展做出了突出的貢獻。

▲ 繪畫展

▲ 書法展

長嶺縣綠嶺演藝有限公司屢獲大獎

▲ 長嶺縣綠嶺演藝有限公司全體合影

長嶺縣綠嶺演藝有限公司的前身是長嶺縣文工團，成立於一九五一年七月。劇團始終堅持「二為」方向，深深扎根農村，為農民多演戲、演好戲，足跡遍布全縣的各個鄉村，演出的劇目深受群眾的歡迎和喜愛。一九八七年至一九九四年劇團連續八年在「全省劇團上山下鄉、經營管理競賽」活動中獲獎，一九九七年和一九九八年被評為松原市「三下鄉」先進集體，一九九六年在全省第十三屆新劇目評獎推廣會上獲一等獎的拉場戲《天生一對》，在全省推廣演出超千場，一九九八年受省文化廳表彰，二〇〇二年被評為全省文化工作先進集體。

一九七〇年以來，劇團共有六十一個自編自演的新劇目在省市的演出評比中獲獎。其中有三十九個劇目獲得省級以上獎，兩個劇目在「全國二人轉觀摩演出」中獲獎。

在吉林省文藝會演中獲獎劇目：一九七二年話劇《主課》獲優秀劇目獎；一九七六年話劇《我們正年輕》獲優秀劇目獎；一九七八年話劇《青山寨》獲

▲ 吉劇《江姐》劇照

▲ 拉場戲《告狀之後》劇照

▲ 評劇《楊八姐遊春》劇照

▲ 拉場戲《摔瓜》劇照

▲ 拉場戲《請客》劇照

▲ 拉場戲《月牙彎彎》劇照

優秀劇目獎、話劇《靈魂》獲優秀劇目獎；一九八一年話劇《家務事》獲優秀劇目獎；一九八二年小評劇《王顯能》獲綜合藝術二等獎；一九八三年二人轉《郝搖旗殺妻》獲綜合一等獎，單出頭《開明姑娘》獲綜合二等獎；一九八四年二人轉《月為媒》獲綜合二等獎，拉場戲《牛得才告狀》綜合三等獎；一九八五年二人轉《愛情合同》獲綜合二等獎，拉場戲《過生日》獲綜合三等獎；一九八六年二人轉《鴛鴦劍》獲綜合一等獎，二人轉《春光滿枝頭》獲綜合三等獎；一九八七年二人轉《小兩口搬兵》獲綜合一等獎；一九八八年二人轉《老熊頭逞能》獲綜合二等獎；一九九一年拉場戲《村長醉酒》獲劇目一等獎；一九九二年拉場戲《大明白幫忙》獲劇目二等獎；一九九四年二人轉《刁婆婆‧辣媳婦‧糊塗兒》獲劇目一等獎，小品《和諧》獲劇目三等獎，小品《虛驚》獲劇目二等獎；一九九六年拉場戲《告狀之後》獲劇目

▲ 拉場戲《換親記》劇照

▲ 小吉劇《急中生智》劇照

一等獎，拉場戲《天生一對》獲劇目一等獎，小品《街頭軼事》獲劇目三等獎；一九九八年拉場戲《相門戶》獲劇目一等獎，拉場戲《請客》獲劇目二等獎；二〇〇〇年二人轉《小兩口猜爹》獲劇目三等獎，拉場戲《胡蘭接母》獲劇目二等獎，拉場戲《有病治病》獲劇目一等獎；二〇〇二年二人轉《玉珠淚》獲劇目一等獎，二人轉《兄弟媳婦做媒》獲劇目二等獎，拉場戲《口是心非》獲劇目一等獎；二〇〇五年拉場戲《村長請客》獲劇目二等獎；二〇〇七年拉場戲《不算啥事兒》獲劇目二等獎；二〇〇九年二人轉《前世無緣》獲劇目二等獎，拉場戲《弔唁之前》獲劇目二等獎。二〇一一年二人轉《包公別妻》獲劇目二等獎，二〇一三年拉場戲《月牙彎彎》獲劇目二等獎，拉場戲《摔瓜》獲劇目三等獎。

在全國獲獎的有：一九九三年二人轉《小兩口搬兵》在首屆全國二人轉觀摩演出中獲劇目三等獎；一九九五年二人轉《刁婆婆·辣媳婦·糊塗兒》在第二屆全國二人轉觀摩演出中獲劇目二等獎；拉場戲《告狀之後》於 一九九七年拍攝成東北地方戲曲電視劇並在「一九九七中國電視戲曲展播」活動中獲二等獎；二〇〇一年拉場戲《請客》在「中國曹禺戲劇、小品大賽」評選活動中獲二等獎。

長嶺縣綠嶺演藝有限公司是原長嶺縣劇團的延續，也是新形勢下新聞出版等文化單位改革轉制的重要組成部分。改制後的長嶺縣綠嶺演藝有限公司，秉承文藝的「雙百」方針，貼近生活，服務大眾，緊跟時代步伐，把好的作品、精品奉獻給長嶺觀眾。在五十多年的演出活動中，足跡遍布長嶺的城鄉各地，為長嶺人民帶來了多姿多彩的精神享受，也為長嶺的文化事業做出了突出的貢獻。

舉辦長嶺建縣百年慶祝活動

　　二〇〇八年九月，長嶺縣舉辦了慶祝建縣一百週年系列活動。在長嶺體育館舉辦全縣各族各界代表參加的大型慶祝活動，以此展示長嶺幹部群眾的精神面貌和經濟社會發展的成就和風采。當晚，邀請吉林省歌舞團，舉辦了一台精彩的文藝演出。演出結束後，還舉辦了大型焰火晚會。

▲ 百年縣慶主會場

▲ 百年縣慶銅製紀念牌

▲ 百年縣慶專題片

▲ 縣慶夜場演出

▲ 腰鼓隊入場

長嶺建縣百年一系列的活動期間，邀請各界人士觀看了《長嶺百年巨變》專題片，參觀了長嶺重點企業和重大項目建設情況，組織了地方戲演出和大秧歌比賽，舉辦了長嶺文化藝術節和「綠嶺金秋」音樂會，藝術地展示了長嶺的新形象、新變化、新風貌。同時還編輯出版了《長嶺百年風雲錄》《魅力長嶺紀念畫冊》。

長嶺建縣百年紀念活動，是對長嶺百年腳步的回望和總結，是對長嶺百年文化發展的回顧和展示，讓人們在濃厚文化氛圍的紀念活動中，銘記長嶺百年的歷史，展示長嶺今天的發展變化，向更加美好的未來邁進。

▲ 團體操表演

▲ 開幕式入場式

▊ 舉辦長嶺縣文化藝術節

　　長嶺縣文化藝術節始於一九八九年，是長嶺縣委、縣政府舉辦的全縣首屆文化藝術活動，旨在總結近期文化藝術工作，展示文化藝術成果，推動文化藝術事業健康發展。每屆文化藝術節都涉及音樂、歌曲、舞蹈、美術、雕塑等內容，為熱心藝術的人才搭建了展示才藝的平台，進一步豐富了城市人民群眾的業餘文化生活。

　　長嶺縣首屆文化藝術節，參加的單位有四十六個，演出了三百一十七個節目，觀眾五千多人次。

　　長嶺縣文化藝術節每兩年舉辦一次，目前已舉辦十三屆。通過這些文化藝術活動，湧現出了一批文化藝術新人，打造了一大批文化藝術產品，有的推薦

▲ 長嶺縣第十、十一、十二、十三屆文化藝術節開幕式

到上級組織參加評選，獲得了國家、省、市級獎項。

　　一般情況下，文化藝術節和全縣「綠嶺金秋」音樂會同時舉辦，但「綠嶺金秋」音樂會更注重歌舞類表演，突出主旋律，注重多樣性，體現時代性，具有一定的地域特色和可觀賞性。

▲ 葫蘆絲表演

▲ 花展

　　同時，在舉辦文化藝術節期間，長嶺縣還要舉辦全民體育運動會，也是和文化藝術節同步進行。運動會在長嶺三中東側長嶺體育館舉行，借此機會可以集中檢閱全縣各行各業的經濟社會發展成果，展示各單位、各地的精神風貌。

　　長嶺縣文化藝術節是省內各縣區之首創，也是長嶺文化藝術的集中展示，代表著長嶺文化藝術的最高水平，同時也在全省打造了知名品牌，躋身全省文化藝術的先進行列，在全省具有較高的文化品位和藝術影響力。

長嶺舉辦青年歌手和電視卡拉 OK 歌手大獎賽

　　一九八六年，舉辦長嶺縣首屆青年業餘歌手大獎賽，全縣各條戰線上的青年業餘歌手九十人參加比賽，演唱一百八十首歌曲，評選出一等獎三人、二等獎六人、三等獎十五人。一九九三年，為紀念五四青年節，舉辦了「鄉企杯」青年卡拉 OK 大獎賽，有一百名歌手參賽，十六名歌手獲獎。一九九七年，舉辦首屆青年家庭卡拉 OK 大獎賽，有四十五人參賽。一九九九年，縣委宣傳部、共青團長嶺縣委、縣文體局、縣廣播電視局聯合舉辦全縣首屆卡拉 OK 電視大賽，有一百四十六名選手參賽，有二十四名選手榮獲美聲、民族、通俗唱法三個組一、二、三等獎，二十四名選手獲優秀獎。二〇〇〇年十一月，長嶺縣舉辦第二屆卡拉 OK 大獎賽，設美聲、民族、通俗唱法三個組，有一百六十名選手參賽，三十六名歌手分別榮獲一、二、三等獎，五十一名歌手獲優秀獎。

▲ 參賽選手表演歌伴舞

　　青年歌手和電視卡拉 OK 歌手大獎賽，是長嶺青年歌手的一次大展示，也是長嶺文化的一次集中展演，成績斐然，將激發更多的業餘歌手在文藝的舞台上，靚麗身姿，施展才藝，為長嶺的文化事業揮灑汗水，創造佳績。同時，青年歌手和電視

▲ 青年歌手大獎賽獲獎選手合影

卡拉 OK 歌手大獎賽，也發現和培養了一大批文藝新人，參加全省一些大型比賽，取得了突出成績，展示了長嶺的演唱水平，提升了長嶺在全省的藝術知名度，拓寬了長嶺的藝術視野，為長嶺贏得了榮譽，為吉林省的文化事業發展做出了貢獻。

▲ 吉他彈唱

▲ 選手受獎

長嶺知青文化書寫質樸篇章

一九六八年，城市的青年學生，紛紛走向農村，走向基層，接受貧下中農再教育。當時，來長嶺的知青達一萬三千人，其中長嶺縣城下鄉知青近八千人，浙江舟山、寧波下鄉知青達二千三百人，還有北京、長春下鄉的知青。這些知青在長嶺期間，積極參加農業生產勞動，踴躍投身農村生產生活，為當時農村建設做出了突出貢獻。這些知青來到農村，把城市的文化帶到農村，積極組織文藝宣傳隊，在生產隊、學校、田間地頭進行文化宣傳和文藝演出，創辦村屯廣播室，定時播送長篇小說，建立農村文化圖書角，把從城裡帶來的圖書供村民百姓閱讀，豐富了農村文化生活，對農村的文化建設產生了積極的影響。他們還把城裡的飲食文化、服飾文化、文學藝術等帶到農村，為農村的文化生活營造了濃郁的氛圍，為閉塞的鄉村帶來城市新鮮之風、靈動之氣。他們中的一些優秀者，還投身鄉村文化教育事業，擔任鄉村教師，教書育人，傳播文化，用他們的青春年華，為農村文化教育事業，辛勤耕耘，播撒汗水，貢獻力量。

一九八○年前後，這些知青中的大部分人先後返城，返城後他們積極參加城市建設，有的成為某個領域的佼佼者。還有些知青留在了長嶺，用激情和智慧為長嶺這片土地貢獻力量。回城的知青，取得了一定成績之後，不忘插隊的第二故鄉長嶺，盡其所能為第二故鄉做一些有益的事情，他們有的為長嶺提供農村致富信息，有的為長嶺贈送

▲「文革」期間，長嶺縣掀起知識青年上山下鄉運動。

圖書，有的為長嶺撰書寫文章宣傳長嶺。雅戈爾集團副總裁李汝剛先生，曾在長嶺縣利發盛鎮的雙廟子村插隊，他事業有成之後不忘第二故鄉，在利發盛鎮至雙廟子村之間投資修建了一條柏油公路，深得當地村民讚譽。

　　長嶺縣特別重視那個特殊的年代知青與長嶺的情緣，組織和邀請曾在長嶺插隊的知青重返第二故鄉活動，有二百多名知青回到長嶺，回顧在長嶺的難忘歲月，參觀第二故鄉的發展變化，暢談與長嶺的情緣與故事，他們紛紛寫知青經歷的文章，撿拾那段歲月的印痕，記錄一個時代的文化。於是，長嶺縣便編輯這些長嶺知青的作品，出版《知青在長嶺》一書，收錄知青們的作品一百六十餘篇。這些作品，反映了那個年代的知青生活和長嶺給予他們的泥土般的質樸以及他們帶給長嶺的新鮮文化氣息，這是一本難得的知青時代的書籍，為長嶺的文化建設增添了色彩，使長嶺的文化建設更加豐盈與厚重。

　　萬名知青在長嶺的十多年歲月，以及這段歲月之後知青與長嶺的淵源，形成了長嶺知青文化，反映了一個時代的印痕，或淺或深，或濃或淡，都是新鮮的文化音符的跳動，如涓涓細流，匯入長嶺浩瀚的文化海洋，其中的每一朵浪花，都為長嶺的文化增添了色彩，讓人們難以忘懷。

▲ 知青學習

第三章 ——

文化名人

天宇渺遠，群星璀璨。在長嶺這片生動而鮮活的土地上，總有一些承載文化使
命的人們，在熱情而勇敢地背負著一種責任和擔當，以詮釋人類的箴笈與良
知，為長嶺的文化事業貢獻智慧與力量。他們在這片土地上，播種了春天的新
綠，收穫了金秋的豐盈……他們是長嶺的驕傲。

書畫世家才高趣雅——劉氏書畫家族

劉佩文、劉義貞、劉家駒、劉家駿、劉家驥，是長嶺縣三青山鎮劉家坨子人，均善書法，人稱書法世家。劉氏書法，基礎係漢隸晉草隋碑唐體之流派。其選帖定體，視王羲之《聖教序》如至寶、歐陽詢《九成宮》似珍奇，必修必功，終身執摯不捨。劉氏書法，雖則三代（祖輩劉琴舫遺墨沒有收集到）相傳，猶同出一轍（劉佩文父女同出一帖，字跡恰似一筆所書），但閱者賞其個人體態時又各有風格品貌，或結構嚴密而操拓，或端莊而華貴，或奇古蒼老而剛勁，或流麗而傳神，或筋骨兼備而蒼健，或氣血豐潤而飽滿。

劉佩文（1881 年-1937 年），名德純，字佩文，筆名韻生。幼年在私塾讀書時就展露書法才能。清光緒二十四年（1898 年）考中秀才，仍堅持刻苦讀書、習字，並經常到外地遊學，增長見識，開闊眼界，加深書法造詣。民國時期，被選為吉林省參議員，曾任農安縣施醫院院長。一九二九年，劉佩文攜帶家眷（包括侄子家驥、家駒）隨同黑龍江督軍萬福麟去齊齊哈爾市，任督軍署秘書兼理教股長。九一八事變後，日寇逼近齊齊哈爾市，部隊撤離突然，劉佩文沒能及時轉移，只好留下仍做理教股長兼中學課業。因與一個姓李的共產黨員有連繫，受到日本人的監視，在一九三五年六月，憤然辭去理教股長職務，攜帶兒女回到老家劉家坨子隱居。但他仍舊潛心練字，自強不息，書法技藝大為長進，寫了很多商號牌匾、廟祠碑文，以及大批書幅。今留「訓子」書幅，結構方正而疏朗，運筆渾圓而凝重。在習字古人書帖基礎上可謂自成一家。

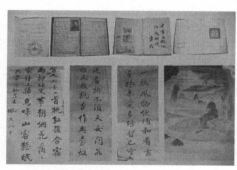

▲ 劉氏家族書畫作品遺物

劉家駒（1915 年-1968 年），劉佩文之侄，自幼隨伯父習書畫，一九三五年高中畢業後，在家鄉劉家坨子成立學

館從事教育工作，之後到伏龍泉南關小學任教。一九四五年抗戰勝利後，在伏龍泉區政府當秘書，後受時局動盪影響，又到長春一中教書。一九四七年到國民黨軍隊當兵。長春解放後，參加中國人民解放軍，在某軍部當秘書，隨同部隊轉戰雲南、廣西等地。解放後，因病轉業。一九五三年回到劉家坨子，雖然病魔纏身，仍然致力於書畫，尤善畫虎。他是劉代書畫家中多產者，除書畫別具一格外，丹青妙筆大有古人詩

▲ 劉家駒先生

情畫意之度。遺作有《劉家駒字冊》《四隱圖》《松下問童子》《林黛玉葬花》《威震山林》等。

劉家駿（1906年-1943年），劉佩文之子，十六歲時在農安縣電報局當電報生，後在農安街公所當秘書。自幼隨父習書畫，他在其父劉佩文的培育下，其書畫譽滿全城。他為農安縣工商界寫了不少牌匾、商標，其後代尚存有他臨摹的《六朝般若碑精華》字帖和一幅字畫對聯。

劉家驥，生年不詳，劉佩文之侄，一生勤奮練筆。書法家鄧文華說：「家驥已年近七十仍一絲不苟，臨帖不倦。」書法上，除練就其伯父佩文的書體外，還攻就歐陽詢的《九成宮》。一九七六年病故於劉家坨子。

劉義貞（1900年-1936年），號蘊華，劉佩文之女，民國時期著名女書法家。幼時就讀於農安女子學校，早識文墨，酷愛書法，夜以繼日地潤筆練字，楷、草、隸、篆，無一不習，刻意求精。一九二九年，劉義貞隨父到齊齊哈爾市。為了賑濟災荒，曾寫了一本《劉義貞女士助賑字冊》石印出版，受到當時政界名流的賞識。蔣介石、萬福麟、蔡元培、恩克巴閣（蒙古族）等人曾在賑字冊上署名題詞，贊其「滿紙雲煙」

▲ 劉家駒畫作《威震山林》

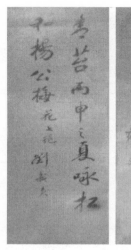

▲ 劉義貞書法作品

「筆勢雄偉」「春生筆底」「精研八法」等。書法家鄧文華看了劉義貞的書法說：「書法以佩文之女劉義貞女士為代表，所書草、楷、隸、篆四體無一不精。」猶有世傳《劉義貞女士助賑字冊》石印版本，並徵得當時社會名流贈詞一十六篇。九一八事變後，劉義貞隨父暫留齊齊哈爾市，在職業學校任教兼打字工作。後隨父返回老家劉家坨子，專心致志習練書法。求其書牌匾、字畫者甚眾，今日農安金剛寺正殿樓後牆上的「佛光普照」四個剛勁有力的大字及「北窗高臥曦皇侶，詩卷長留天地間」的條幅即為劉義貞手跡。

淡泊名利書寫厚重 —— 著名劇作家鄭守志

鄭守志（1932 年-2009 年），吉林長嶺人，國家二級編劇，中國作家協會會員，是以寫農村戲而聞名於吉林省戲劇界的老劇作家。

一九七〇年，鄭守志開始從事專業戲劇創作，在長嶺縣創作室任主任。鄭守志雖然家境清苦，加之妻子多年患病，但他始終熱愛著他的事業，鍾情於他的戲劇創作，一時間為長嶺人所稱道，成為長嶺人良好的形象。他多次代表長嶺在省市作先進事蹟報告，給人留下了深刻的印象。

鄭守志多年從事戲劇創作，筆觸深邃老道，構思巧妙，作品貼近生活，謳歌時代，塑造的人物鮮活靈動，取得了豐碩的

▲ 鄭守志先生

▲ 鄭守志參加研討會

成果。他創作了大型話劇、評劇、小品、拉場戲等三十部，發表和上演了《夕照青山》《代理鄉長》等話劇九部，《婚姻大事》等戲曲五部，《開明姑娘》《愛情合同》等二人轉十三部，《虛驚》等小品三部，先後獲國家級和省市級創作獎三十餘次，可謂創作成果豐盈，成績斐然。

鄭守志創作頗豐，極具社會影響，省市級報刊和電台、電視台多次報導過他的事蹟，一九九六年省級刊物《戲劇文學》第六期封面刊登鄭守志的肖像，使他成為吉林省極具影響的公眾人物。鄭守志還積極培養年輕作者和業餘作者，言傳身教，為青年作者付出諸多的心血，經他培養的業餘作者已有四人成為縣以上的專業編劇人員，盡到了一個老作家培養新人的責任和義務。

▲ 《戲劇文學》雜誌封面人物鄭守志

鄭守志多年的創作成果，得到了認可和讚譽，榮譽也紛至沓來。一九八一年，鄭守志創作的話劇《家務事》獲得吉林省創作二等獎，單出頭《開明姑娘》獲吉林省創作一等獎，並確定為全省推廣劇目。一九九〇年，鄭守志創作的話劇《代理鄉長》獲得吉林省飛虎獎。一九九四年，他創作的二人轉《刁婆婆‧辣媳婦‧糊塗兒》在吉林省文藝會演中獲得劇目一等獎，《虛驚》獲二等獎。一九九六年，鄭守志創作的小戲《糊塗兒治家》在全國「三小」徵文大賽中獲得三等獎。同年《鄭守志劇作選》出版，為讀者留下了一份寶貴的戲劇財富。

▲ 鄭守志所獲榮譽

方寸世界落英繽紛 —— 著名篆刻家李清德

　　李清德（1943 年- ），吉林長嶺人，現任中國書法家協會會員、中國一級書法師、吉林省白山印社社員、松原市老年書畫研究會會員、長嶺縣書畫家協會副主席。

　　李清德酷愛書法篆刻藝術，他分別在教育、宣傳、政協界工作多年，使他在篆刻藝術上養成了嚴謹、細緻、紮實的作風，他熱愛篆刻藝術達到了痴迷和忘我的境界。退休之後，他更是每日潛心研究，勤奮工作，使得他的篆刻作品朝著規模化、系統化方向健康發展。他的作品字體穩重、寧靜、大方、富於變化，內容積極向上，表達了他對生活、人生的熱烈追求和深切熱愛。

▲ 李清德先生

▲ 李清德篆刻作品

　　李清德嫻熟的刀工藝法，伴著他悠悠情懷，在完成一種生命般的雕刻，他的作品構思精巧，選題大氣，一筆一畫極具章法，一字一章賦有深情，多年來的潛心努力，他的篆刻爐火純青，取得了豐碩的成果。早年著有《空心字的寫法》一書，全國發行。他的空心字書法作品被編入《世界和平友好國際書畫大賽》作品集，並獲紀念章一枚。他篆刻古今詩詞和名言警句一千四百多方，其中篆刻毛澤東詩詞五十首四百七十五方，篆刻紅樓夢詩詞五十六首五百二十五方。還篆刻柳宗元詩詞、屈原詩句、善字成語選以及大愛無疆等古今詩詞和現代名言警句幾百方。他的篆刻作品都是精品傑作，得到了同行和社會人士的廣泛關注和喜愛。

經過多年的孜孜以求，他的篆刻作品先後有二百多方參加國內外大賽，三十一次獲金獎或一等獎，有的作品還獲「國際優秀作品獎」和「國際特等獎」。二〇〇三年在紀念毛澤東誕辰一百一十週年「毛澤東詩詞」全國書畫大賽中榮獲銅獎。二〇〇八年在勝利的曙光——井岡山勝利會師八十週年全國書畫大賽榮獲金獎。二〇〇九年在第五屆「歐陽詢獎」全國書畫大賽榮獲金獎。二〇一〇年在中國書畫家作品邀請賽中榮獲金獎。二〇一〇年在「東方之冠」全國書法美術作品展榮獲榮譽獎。二〇一〇年在第二屆東北亞國際書畫攝影大展中入展。這些獎項，是對李清德篆刻藝術的認可，也是對他取得成績的褒獎。

李清德在篆刻上的成績，也為自己贏得了很多的榮譽，他多次榮獲「中國當代書畫名家」「中國當代傑出貢獻書畫藝術家」「中國書壇百傑」「共和國功勳書畫家」等榮譽稱號。還榮獲二〇〇九年「改革開放三十週年——世界優秀華人傑出成就人物」稱號，獲得了證書和獎章。李清德的這些榮譽，是長嶺在篆刻領域獲得的最高榮譽，也是長嶺人的驕傲。

李清德在全國都極具聲望，他的簡歷、傳記、篆刻作品相繼被編入《中國當代藝術界名人錄》《中華墨寶傳世大典》《中國當代書畫名家作品大觀》《世界名人錄》等三十八部辭書、大典、年鑑、大賽精品集。李清德在篆刻藝術上的成就，已記錄在長嶺乃至中國的文化歷史上，他用靈動的刻刀，在方寸之間篆刻著人生的落英繽紛。

異鄉沃土禮讚芳華——著名作家王永奇

王永奇（1944 年-   ），筆名大可、賢心。
祖籍遼寧省遼陽市。四十多年前，從醫學院畢業
後從省城太原隻身一人來到長嶺，「文革」後期
又被下放到太平山公社。一九七四年春天，又調
回縣裡做醫生，後由長嶺縣醫院副院長職位退
休。一九八二年加入中國作協吉林分會，現任松
原市作協副主席，松原市影視家協會副主席。

▲ 王永奇先生

王永奇從青年時代酷愛文學，從醫的同時，
業餘從事文學創作幾十年，在異地他鄉，王永奇
熱愛上了長嶺這片肥沃的土地，與長嶺人民結下
了深厚的情意，一種強烈的傾訴和表達願望迫使他拿起手中的筆，追訴歷史，
記錄現實，謳歌和讚美新時代、新生活、新氣象、新發展。從一九七二年開始
在《作家》《青年文學》《長白山》等文學期刊發表小說、散文、報告文學百
餘篇、百萬餘字。其中短篇小說《炊煙裊裊》獲一九八〇年吉林省文學獎（現
在的長白山獎），另有九篇作品在省市和地區獲獎。他先後又創作了長篇小說
《長嶺剿匪記》《萬督軍傳》《鴿子樓》，他與人合作的長篇小說《聖水湖畔》
獲得全國「五個一工程」獎。

王永奇的小說集《炊煙裊裊》，二十三萬字，收錄中篇小說三篇，短篇小
說十五篇，多為農村題材，也有城市題材。小說集《炊煙裊裊》題材貼近生
活，弘揚主旋律，故事情節跌宕起伏，語言質樸凝練。《炊煙裊裊》在省內外
產生強烈反響，並榮獲吉林省新時期首屆文學作品獎。

王永奇以小說創作見長，但他又把筆觸伸向更廣闊的領域，涉獵電視劇創
作，實現了藝術創作的重大轉變，並取得了豐碩的成果，產生了深遠的影響。

▲ 王永奇長篇小說《鴿子樓》《聖水湖畔》《新聖水湖畔》《霍家店》《炊煙裊裊》

他從一九九四年開始電視劇創作，先後創作的電視劇有近二百集，與國家一級編劇何慶魁合作的二十集電視劇《聖水湖畔》，榮獲「五個一工程」獎。已經拍攝的電視劇有《農家十二月》《恭喜發財》等，深受觀眾喜愛和好評。他創作的三十集電視連續劇《好子多福》目前央視正在拍攝中。現在，兩鬢花白的王永奇依然筆耕不輟，正在用自己的激情和餘熱為家鄉長嶺而歌，他現在正在創作以長嶺現實農村為背景的電視劇《向陽花開》，年底有望投入拍攝。

王永奇多年心繫長嶺，並把自己的青春年華奉獻給了長嶺這片土地，他常常親切地說：長嶺是我的第二故鄉，其情感上已經是我的家鄉，我熱愛這片土地，願意用筆為她而歌。用筆而歌的王永奇，多年來為長嶺文化揮灑汗水，同時也獲得了很多的榮譽，二〇〇九年被松原市人民政府授予文學成就獎。

文壇宿將德藝雙馨——著名劇作家郝國忱

　　郝國忱（1945 年- ），吉
林長嶺腰坨子人，國家一級編
劇。現任吉林省藝術研究院名
譽院長，中國戲劇家協會理
事，吉林省戲劇家協會名譽主
席。吉林省勞動模範，國務院
特殊貢獻津貼獲得者。

　　郝國忱一九六四年畢業於
長嶺六中，一九六九年畢業於

▲ 郝國忱先生

東北師範大學中文系。畢業後在長嶺縣戲劇創作室做編輯。其話劇《主課》受
到了省內各界的重視，甚至演遍了全中國。一九八一年，已調入吉林省戲劇創
作評論室的郝國忱，掛職腰坨子公社副主任，再次回到了長嶺縣體驗生活，這
短短的一年半時間裡，郝國忱創作了八篇短篇小說，兩個獨幕話劇。其中，大
型話劇《昨天，今天和明天》，標誌著郝國忱劇作的成熟與發展。一九九四
年，郝國忱又開始了影視劇的創作，取得了世人矚目的成績。

　　郝國忱代表性的作品有：話劇《昨天，今天和明天》《榆樹屯風情》分別
獲第三、四屆全國優秀劇本創作獎；京劇《高高的煉塔》獲第六屆全國優秀劇
本創作獎，並獲「文華大獎」和「五個一工程」獎；評劇《多彩的夢》獲「紀
唸成兆才誕辰一百二十週年全國評劇新劇目交流演出優秀劇目獎」；拉場戲
《離婚夫妻》獲文化部「文華新節目獎」；電影《喜蓮》獲一九九六年中國電
影華表獎優秀編劇獎，並獲「五個一工程」獎；二十集電視劇《海風吹過鄉
村》、二十五集電視劇《還鄉》、二十集電視劇《莊稼院的年輕人》、二十集電
視劇《從頭再來》、三十八集電視劇《關東金王》等，多次獲中國電視劇「飛

天獎」。出版《郝國忱劇作選》、小說集《仙緣》、長篇小說《從頭再來》、《郝國忱文選》（上下卷）。

　　郝國忱的話劇《昨天、今天和明天》《榆樹屯風情》《扎龍屯》，被稱為「農村三部曲」。這三部話劇作品憑藉對當代農村生活的反映，對農民形象的塑造，以及所體現出的鮮明的創作風格，創造了生動多彩的人物畫廊，當之無愧地進入中國當代話劇史、中國當代戲劇史，是沉甸甸的非常厚實的作品。話劇《昨天、今天和明天》，生動地描寫了農村向專業化、商品化生產轉移中人們生活、命運的變化，反映了農村新的變革，歌頌了改革者的形象，立意深刻，生活氣息濃厚。作者在劇本中寫了這樣一段話：「歷史畢竟不會像詩人們形容的日曆那樣，只需輕輕地一翻，就過去了。人們幾乎隨處可以看到，今天還有昨天的影子，有時甚至是很濃厚的陰影。」作者站在歷史的高度來觀察和認識生活現象，真實地表現了新舊交錯的農村的現實，使人能夠透過表面看到生活的底蘊。話劇《榆樹屯風情》《扎龍屯》，上演後引發了強烈反響，人們對作品鮮明的時代精神、濃郁的生活氣息和眾多活生生的人物予以稱讚，也對作者郝國忱深入生活的態度予以肯定。話劇《昨天、今天和明天》《榆樹屯風情》《扎龍屯》，完成了新時期中國話劇向

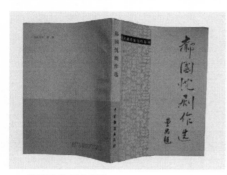

▲《郝國忱劇作選》

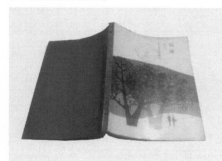

▲ 短篇小說集《仙緣》

▲《郝國忱文選》上下卷

現實主義傳統的回歸，並且使現實主義更為深入地呈現出來，成就了中國話劇的又一次輝煌。話劇《昨天、今天和明天》獲第三屆全國優秀劇本創作獎，話劇《榆樹屯風情》獲第四屆全國優秀劇本創作獎、首屆長白山文藝獎，話劇《扎龍屯》獲《戲劇文學》飛虎獎。

▲ 電視劇《從頭再來》劇照

郝國忱的文集《郝國忱文選》（上下卷），於二〇〇四年十二月由吉林人民出版社出版，十六開，上下卷共計一百二十二萬字，由著名作家、曾任吉林省作家協會主席王肯作序。上卷共三部分：一、話劇，有《榆樹屯風情》《扎龍屯》《昨天、今天和明天》《主角》《父與子》；二、戲曲，有《高高的煉塔》《多彩的夢》《爭婚記》等；三、小戲、小品，有《莊稼院裡》（獨幕話劇）、《夢想的故事》（獨幕話劇）、《關東草·家的問題》（系列短劇）、《家有賢妻》（話劇小品）、《離婚夫妻》（拉場戲）等。下卷共分五部分：一、小說，收錄他多年創作的短篇小說十九篇；二、創作談，收錄三十篇他的創作體會和創作感受；三、隨筆，收錄他十四篇優秀隨筆作品；四、人物，收錄七篇人物傳記；五、電影，有《喜蓮》《親仇》兩部電影劇本。《郝國忱文集》（上下卷），收錄了郝國忱大量的優秀作品，從戲曲、戲劇到小說、散文，可謂包羅萬象，凝聚了郝國忱幾十年的創作心血，是對歷史的表述，是對時代的謳歌，是對人性的拷問，是對生活的積澱。體現了郝國忱獨特的藝術特色，展示了一種厚重的文化底蘊，筆墨凝重而練達，語言質樸而精準，極具藝術價值和時代氣息，是一本厚重而極具影響力的精品佳作。

郝國忱經過多年辛勤耕耘，已成為吉林省戲劇界的領軍人物，也成為中國影視創作領域一顆耀眼的明星。因此，他也贏得了無數的鮮花和掌聲，贏得了很多的榮譽並得到世人的讚譽。一九八八年榮獲首屆中國話劇金獅獎優秀編劇獎。一九九六年榮獲長白山文藝獎成就獎。一九九九年榮獲世紀藝術金獎。二

〇〇二年評選為第二批省管優秀專家。二〇一二年評劇《馬本倉當官記》榮獲第十二屆「五個一工程」獎。二〇一三年電影《穿過憂傷的花季》獲第十三屆中國電影百合獎優秀故事片一等獎。二〇一四年電影《龍鳳村兒女》獲第十四屆中國電影百合獎評委會特別獎。在吉林電視台舉辦的「天南地北吉林人」活動中被評為「老百姓喜愛的藝術家」。

▲ 郝國忱致辭

文高思遠學碩德馨——著名書法家周維傑

周維傑（1947 年-2012 年），號笨翁，吉林長嶺人，畢業於吉林大學哲學系。中國書協理事，著名書法家、詩人，曾任吉林省書法家協會主席。

▲ 周維傑先生

周維傑少時近書，臨帖數十年，涉獵頗廣，上追漢魏六朝，下及唐宋明清，漸自由博返約，去華就質，歸於本色，以隸意為形質，以使轉為性情，形成體勢寬博、血肉豐腴、從容質樸的書風。其作品曾受到老一輩著名收藏家、鑑賞家、書法家的高度讚揚。中國文物鑑定泰斗著名收藏家、書畫家徐邦達先生看過其作品，書寫唐詩一首相贈：千里黃雲白日曛，北風吹雁雪紛紛。莫愁前路無知己，天下誰人不識君。美籍華人、美國佳士德拍賣公司中國書畫部主任、海內外著名收藏家、書畫鑑定家、書法家黃君實先生對周維傑的書法給予高度評價：「周維傑先生，攻八法刻苦自勵，得暇揮毫，晝夜不歇。楷書宗北碑，茂密似鄧完白，勁健過趙撝叔，行書學顏魯公，至其剛正之氣，豪邁之性，觀之，令人愛之敬之。」周維傑的書法作品在國內外各大拍賣行的潤格屢創新高。

周維傑以學問、品行涵養書法，有端莊之姿，廟堂之氣。文化部原部長孫家正評價他的字是：威而不猛；評價他的人是：真誠、大氣、得體，周維傑對此評價頗為認同。他說，真誠是安身立命的根本。他打了個比方，「世界上最狡猾的人以及動物界最狡猾的狐狸，也喜歡和最真誠的人交朋友。現在社會缺乏真誠、責任，即對社會缺乏責任，對事業缺乏責任，對國家缺乏責任。因此，做人真誠很重要。不但要真誠，更要大氣，要容人恕人，胸襟大了，量也就大了。所謂海納百川，有容乃大是也。只有站得高，目光才能高遠。『非是

▲ 周維傑書法集

借秋風，居高聲自遠。」在宇宙這個六維空間裡，人占幾何？又容納多少人？又有多少人容得了你的缺點。因此要恕人律己，友直友諒友多聞。」他自己這樣，也以此標準要求別人。而這一切的根源就是要立德，德為本，多讀書才有深邃的思想，才能內聖外王。

周維傑為人謙和，說自己少時近書，天生愚鈍，幾十年過去了，可以說剛剛會寫字，不能稱為書法家，這已很不謙虛了。書法之路，布滿荊棘泥濘，只有慢慢地走，穩穩地走，才能走得高，走得遠。他說，在書法實踐中，自認為自己的籃子小，收穫了，就得把多餘的丟掉，把認為最好的裝進去，留下最喜歡的，不能什麼都要。所學越來越多，所得甚少甚少，最後有一點點是自己的，才是自己的。

周維傑說：我八歲開始學習書法，父親看了搖頭，說他一輩子也寫不好書法。少年的犟勁來了，不但未受打擊，反而發誓說：那我就寫一輩子。我是油火，越潑越著。就這樣，先描紅，描綠，後開始寫「二王」，漸漸地也寫得像模像樣了。「文革」中被叫去抄寫大字報，也是一種練習。後來考上吉林大學，認識了賈毓麟老師，他是李大釗紀念碑和李大釗之墓的題寫者，周維傑經常到他家裡去翻看字帖，後來他送給了周維傑一本字帖、一支周虎臣的毛筆和戴月軒的硃砂印泥，更加堅定了周維傑寫好書法的意志。周維傑大學畢業到省委工作後，就用廢棄的打字紙練書法，當時省委統戰部部長于右山的字寫得好，周維傑就跟著他練習魏碑顏體。嚴羽在詩辯中說：「夫學詩者，以識為主，入門須正，立志須高，以漢魏晉盛唐為師，不作開元天寶以下人物。」學習書法也是這個道理，

▲ 周維傑書法作品

從魏晉淵源學起，就是入門正，立志高。那時周維傑剛三十出頭，精力旺盛，除了工作，就是在報紙上寫字，心無旁騖，經常是一推車一推車地處理廢紙。俗話說：不瘋魔不成佛，文痴者技必工。周維傑就這樣苦練了幾十年，而後漸漸悟道，也才漸入佳境。

▲ 周維傑在吉林省書代會上與代表交流

周維傑把自己的書藝之路分為三段：八到三十歲是入門，是自發學書階段；三十到六十歲是入道，自覺學習，認識規律階段；六十歲以後是入境，是自然的生活內容，是真正掌握書法技巧，進入書法的境界階段。他說，書法無他途，勤能成趣，熟能生巧，鑽能入法（掌握技巧），博能出新，要想成功靠的就是這些。

周維傑在書法的實踐中總結出自己的成功之路：一、功夫的磨礪。沒有基本功不行。二、學問的涵養。說到底，書法是文化、內容、靈魂、氣韻的綜合體，最後是養出來的，不是寫出來的。三、人格的支撐。急功近利，欺世盜名，不是真藝術和藝術家，要耐得住寂寞，享受寂寞，苦中求樂。

他做官一輩子，問他時間哪裡來？怎樣正確處理做人、做事、做官、寫字的關係？周維傑說：羅丹有言，把多餘的去掉。沒有意義的事基本不做。「恪盡職守三班內，不把官事帶回家。」二十四小時抓兩頭，早晚臨帖，成為日課。早六點即起，寫五百字，晚八點至十二點，臨帖一千字。風雨不輟，持之以恆，堅持三十年。追求書體源流、漢隸張遷碑、石門頌、東方朔畫贊等，一週一遍，光趙之謙就寫了九年。對歷代書論精華、吳西載書概以及康有為、沈尹默、林散之、弘一法師的書論書譜，他更是精研精讀。幾十年來，他早已「翻」爛了中國書法的歷史。書法之餘，自創大量的詩詞，出版三本詩詞集：《摘朵白雲笑一聲》《折把新枝又一春》《一寸秋思千里雁》。三十多年來，職

務屢變，不管是在省委統戰部，在白城地區當宣傳部長、市委副書記，還是在文化廳長的位置上，在做好本職工作之餘，每天臨帖，堅持每天寫一千字。「做官與寫字是互為休息、互為涵養，白日裡疲命於案牘勞形之苦，黃昏後存聊於筆墨閒情之逸。」他說：「我把做官過程追求的剛正、寬博之氣運用到寫字中來，再把書法中追求的平和清淡、含蓄凝重的書卷之氣運用於做官中去。寫好字，首先做好人，要寫出高品位的字，一定要有高尚的人格修養。我於書法藝術就像有人抽菸喝酒一樣，就是一種嗜好，現在書法已成為我生活中的一部分，把它作為修身、健身的一種途徑堅持下去。藝無止境，筆耕不輟。」

正是如此，他的書法如「三更老湯」般細細熬來，其味之醇、其氣之雄、其骨之健、其韻之清，幾臻化境，極耐品咂。近年尤對趙之謙鍾愛有加。趙字那「顏底魏面」婉轉清秀、神采飛動的端莊之美，給了他以廣闊的想像空間，從而使他的字更加秀勁豐正，奇肆多變，似含一股衝天的豪氣。他認為，書法的最高境界是「天人合一」。為此他在詩中亦曾吟道：「大音希聲大味淡，爐火純青始無焰。千碑萬帖成一筆，絢爛之極乃入禪。」是的，如果沒有煉獄般的毅力，沒有用生命去觀照此道，殊難「達其性情，形其哀樂」，從而賦予書法以旺盛的生命力，以致攀上書法的最高境界。學問、涵養、境界、品位達到了，就會產生人格的魅力。他為人、為官、為文，都充滿了一種率直、豪放和大氣，特別是詩詞，直抒胸臆，不拘一格，頗具特色。

綜觀周維傑先生的書法，其書卷氣、金石氣與廟堂氣合為一體，精湛的筆墨功夫成就他大音希聲的藝術語言，進而從容步入神聖的書法藝術的殿堂。周維傑的詩詞，內容涉及山水人物、友情親情、人生感悟、哲思睿語，其情濃烈，其意真切，其景靈動，其勢恢宏，語言精準，功底深厚，筆墨靈動，詩意悠遠，得到廣泛關注，具有深遠影響。周維傑是一位在全省乃至全國都極具影響的著名書法家和詩人。

放歌田野璀璨人生——著名劇作家馮延飛

馮延飛（1949 年-　），吉林長嶺人，國家一級編劇、白城師院客座教授。中國戲劇家協會會員，吉林省廣播電視藝術家協會理事，吉林省戲劇家協會理事，吉林省高級專家協會會員。

▲ 馮延飛先生

馮延飛一九七九年於白城師範學院中文系畢業後，在長嶺縣戲劇創作室從事戲劇創作。一九八六年調入吉林省吉劇團。一九九七年調入吉林省藝術研究院，二〇〇九年一月退休。

馮延飛剛剛從事戲劇創作，就展露出了他在戲劇創作上的天賦。一九八一年他創作的小戲曲《王顯能》獲文化部、中國劇協頒發的「全國優秀劇本獎」；二人轉《風雪巡診》獲一九九一年解放軍總後調演一等獎。之後他又涉足小品領域，他創作的小品《約會》獲一九九四年吉林省第四屆「長白山文藝獎」一等獎、東北三省「安樂杯」小品大賽一等獎；一九九〇年十月，獲中央電視台全國職工小品大賽三等獎、第六屆「飛虎獎」。他創作的拉場戲《牛德財告狀》獲一九八四年吉林省二人轉會演一等獎。二〇〇三年，他又開始影視創作，他創作的農村題材的二十三集電視連續劇《希望的田野》在中央電視台一套黃金時間播出，並獲中宣部第九屆「五個一工程」獎、第二十一屆全國電視劇「金鷹獎」最佳作品獎、第二十三屆電視劇「飛天獎」二等獎。二〇〇五年，他創作的三十二集電視連續劇《美麗的田野》作為國慶獻禮節目在中央電視台一套黃金時段播出，並獲第二十三屆電視劇「金鷹獎」優秀作品獎。二〇一二年他繼《希望的田野》《美麗的田野》之後又創作了電視劇《永遠的田野》，在央視一套黃金時段熱播，引起轟動，並獲第十二屆「五個一工程」獎。他還在戲劇、影視劇創作之餘，不斷總結創作經驗，他的理論文章《戲劇 ABC》發表

在《劇本》月刊一九九九年十一期，並於二〇〇一年獲吉林省第十三屆戲劇文學「文華獎」二等獎。長篇小說《希望的田野》於二〇〇二年由吉林攝影出版社出版；理論文章《真實的誘惑》發表於《電視研究》二〇〇三年七期；《魂繫那方水土那方人》發表於《中國電視》二〇〇三年六期；《人生之路》《王肯的情結》《由「趙本山現象」想起》《寫戲三味》等發表於《劇本》月刊。

馮延飛的文集《往事》，是《夕陽紅》雜誌創刊二十週年出版的系列文叢，主編劉春光，二〇一四年出版，上下卷一百萬字。上下卷包括六部分：一、真情脈脈，收錄九篇散文，如《我的父親》《我的母親》《我的四弟》等，都是吟詠親情的。馮延飛在篇章頁中寫道：「不敢說是我最好的文字，但卻敢說是我最真摯的情感。」他的字裡行間流淌的是親情。二、今日星辰，收錄二十六篇散文，有寫國寶丁聰的，也有寫吉劇大家王肯的；有寫劇作家郝國忱的，也有寫表演藝術家柏青的……馮延飛在篇章頁中寫道：「銀河很是浩瀚，星光很是燦爛，是我在眾多的星座中尋覓到的幾顆，每一顆都很光芒，每一顆都很特別……」他用真誠和崇拜記錄這些名人閃光的軌跡。三、吾土吾民，收錄二十七篇散文，描寫了家鄉這片土地上親人和親情。他在篇章頁中寫道：「我和他們共同生活在腳下這片土地，他們是我的一面鏡子，在鏡子裡我努力尋找我的缺點……」他用真心，在挖掘親人們身上溫暖的東西。四、逝水流年，收錄三十五篇散文，有對名人的追憶，有對童年往事的回憶，有對自己印痕的揀拾，也有對大學夢想的回味……他在篇章頁中寫道：「人在最幸福的時候願意回憶的是痛苦，人在最幸福的時候最願意咀嚼的是苦難，而在這回憶和咀嚼中朋友會紛至沓來……」五、

▲ 馮延飛夕陽紅文叢《往事》上、下卷

鄉間風流，收錄十二篇散文，是在講述一個個美麗的故事。他在篇章頁中寫道：「風流有千百種，我看重的是這種種風流點綴了鄉間的風流……」他的筆下寫出了貧民的風流。六、行色匆匆，收錄十四篇遊記，也是馮延飛山水情懷的表露。他在篇章頁中寫道：「行萬里路是自己的夢想，於是，在這山川大地便有了我行色匆匆的身影……」馮延飛用腳步寫下了美麗的詩行。馮延飛的文集《往事》用厚重的筆墨在往事的回憶中讚美著本真的生活，是一種追訴，也是一種聆聽，更是一種拷問。同時，《往事》作為《夕陽紅文叢》之一，既是一部《夕陽紅》雜誌的成長史，也是奉獻給讀者的精粹之作。

▲ 馮延飛參加中國電視劇編劇講壇

▲ 《永遠的田野》登陸央視。圖為發布現場

　　馮延飛於二〇〇六年享受國務院特殊貢獻津貼，二〇〇七年獲吉林省五一勞動獎章。被省委、省政府授予「吉林省高級專家」和「有突出貢獻的中青年專業技術人才」等稱號。

鑑美論史評古與今——美術評論家齊鳳閣

▲ 齊鳳閣先生

齊鳳閣（1953年-　），吉林長嶺人，一九七四年畢業於東北師範大學美術系，一九八八至一九九〇年公派日本留學，一九九二年晉陞為教授，一九九三年獲國務院政府特殊津貼。曾任吉林省美術家協會副主席、吉林省美學學會副理事長。現任深圳大學藝術設計學院院長，中國美術家協會版畫藝委會副主任，《中國版畫》雜誌主編。被聘為第八、九、十屆全國美術展覽評委，第十四、十五、十六、十七屆全國版畫展及北京國際版畫展、北京「今日中國美術」等學術大展評委。

　　齊鳳閣從小就喜歡繪畫和文學。一九七三年，吉林省長嶺縣推薦他到東北師大藝術系美術專業試辦班讀書，當時每個縣只有一個名額。齊鳳閣格外珍惜這個機會，一年後以優異的成績畢業，並留校任教。學習期間，齊鳳閣主攻美術史。他感到，這個嶄新的領域既令人興奮，又讓人覺得茫然和力不從心。因為美術史的研究不僅要有美術實踐的基礎，而且需要具有歷史知識和文學修養。為了做好學問，一九七七年國家恢復高考後，齊鳳閣考入了東北師範大學中文系。一九八二年，齊鳳閣從中文系畢業後回到藝術系，把主要精力放在中國現代美術史的研究上。為了獲取第一手資料，齊鳳閣到處奔波，採訪了常書鴻、吳作人、蔣兆和、關山月、李樺、古元等一批著名美術家。他們對齊鳳閣提出的問題一一給予解答，補充了許多鮮活的史料。正是在對中國現代美術家的資料進行收集與研究的過程中，齊鳳閣逐漸明確了自己的研究方向——版畫史。他在研究中發現，在三大畫種中，版畫史論的研究與中國油畫、國畫的史論研究相比要薄弱得多，雖然創作成果甚豐，但沒有出版過一部相對完整的中

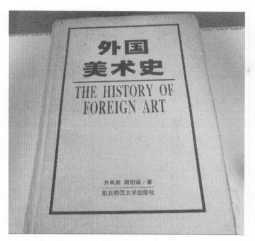

▲ 齊鳳閣部分著作

國創作版畫史專著，不僅沒有形成專業的版畫史
論隊伍，而且對某些問題的探討尚未進入學術層
面。經過對自身與研究對象的審視、分析，齊鳳
閣確立了自己的學術目標。當時國內從事版畫研
究的人少，成果少，可以參照的資料更少，這為
版畫史的研究增加了難度。東北師大為了推動版
畫研究，專門成立了版畫研究室，為版畫研究提
供了良好的條件，這在當時全國的高校中是不多
見的。齊鳳閣認為：「做學問，特別是做一個版
畫史的研究者，應當真實而不是吹捧地寫作，這
是一個學者應有的學術品格。」他在自己的著作
《中國新興版畫發展史》出版前，曾邀請時任中
國版畫家協會主席的李樺老人為該書作序。幾天
後，他收到老人的一封信，李老在信中說，書中
評價自己時，用了「刻板」一詞，老人覺得是貶

義詞，建議能否改為「凝重」？面對一位九十多歲老人的「建議」，齊鳳閣陷入了兩難境地。他覺得，「刻板」一詞最適合對李老性格的評價，最終沒有改。該書出版一個月後，李樺老人去世了。齊鳳閣感慨地說：「在感情上，我至今都覺得虧欠了老人許多，但作為一個學者，必須說真話，李老如九泉有知也會贊同我的。」這部《中國新興版畫發展史》共計五十二萬字，縱論了中國六十年的新興版畫發展史，是目前中國第一部完整的新興版畫史書，填補了此領域的空白，學術界評價甚高。中央美術學院教授、中國版畫家協會副主席彥涵評價此書：「作者力圖擺脫傳統史學的束縛，從史、論、評結合的新角度，直接切入版畫藝術本體，以史實敘述為主線，論從史出，評寓於史，融藝術現象、畫家作品評析、各時期版畫特徵及規律探討為一體，結構龐大，框架分明，線索清晰，思路嚴密。在論述意旨上，既肯定新興版畫在歷史進程中的積極社會作用，又不是把版畫藝術作為政治革命史、藝術運動史的詮釋來寫，而是以版畫作品為中心，從藝術、審美的視角，在縱橫連繫中，展開對各時期畫家、畫派風格特色的分析描述，確定其歷史坐標。」這段話，既是對齊鳳閣作品的評析，也是對他學術品格的評斷。齊鳳閣時刻關注著中國版畫的發展。近年來，齊鳳閣作為評委，參與了所有全國版畫展的評選工作，這使得他能緊緊跟蹤版畫創作現狀，瞭解版畫創作傾向，把握版畫的發展脈搏。對當代版畫的發展趨勢，齊鳳閣有這樣的認識：版畫發展到今天已幾經轉折，其面貌亦發生了很大變化，其總體發展趨勢是擺脫歷史重負而走向本體的精純，由原來單一的、封閉的、附屬的，向多維的、開放的、自主型的演變；由一般性社會宣傳與淺層次反映生活走向精神內涵的深邃；由藝術語言的粗糙陳舊變為精緻新穎，而且其當代風格已初步建立。其當代性體現在版畫形式語言的當代性與精神意蘊的當代性兩個方

▲ 齊鳳閣訪加拿大時在市長接待儀式上致辭

面，即版畫新的視覺形態對當代精神的感性顯現，進一步說，是指當代人的精神、文化心理、情感與當代版畫語言、語境的融匯。二十世紀九十年代中期，在第三屆全國版畫家代表大會暨版畫學術研討會上，齊鳳閣提出把版畫學作為學科來建設的構想及史、論、評三維推進的主張，受到與會專家的首肯。在深圳大學藝術與設計學院，齊鳳閣除了學院的行政工作外，把主要精力都用在了對研究生的培養上。他結合自己的研究課題開設課程，比如版畫學導論課，這是他版畫學建設構想中史、論、評三維推進的基礎理論部分。在這門課中，齊鳳閣與學生對版畫的特質論、形態學、創作論、發生學、接受論、市場學，以及版畫教育學、社會學等問題進行專題研討，形成了教學相長的良好課堂氛圍。他要求學生從本科生的學習模式中走出來，而自己也極力避免對研究生實行本科教學模式，努力做到在討論和探究中對學生進行創造型思維和能力的培養。

經過多年的努力和探索，齊鳳閣取得了驕人的業績，出版專著《中國新興版畫發展史》《外國美術史》《超越與裂變——20 世紀中國版畫論評》及編著著作九種，在《文藝研究》《美術》《美術研究》《美術觀察》等刊物上發表文章一百二十餘篇，其中《20 世紀中國版畫的語境轉換》獲首屆美術學獎一等獎，《中國新興版畫發展史》獲省社科優秀成果一等獎，日本日中文化藝術交流會金獎，曾獲中國版畫家協會頒發的「魯迅版畫獎」。

慧心敏行藝海揚帆——著名導演賈慧敏

▲ 賈慧敏女士

賈慧敏（1953 年-　），女，筆名每文，吉林長嶺人，著名二人轉導演藝術家，國家一級導演，畢業於吉林藝術學院，現從事編劇、導演和藝術教育等工作。賈慧敏從事導演工作三十餘年來，辛勤工作，揮灑汗水，共導演作品一千六百餘個，獲得國家、東三省及省部級獎項二百餘個。其中《沒病找病》《喜蓮》獲國家「群星獎」金獎、銀獎，《香妃夢》獲中國曲藝第六屆「牡丹獎」「中國曲藝之鄉」大賽金獎，「中國南山杯」曲藝金獎，《狼妻》《道德楷模長春篇》獲吉林「長白山文藝獎」作品獎，《楊三姐告狀》獲中國曲協頒發的一等獎，《韓琦殺廟》《同桌的你》《沒事找事》《匿名紅媒》《配合》《武則天》《楊排風》等先後獲得吉林省二人轉調演劇目大獎和一等獎三十餘個。她在導演生涯中，不斷探索，導演風格獨特，她導演的大型遼劇《仁義里》獲遼寧省第六屆藝術節劇目銀獎及個人「突出貢獻獎」，《荒草灘》《桃花嶺》獲內蒙古「五個一工程」獎，《荒草灘》獲優秀劇目展演獎。她在編導之外，為二人轉藝術傾注大量心血，積極奔走在藝術的天地裡，她導演、統籌的十二集二人轉藝術專題片《吉林二人轉》已經載入「共享工程網」。

賈慧敏還在文藝創作上潛心耕耘，以貼近生活、謳歌時代為宗旨，創作出極具時代特色的作品，得到了社會各界的認可和高度評價。她編劇發表了小戲小品《愛心》《影子》《農忙時節》《壓軸戲》《進城》等多部作品。其中《警嫂醉了》獲公安部「金盾文化工程」藝術創作一等獎。編劇並導演的大戲《爺們兒娘們兒和村官兒》獲內蒙古「五個一工程」獎及「優秀劇目獎」，並在內

蒙古地區巡演。

賈慧敏有豐富的想像和詩情畫意，在閒暇時間，創作的詩歌《綠色的夢》、散文《柳思》獲全國青年文學大獎賽優秀作品獎，並被命名為「跨世紀青年詩人」，《紅蛋夢》編入《未來女作家叢書》。另有多

▲ 遼劇《仁義里》劇照（李鋼攝）

篇評論、論文發表並獲獎，其中《以「假借」之法賦予藝術魅力》獲中國曲藝高峰論壇「優秀論文獎」。

賈慧敏的勤奮努力和不懈追求，不僅成就卓著，而且榮獲了極高的榮譽，深得人民的喜愛，她既是編劇，又是導演，其創作風範和形成的藝術風格，為人民群眾所喜聞樂見。她先後摘取了一項項藝術桂冠，並編與導雙棲雙贏，且蜚聲文壇藝苑。

一九九八年獲得首屆「二人轉突出成就獎」。

二○○○年入選《科學中國人‧中國專家人才庫》。

二○○八年被評為「著名二人轉導演藝術家」。

二○一一年被評為「最具影響力的戲劇藝術家」。

賈慧敏，現為吉林省戲劇理論學會會員，中國戲劇家協會會員，中國曲藝家協會會員。

激情揮灑描摹本真——詩人劉殿珩

▲ 劉殿珩先生

劉殿珩（1953 年- ），吉林長嶺人，祖籍山東濱州。中華詩詞學會會員、吉林詩詞學會會員、吉林作家協會會員、松原詩社副社長、長嶺縣作家協會主席、長嶺縣綠嶺詩社社長。二十世紀八十年代開始文學創作，先後在《長白山詩詞》《松花江》《哈達山詩刊》《松原日報》《綠嶺風》等報刊上發表詩詞、散文百餘篇。散文《要留清白在人間》榮獲查干湖文學獎二等獎。曾擔任《農村幹部小百科》副主編、《長嶺百年風雲錄》《永遠不能忘記》《長嶺縣政協志》《綠嶺風》文藝季刊主編。

劉殿珩酷愛文學，是文學引領他走上了與藝術創作息息相關的道路。他在機關工作，雖然公務繁忙，但他總是忙裡偷閒，鍾情於他的文學愛好，創作出大量的詩歌、散文作品，取得了驕人的成績，堪為從政者又擁有高雅藝術愛好的典範。

劉殿珩的《秋水集》於二〇〇九年十二月出版，十五萬字。由著名作家王充閭作序，由著名作家、諾貝爾文學獎獲得者莫言題寫書名。

《秋水集》共分五輯：第一輯，青史如鏡，收錄散文七篇；第二輯，山水相約，收錄遊記十一篇；第三輯，天涯芳草，收錄散文九篇；第四輯，馨香一縷，收錄散文七篇；第五輯，真情永駐，收錄散文六篇。作家王充閭在序中寫道：「劉殿珩的散文，凝結著深厚的心靈體驗和真情實

▲ 劉殿珩先生文集

感，字裡行間承載著作者的寄託，閃現著靈魂的悅動，凸顯出慘澹經營的心痕意縷……從較深層面上實現對意味世界的探究，對社會人生和自然風物的審美和鑑賞。」《秋水集》曾獲松原市查干湖文學獎二等獎。

為推動長嶺詩歌創作深入健康發展，劉殿珩組織全縣詩歌愛好者聚集在長嶺縣教師進修學校會議室，邀請《長白山詩詞》編輯劉慶霖先生，進行詩歌創作講座，參加活動的每一位詩歌愛好者都受到了一次生動的教育，進一步激發了詩歌愛好者的創作熱情，營造了長嶺詩歌創作的良好氛圍。為紀念和緬懷英年早逝、頗有詩詞創作成績的馬俊遠先生，劉殿珩組織舉辦了馬俊遠詩詞創作研討會，與會者在追憶馬俊遠創作歷程和創作成就的同時，決心以馬俊遠為榜樣，為長嶺乃至全國的詩詞創作不懈努力，多出佳作和精品。

▲ 劉殿珩主編《大愛鑄輝煌》　　　　　▲ 劉殿珩主編《永遠不能忘記》

聚焦光影彩繪世界——著名攝影家韓承利

▲ 韓承利先生

韓承利（1954 年- ），吉林長嶺人，畢業於長春中醫學院。中國攝影家協會會員，中國衛生攝影家協會理事，松原市攝影家協會副主席、秘書長，內蒙古《呼倫貝爾攝影》雜誌顧問。

韓承利是一名醫師，同時也酷愛攝影，從醫能救治人們身體上的病痛，而從藝能解決人們精神上的缺失。韓承利雖然是一名醫生，但他卻把顯微鏡下的精緻、探尋和靈動的目光，投放到茫茫人海和神祕的大自然中，以此放大他的眼界，拓展他的心胸，藝術地表達他的人生視覺，從而歷練他的心智，施展他的才華。他下江南，入西藏，走新疆，登臨極地，拍攝了大量珍貴的圖片，記錄了大自然的真實，記錄了祖國大好河山的壯美，記錄了家鄉的發展變化，也獲得了眾多的榮譽，深得大家的喜愛。

代表作《蒙古娃》真實藝術地表現了蒙古族兒童健康、快樂、陽光的童年，表現了人與動物與自然之間的和諧統一，二〇〇四年九月，在中央電視台、中國攝影家協會聯合舉辦的「聚焦西部」全國攝影大賽中，《蒙古娃》在參賽的三千多位作者、四萬多幅作品中脫穎而出，榮獲中央電視台「聚焦西部全國攝影大賽」最高大獎，又榮獲全國第二十一屆攝影藝術展銅獎和吉林省政府頒發的第九屆「長白山文藝獎」，並做成郵票全國發行。韓承利涉足草原，拍攝草原風情的作品，他的攝影《草原之子》榮獲「內蒙古呼倫貝爾全國攝影大賽」銀獎、《同一首歌》榮獲「吉林省第十七屆攝影藝術展」銀獎。他經常去西部採風，拍攝了很多極具風情的照片，其中《駝背上的童年》《蒙古人》分別榮獲「吉林省第十八屆攝影藝術展」銀獎、優秀獎，《生命之吻》榮獲「吉

▲ 韓承利攝影作品《蒙古娃》《駝背上的童年》和《神山》

林省第十八屆攝影藝術展」紀實類優秀獎,《神山》榮獲「第四屆東北亞國際攝影藝術展」優秀獎。他幾次去長白山,以獨特的視覺,把山水美景用相機記錄下來,使精彩的瞬間定格為永恆,他的攝影《鐵骨柔腸》榮獲「中華名山」攝影大賽銅獎,《長白人家》榮獲「吉林省第十七屆攝影大賽」優秀獎。韓承利還熱衷於慈善事業,他把以「呼喚」為題的攝影作品捐贈給香港兒童少年基金會作為救助傷殘兒童募捐的宣傳畫,在香港募集了大批善款,為表彰其為救

▲ 內蒙古鄂溫克旗攝影家協會主席常勝傑向韓承利頒發鄂溫克旗博物館收藏證書

▲ 二〇〇六年，人民大會堂舉行「韓承利先生作品使用權捐贈儀式」，香港慈善家馮丹黎頒發證書

助傷殘兒童做出突出貢獻，中國兒童少年基金會在北京人民大會堂舉行「韓承利先生攝影作品使用權捐贈儀式」，全國政協副主席郝建秀、香港著名慈善家馮丹黎為其頒發「中國兒童慈善功德碑」並授予「慈善之星」榮譽稱號。

韓承利在攝影上取得了驕人的業績，也得到了社會各界的認可和尊重，他曾獲得吉林省長白山文藝獎、松原市哈達山文藝獎成就獎。二〇〇四年松原市電視台以「底片」為題為他錄製了專題片，介紹他的攝影作品和他在攝影方面的成就。二〇一一年韓承利客座松原電視台《溝通》節目，暢談他與攝影的情與緣。

韓承利多年在光與影的世界裡奔走，走得十分精彩。有人這樣評價韓承利：「作為一個攝影家，他在追光逐影中完成了靈魂與生命的對接，他以美好的抒情方式詮釋他內涵豐富的內心世界，從他精彩的攝影作品中你會讀出他對世界、人生的深刻理解。」韓承利——一個背著相機在天地間行走的人，他的每一個印痕都閃爍著智慧和汗水的光芒，他在光與影的藝術中彩繪世界，留給人們的是震撼和感動。

揮灑心血吟詠泥土——劇作家隋程雁

隋程雁（1954 年-2011 年），吉林長嶺人，國家一級編劇，曾任松原市藝術創作室副主任，中國戲劇家協會會員，中國曲藝家協會會員，中國戲劇文學學會會員，吉林省二人轉藝術家協會理事，松原市戲劇家協會副主席，松原市影視劇協會理事，松原市作家協會理事，國務院特殊貢獻津貼獲得者，吉林省第八批有突出貢獻的中青年專家。

▲ 隋程雁先生

隋程雁與馮延飛、梁云才都是從長嶺縣龍鳳村先後成長起來的戲劇創作優秀人才，這種龍鳳現象，一時在長嶺乃至全省產生了強烈反響。隋程雁是土生土長的農村人，有著豐厚的生活底蘊，有著對生活的追求和熱愛。勞動之餘，他深深地熱愛戲劇藝術，由熱愛逐步上升到了表達和創作。於是，他由龍鳳村六社調到了龍鳳鄉文化站，專門搞起了文化事業。又由於他的勤奮和創作成績，他被直接調到了長嶺縣戲劇創作室，專門從事戲劇創作工作。這段時間是他戲劇創作的黃金時期，他創作出了大量的優秀作品，因而他被調到松原市藝術創作室工作，期間又創作出一些優秀的作品。

隋程雁創作的戲劇作品，有很多上乘之作，並獲得了很多的殊榮。一九八六年，他創作的二人轉《小兩口搬兵》在吉林省文藝調演中獲一等獎。一九九〇年創造的拉場戲《村長醉酒》獲得吉林省文化廳舉辦的文藝會演一等獎。一九九六年創作的《告狀之後》獲國家二等獎；《天生一對》獲吉林省文化廳編劇一等獎。一九九七年創作的拉場戲《告狀之後》在文化部舉辦的曹禺小戲小品大賽中獲得二等獎；拉場戲《相門戶》獲得吉林省文化廳舉辦的戲劇大賽一

▲ 評劇《劉巧兒新傳》

等獎。小戲《沒病找病》在二〇〇一年全國第十一屆「群星獎」會演中，獲文化部頒發的「群星獎」金獎。小戲《村長請客》獲全國「曹禺戲劇小品、小戲獎」二等獎。小評劇《好閨女》，由天津市評劇院排演，二〇〇四年在天津市小戲會演中獲一等獎。河北梆子《代理東家》，由北京市河北梆子劇院排演，此劇曾下鄉演出近百場，後來又在中央電視台三套播出。小品《口是心非》《光棍相親》二〇〇八年春節在中央電視台三套演出。大型現代戲《罪人》劇本獲吉林省戲劇文學「飛虎獎」。大戲《劉巧兒新傳》，由中國評劇院首演，獲全國第四屆評劇藝術節劇本創作一等獎、中國第三屆「老舍戲劇文學獎」優秀劇本獎，並獲紀念建國五十五週年優秀劇本獎。戲曲電視劇《告狀之後》在全國戲曲電視短片展播中獲二等獎。

隋程雁在戲劇創作的同時，還涉足電視劇領域，他創作了電視劇《無品芝麻官》《拉拉屯風情》等，在央視播出，深受觀眾喜愛，他還創作了十二集戲曲電視劇《嗯哎哎咳喲》、二十四集電視劇《拉拉屯風情》、二十集電視連續劇《蘋果紅了》、二十四集電視系列短劇《樂善村裡的明白人》等，展示了他在影視創作方面的才華。

隋程雁一生勤勞，創作成果豐碩，深受長嶺人民的喜愛和好評，同時他的創作風格和創作成果，得到了同行的認可，在全省戲劇界有較高的聲望。

書畫雙翼筆墨留香——書畫家耿明

耿明（1956年- ），吉林長嶺人，吉林省松原市實驗高中高級美術教師。早年畢業於白城地區師範美術專業，後就讀於北京師範大學藝術系。中國榜書家協會會員，吉林省書法家協會會員，吉林省美術家協會會員。

▲ 耿明先生

耿明雖為高級中學美術教師，但書畫功底十分深厚，其書法秉承范曾大師的筆勢和風範，飄逸靈動，灑脫遒勁，自成一格。他還潛心研究書畫藝術，主攻國畫，其內容涉及山水、花鳥、人物等，展示了他國畫創作藝術的風采，在省內極具影響力。

耿明多年來潛心於書畫創作，他的作品筆墨靈動、氣勢恢宏，其書畫作品多次參加國內外大展，部分作品獲獎。作品被海內外人士收藏，並被收入多部書畫專集。其中書法作品《心田裝天下，家風炳千秋》被香港著名慈善家田家炳先生收藏；《同一個世界，同一個夢想》《五洲潤澤》分別被英國、法國友人收藏；《櫻花情》作為中日友好交流主要禮品餽贈給日本友人；部分書法題字被多所學校、企事業機構、景區及建築物採納並刻石鑄字，如松原「共濟

▲ 耿明國畫作《日破雲濤萬里紅》

橋」、長春「關東園」等，深受國內外書法愛好者和收藏者的喜歡。

耿明在書法的基礎上進行國畫創作，他的大部分作品都以流暢和創意新穎而聲威高遠，他的美術作品《陽光》獲全國教師美術作品大賽專業組二等獎；國畫《雪韻龍華》獲松原市美術作品大賽一等獎；國畫《跨江穿雲》獲松原市美術作品大賽一等獎。國畫《輕舟已過萬重山》被中國駐韓國大使收藏。在吉林省為慶祝建國六十週年舉辦的「美術、書法、攝影大賽」中，耿明創作的國畫《哈達飛瀑》獲優秀獎。在松原市紀念「辛亥百年」美術作品展覽中，他的國畫《跨江穿雲》榮獲一等獎。國畫《中國夢》榮獲松原市美術作品展一等獎，榮獲第三屆哈達山文藝獎二等獎。

耿明的書畫作品還被收入多部書畫專輯。二〇〇二年松原市建市十週年之際，耿明成功舉辦個人書畫展，電視台、報刊等媒體曾多次做過專題報導，得

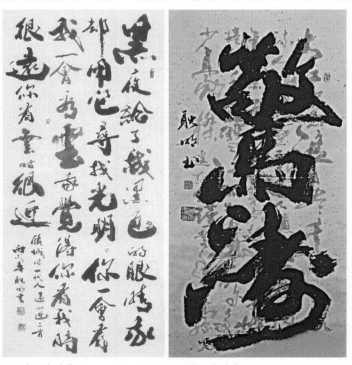

▲ 耿明書法作品　　　　　▲ 耿明書法作品

▲ 耿明畫作《觀滄海》

到了廣泛關注。二〇一二年松原市建市二十
週年之際,《松原日報》專版刊登《耿明頌松
原楹聯書法集錦》《印象松原——耿明彩墨繪
松原十景》,得到了較高的評價和社會反響。

　　多年來,耿明在書畫創作上取得了驕人
的成績,也得到了社會各界的廣泛關注,吉
林電視台、吉林廣播電台、《吉林日報》《中
國書畫報》《松原日報》等媒體曾以「耿耿丹

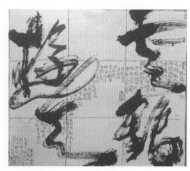

▲ 耿明書法作品

青照眼明」「山高哪礙野雲飛」「墨濺猶聽瀑瀉聲」「胸中山岳、筆底雲煙」
等為題進行專訪和報導,使耿明的書畫藝術被更多的人所熟知和認可。

古韻新意霽霰霓虹——詩人王占祥

▲ 王占祥先生

王占祥（1959年-　），吉林長嶺人，長嶺縣民間藝術家協會主席、長嶺縣作家協會副主席、長嶺縣綠嶺詩社副社長。

王占祥酷愛文學，多年筆耕不輟，創作了大量的詩歌和理論文章等，一些詩歌和論文發表在《吉林教育》《松原日報》《吉林工會》《秋林詩刊》《龍鳳湖》等報刊上。二〇一三年詩集《占祥詩選》出版發行，引起強烈反響。主編《教育群英譜》等多部文集和書刊。

王占祥多年來為長嶺的文化事業貢獻力量，他擔任長嶺縣民間藝術家協會主席，履職盡責，民間藝術家協會舉行了豐富的活動，二〇一〇年七月，長嶺縣民間藝術家協會，在永久鎮柳蒿泉山莊召開了第一屆理事（擴大）會議，吉林省民間藝術家協會理事長施立學也應邀參加了會議，會後組織參觀了當地的景觀和民俗民風，大家座談討論，長嶺的民間藝術家們歡聚一堂，是一個有水準、有層次、有內涵的大聚會。此後，長嶺民間藝術家協會部分代表又先後到腰井子牧場、南城子古城和八寶湖考察長嶺悠久的歷史，為長嶺文化整理收集素材。二〇一一年，長嶺民間藝術家協會出版了《關東民間古語》一書，此書收錄了長嶺民間藝術工作者張佳聲多年蒐集整理的民俗民諺，具有很高的實用性和歷史性。王占祥還擔任長嶺法學會會長，他積極工作，組織創辦《長嶺法學會會刊》，現已出刊二期，對長嶺的法學事業起到了積極的推動作用。王占祥積極挖掘長嶺民間文化，收集整理大量的民間藝術作品，如：剪紙、雕刻、手編、篆刻、書法、繪畫等作品，擬定出版《長嶺民間藝術作品集》和《長嶺文化風俗集》。他還總結、整理、完擅長嶺知青文化，會同有關部門和人士連

繫在長嶺縣插隊的知青二百多人開展「重返第二故鄉」活動，讓知青們瞭解第二故鄉長嶺的發展變化，為第二故鄉長嶺建言獻策、貢獻力量。還組織知青們寫下在長嶺下鄉時的回憶錄，結集出版《知青在長嶺》一書，為長嶺的文化發展貢獻了心血和力量。

《占祥詩選》是王占祥的一本詩集，二〇一三年九月出版，十六開，收錄了王占祥的自選詩詞五百首，大部分是古體詩。

▲ 王占祥詩選

▲ 王占祥主編《長嶺法學會刊》

▲ 王占祥主編《教育群英譜》

辭心賦骨譽馳神州——著名辭賦家張祖鵬

▲ 張祖鵬先生

張祖鵬（1960 年- ），吉林長嶺人，一九八四年畢業於東北師範大學中文系。中華辭賦家聯合會常務理事，中華辭賦報特邀主編，吉林省作家協會會員，長嶺縣作家協會理事，長嶺縣民間藝術家協會副秘書長，長嶺縣綠嶺詩社副社長，二〇一〇年被評為全國十大優秀辭賦家，二〇一一年被評為全國十大菁英辭賦家。

一九八三年大學期間開始文學創作，在省級刊物《參花》上發表處女作《母親的心》，之後筆耕不輟，撰寫了多篇小說、散文在《城市晚報》上發表，引起社會關注，更加激發他對文學的熱愛。一種對文學的執著，讓他起早貪黑，幾乎所有的業餘時間他都用在創作上，又有多篇小說、散文、詩歌、報告文學在《詩詞月刊》《吉林日報》《人生與伴侶》《城市晚報》《松花江》《松原日報》《松原晨訊》《秋林詩刊》《龍鳳湖》等報刊上發表，並獲各種獎項多次。其中，散文《心願》獲吉林廣播電台「我為亞運唱讚歌」徵文二等獎；小說《送禮》獲吉林省小說徵文一等獎；詩歌《我愛你祖國》榮獲吉林省建國六十週年詩歌大賽二等獎。

二〇〇九年，他開始辭賦創作，短短半年的時間，就有二十多篇辭賦問世，彰顯了他在辭賦創作上的天賦和勤奮。同年他被「中華辭賦家聯合會」特聘為常務理事，擔任《中華辭賦報》特約主編，並經常在「中華辭賦網」上發表辭賦，因點擊率頗高而引起轟動和關注。二〇一一年五月在第二屆中華魂全國辭賦大賽中張祖鵬撰寫的《清徐賦》經過宣讀、研討、評委打分等層層篩選脫穎而出，榮獲辭賦大賽唯一的一等獎，《清徐賦》獲獎後發表在《中國詩詞月刊》上。撫松建縣一百週年之際，他應邀創作了《撫松賦》，洋洋灑灑一千五百言，讚美了撫松百年的發展和業績，撫松百年縣慶文藝演出以《撫松賦》

開場由著名播音員張鳳志吟誦並配畫面演播，受到與會者的讚美和好評，《撫松賦》作為首篇收錄於《撫松百年》一書，二〇一三年撫松縣把《撫松賦》刻在松花江畔文化長廊多塊彩石上，供人觀賞。之後他又為撫松創作了《人參賦》，在撫松人參文化藝術節上由吉林電視台公共頻道製作成專題片由著名播音員張鳳志配音展播，再度引起轟動。在長嶺實驗小學建校百年活動中，張祖鵬應邀

▲ 張祖鵬接受撫松電視臺專訪

創作了《長嶺實驗小學賦》，已在長嶺實驗小學建校百年之際鐫刻在校園巨石上，成為校園文化的一處風景，同時作為刻碑成果被收入全國十大刻碑事件中。在長嶺二中建校五十週年活動中，他創作了《長嶺二中五十華誕賦》，在吉林電視台公共頻道「金光大道」欄目組舉辦的「慶祝長嶺二中建校五十週年文藝晚會——五秩輝煌，暢想未來」上由著名播音員張鳳志吟誦製作成專題片作為開場節目演播，是整台節目的一個亮點，引發掌聲和歡呼聲，並被優酷網轉載，同時該賦作為首篇收錄於《大愛鑄輝煌》一書，長嶺二中把《長嶺二中五十華誕賦》作為校本教材，讓學生吟詠背誦，被彩噴在學校的文化展板上，展示在校園，成為一種標誌。在長嶺新建的龍源山公園裡，立有一塊彩色巨石，上面刻著《龍源山志》，志文由張祖鵬撰寫，這塊彩色巨石，在公園西門處兩排十八根龍柱的西端，靈動著大氣磅礴，常常引來遊人駐足吟讀觀賞，也有很多人在此留念，這塊巨石已成為長嶺的一種象徵。之後，他又應邀為長白山旅遊景區的一個著名景點雪山飛湖撰寫《雪山飛湖賦》，現在已鐫刻在雪山飛湖旅遊景觀的巨石上，供遊人觀賞誦讀。二〇一四年應邀為撫松縣撰寫《中國礦泉城賦》，刻在巨石上，成為撫松礦泉城的一種標誌。幾年來，他潛心辭賦的研究與創作，獲得了驕人的成績，他的《中國共產黨九十華誕賦》獲松原市「感黨恩，頌黨情」徵文一等獎，並在大型文藝會演時被著名演員吟誦。

《松原賦》獲松原市建市二十週年徵文大賽一等獎。《教師賦》《中華賦》《青年賦》《蜜蜂賦》被多家學校懸掛於學校內。《長嶺賦》被書法家書寫成書法長卷懸掛在長嶺縣武裝部正廳內。現已問世的《九九消寒圖賦》《朋友賦》《胡楊賦》《道德賦》等百餘篇辭賦，大多在中華辭賦網上發表，深受廣大讀者喜愛，在社會上產生了強烈反響。著有《張祖鵬辭賦集》一書。

▲ 張祖鵬榮獲全國辭賦大賽一等獎

張祖鵬撰寫大型人物傳記《秋林盡染》一書，二〇一三年十一月出版發行，全國新華書店

▲ 《清徐賦》獲獎證書

經銷，並在各大網站、各大網上書店和北京各大書店熱銷。同時在鳳凰網、新浪網等網上廣泛宣傳，引起轟動效應。在揮灑筆墨、著書立說的同時，他還積極為長嶺的文化事業貢獻力量。擔任《秋林詩刊》主編，為長嶺的詩歌辛勤勞作，為長嶺的文化尋求根源和歷史走向，為長嶺的文化留下濃重的一筆。

張祖鵬在文學創作上成績，引起了廣泛關注，撫松電視台對張祖鵬進行了專題採訪，就《撫松賦》創作談辭賦創作體會，製作成以「參鄉放歌」為題的專題節目在撫松電視台播放並發在優酷網上，引起辭賦界的廣泛關注和讚譽。在張祖鵬榮獲全國辭賦大賽一等獎後，長嶺電視台在「記者視線」欄目中製作專題節目，報導他在辭賦創作上的成就和影響。《中華辭賦報》《吉林日報》《松原日報》《龍鳳湖》《長嶺教育》《中華辭賦網》《松原文化網》等也作過相關的報導，對他在文學方面取得的成績和為文化事業所做的貢獻給予了高度的評

價和讚賞。二〇一四年十二月，張祖鵬的家庭被松原市委宣傳部、松原市文化局評為「書香之家」，這是對張祖鵬多年來在文化方面的修養和成績的充分肯定和高度評價。

▲ 中國礦泉城賦

▲ 龍源山志

筆墨靈動絢麗多姿 —— 書法家姚興武

姚興武（1964 年-　），字子潤，吉林長嶺人，中國硬筆書法協會會員，吉林省書法家協會會員，吉林省硬筆書法家協會常務理事，吉林省硬筆書法家協會書法教育委員會委員，吉林省硬筆書法家協會隸書專業委員會秘書長，松原市書法家協會副秘書長，松原市美術家協會副秘書長，松原市硬筆書法家協會副秘書長。

▲ 姚興武先生

姚興武酷愛書法藝術，每日都要習練硬筆和軟筆書法字帖。他認真承襲古代大師書法藝術和表現風格，又大膽進行創新，形成了自己獨特的書法藝術特色。姚興武的書法多以草書為主，其章法規範，亦張亦馳，靈動俊逸，收放自如，整體書幅作品濃淡相宜，疏密有致，體現了他豪放浪漫、綺麗多姿的藝術魅力。同時他在隸書、楷書、魏碑等方面也十分見長，在省內、國內頗受同行青睞和讚譽，極具影響力。

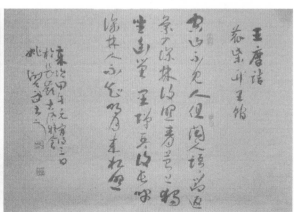

▲ 姚興武書法作品

姚興武多年的書法功底，讓他取得了很多的成績，二〇一四年四月他的書法作品被韓國美術館孔子碑林博物館刻碑收藏。二〇一三年七月應吉林、香港硬筆書法家協會邀請，作品在兩地展出。二〇一三年六月榮獲松原市硬筆書法十傑稱號。二〇一三年入展吉林省第四屆臨帖作品展。二〇一二至二〇一三年度中國硬筆書法協會先進工作者。二〇一二年九月二十日書法作品獲松原市「中行杯」書法精品展三等獎，其作品被中國銀行股份有限公司松原分行收藏。二〇一一年十一月，書法榮獲松原市政府最高獎「第二屆哈達山文藝獎」優秀作品獎。二〇一〇年入展全國首屆「中吉大地杯」硬筆書法正書大展和全國「廣闊天地知青杯」。二〇〇九年十二

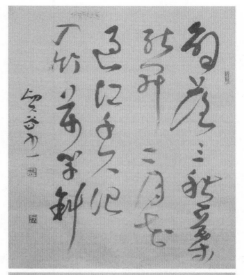

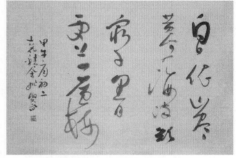

▲ 姚興武書法作品

月作品榮獲二〇〇九年度中國硬筆書法藝術提名獎。二〇〇八年八月十日，作品入展吉林省硬筆書法家協會承辦的首屆東北三省硬筆書法精品展。一九九一年五月四日，被中共太平川鎮團委授予「太平川鎮十傑青年」光榮稱號。

姚興武的作品被編入《吉林——香港硬筆書法聯展》《中國硬筆書法家辭典》《中日硬筆書法家大辭典》《全國首屆硬筆書法藝術大展作品集》《全國硬筆書法藝術大展作品集》《松原市書法作品集》《松原市中東杯書法作品集》《松原市硬筆書法作品集》《哈達山聯墨集》等，作品在《中國硬筆書法報》《白城日報》《松原日報》《哈達山詩刊》《綠嶺風》上均有刊登，在全國產生一定

影響。

　現在，姚興武在長嶺縣創辦「蘭亭書法藝術培訓中心」，旨在傳承書法藝術，弘揚國學精粹，為文化事業大發展、大繁榮，為實現中國夢做出不懈的追求和努力。

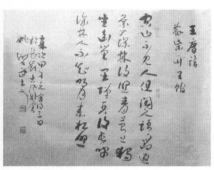

▲ 姚興武書法作品

▲ 姚興武書法作品

矚望生活筆觸深邃——劇作家田德忠

田德忠（1968 年- ），吉林長嶺人，吉林省作家協會會員，長嶺縣作家協會副主席。

田德忠從師範學校畢業後，一直工作在鄉政府，熟悉農村，瞭解農民，懂得農業，與鄉村結下了深厚感情，這為他從事文學創作打下了深厚基礎，提供了豐富的創作營養。田德忠自二十世紀九十年代初開始，從事小說創作，多為農村題材，其風格幽默而浪漫，富有生活情趣和哲理，讀來回味悠長，尤其是小說《劉四爺的疤》讀後讓人俯仰不止，歎服田德忠巧妙的藝術構思和藝

▲ 田德忠先生

術表現力。同時他還在《參花》編輯部兼職做過編輯，這更加開闊了眼界，增長了見識，豐富了創作內涵。長嶺有著戲劇創作的光榮傳統，這裡成長出了郝國忱、馮延飛等戲劇藝術家，這給田德忠以強烈的震撼。

▲《山窪》由長春電影製片廠出品

他曾在《小說月刊》《章回小說》《今古傳奇》《參花》等省內外文學期刊發表小說故事三十餘篇，代表作有中篇小說《白道》《旋轉的舞廳》等。現專攻影視文學創作，已經創作出多部電影和連續劇，其中電影《山窪》，與郝國忱合作，二〇一〇年由長春電影製片廠投拍、現被納入中國農村電影放映工程，劇本榮獲全國農村電影生產基地第一屆「大地杯」劇本大賽三等獎。電影《龍鳳村兒女》，與郝國忱合作，由中央電視台

六頻道製作播出，在二〇一四年全國第十四屆電視電影「百合獎」評選中，獲得評委會專項「特別獎」。

▲《山窪》劇照

▲《龍鳳村兒女》劇照

第四章
——

文化景址

從一枚陶片，到一座遺址；從獨特的沙嶺水泊，到亮麗的廣場公園；從神祕的草炭現象到展示「玉龍」的文化祈願，都在銘記著一段歷史，標誌著現實的高度，以一種豐厚的文化內涵，記載著長嶺悠久的歷史、厚重的文化，叩問古老，靈動鮮活，延伸一種步履，追隨一種情緣，深情地訴說關於昨天、今天和明天的故事。

腰井子屯北崗遺址

　　三十號鄉腰井子村（屯）的北側是一座呈東西走向的大沙崗子，現高四至六米，寬八十米左右，長約三公里。腰井子屯就坐落在這道大崗子西端的南坡腳下。屯南是大面積的草原、沼澤。崗上是新近開闢的林地，並有多處被季風剝蝕而形成大小不等深淺不一的沙坑。遺物散布在崗子的南坡，範圍為東西長一千米，南北寬四十米左右。遺址中散布大量蚌殼、魚骨、禽骨、小獸骨、陶片和少量的碎石器。從沙坑的斷面上還能看到灰坑的痕跡，上口寬零點九米左右。灰坑中有大量的魚、禽、獸骨和蚌殼的殘骸。另外，在遺址中還發現多處居住址，只有一座房子居住面比較完整。其他有的由於季風的剝蝕而被破壞，有的尚未完全暴露出來，只是在沙坑的斷面上看到一點兒跡象。這個完整的居住面為鹼土夯築，呈正方形，邊長四米，厚六至十釐米，灶址位於居住面中部，呈橢圓形，直徑八十釐米，深四十釐米。推斷屬於半地穴式房屋。

▲ 腰井子遺址

遺址中出土了大量的文物，按質地可分為陶器、石器、骨器、玉器、蚌器五大類八十餘件，其中陶器是遺址中保存最豐富的一類，其次是石器，其他比較少。從遺址出土的文物看，其文化面貌是比較複雜的，大量的壓印「之」字紋陶片及砍砸器等有好多同新樂下層文化相似。刻畫的「之」字紋陶片又同赤峰市的紅山文化雷同。而扭曲紋陶片，據農安岸巴吉壘鄉元寶溝遺址發掘報導看，其底層在新樂下層文化的下層。說明要稍早於新樂下層文化。另外，遺址中出土的骨鏢以及浪狀的附加堆紋陶片，又同北部昂昂溪文化的骨鏢及有些陶片紋飾相似。說明該遺址的文化年代，上線要稍早於新樂下層，而下線已到了新石器晚期。

　　從遺址中出土的砍砸器、石斧、鶴嘴鋤、石刀、石磨盤以及紡輪等較先進的農業生產工具來看，此地農業生產早已經出現，而且比較發達。但遺址中大量的魚、禽、獸骨的發現，以及刮削器、骨鏢等漁獵和剔刮工具和魚形飾物的出土，表明狩獵在當時社會經濟中還占有重要地位，尤其是漁獵占有的位置更為重要。

　　腰井子遺址面積較大，遺存豐富，為研究和探討我省西部新石器早期至晚期的文化面貌提供了寶貴的實物資料。

▲ 環形玉璧

▲ 遺址出土的瓦片

前蛤蟆沁屯西南鐵架山遺址

原新風鄉蛤蟆沁村前蛤蟆沁屯西南三公里處，有一道東西走向的沙崗，長約二公里，寬五十至一百米，最高處高於地表八米左右。崗上大部分地方被闢為耕地。崗的南北兩側各有一大面積的泡塘，崗東是耕地，崗西是草原和沼澤地。因崗上立一個鐵架子，故人稱鐵架山。

在沙崗的西部有多處被季風剝蝕而形成的沙坑，坑內裸露出大量的陶器殘片、魚骨、禽骨、小獸骨和少量的細石器、青銅器等遺物。分布範圍東西一百五十米，南北五十米左右。

遺址中出土的文物從質地上看可分為陶器、石器、青銅器三種。陶器由於多年來人為和自然的破壞，多數是陶器殘片，以細夾沙質陶為主，顏色紅褐色居多。石器出土的較少，多數是一些加工石器所剩的邊角料，成形的有八件。

▲ 鐵架山遺址

青銅器一件，錢幣三枚，有刀幣、東漢的五銖錢和北宋的「皇宋通寶」錢。

　　這些文物表明，該遺址的文化面貌相當複雜，包含多種文化因素。如刻畫的直、曲線幾何紋陶片，與農安縣的巴吉壘鄉元寶溝遺址中出土文物的紋飾相同，初步斷定，該文化早期與新樂下層文化相似。據碳十四測定，這種陶片距今六千八百年；刻畫的較大的「之」字形紋陶片，在距今五千年的紅山文化中多有發現，說明又具有紅山文化的因素。這些眾多的因素，到底是反映時代的差別，還是族屬的不同或由於地域的不同南北交流的產物？因沒有明確的地層關係目前尚未定論。至於細繩紋陶片和紅衣陶片，又同大安漢書文化有一定的連繫，這些是青銅時代的遺存。另外，還有很多夾沙和砂質的素面陶片。因此大致把該遺址的出土文物，分為五個年代：新石器時代、青銅器時代、漢代（鮮卑）、契丹早期文物和遼代文物。

▲ 出土瓦片

▲ 出土銅鏡

▲ 出土瓦片

孤坨子遺址

▲ 孤坨子遺址及出土瓦片

遺址位於北正鎮後四十七號屯和水月屯中間的一座孤坨子上，這裡南距後四十七號屯約二點五公里，北距水月村約三公里，西南五百米有後四十七號屯北三道崗子遺址，北五百米有開山王坨子遺址，西為低窪的沼澤和草原，坨子腳下有一片南北向林帶。林帶西為南北向的鄉路，南通後四十七號屯，北達前水月屯。遺址基本被耕地和風蝕坑破壞，文物可分早晚兩個時期，散布在耕地和風蝕坑中，範圍東西二百米，南北一百米。陶片較為密集，還有瓦片、缸胎器片、鐵器殘塊和獸骨、蚌殼等。

早期文物很多，陶片以細泥質較多，有用手捏製出較高的堆紋，有的是器身做好後，再把製好的泥條黏在器壁上，形成附加堆紋，這兩種堆紋，既有裝飾效果，又有加固作用。顏色多為紅褐色。晚期為遼代遺物，陶片均為細泥質，有黃色和深灰色兩種，紋飾有壓印輪齒紋和梳齒紋等。

當地群眾講，早年這裡的遺物較多，有時用筐往外端，後因長年耕種逐漸減少。

這是一處有一定研究價值的新石器時期和遼代遺物並存的遺址。

冷家坨子屯西北崗遺址

北正鎮前四十七號村冷家坨子屯是北正鎮最南部的一個小屯子。屯北一公里左右是沙丘地帶，南北寬約五百米，東西分別與兩側沼澤和水泡相連接的草地。遺址位於草地北側的一座直徑一百米略呈橢圓形的漫崗南坡，西南六百米是大水泡，西二百米處有冷家坨子至前四十七號屯南北向鄉路。文物散布在漫崗上的耕地和風蝕坑中，範圍東西六十米，南北三十米。

文物主要為陶器和細石器。

▲ 冷家坨子遺址及出土石器

陶片殘片有細泥質、細泥夾蚌殼粉和細泥夾砂石質三種，顏色有灰褐色和紅褐色兩種，因多破碎成小塊，難以辨出器形。有一片燒成黑色的陶片，上嵌有細草莖，不是起加固作用，而是一種飾紋方式，即先把草莖鑲嵌壁上，然後火燒，陶器燒成後，去掉莖灰，略加修飾，便出現壓印圓滾的凹線紋的效果，這種飾紋的辦法在松原地區諸多遺址中還是首次發現。細石器加工比較粗糙，只有石刻較為精細，其餘有圓頭形、三角形刮削器和小長石片、尖狀器等。

這是一處新石器時期人類生活的遺址。

中興屯北崗遺址

▲ 中興屯北崗遺址及出土瓦片

大興鎮中興村（屯）北一點五公里處，有一道東西走向的沙崗。長三百米，寬八十米，高四至五米，崗上及四周附近都是耕地。

在沙崗中部發現有大量的蚌殼、獸骨、陶器殘片和少量的碎石器。分布範圍東西二百米，南北一百米。遺址中出土的陶片均為手製，地質加沙，個別還羼有蚌殼粉。火候較低，有少數陶片帶有黑色夾心。陶片上的紋飾以「之」字形為主，製法分為壓印和刻畫兩種。

遺址中出土的陶器口沿有敞口圓唇和直口圓唇兩種，器耳為鼻形耳，穿孔較小。陶器底平直。石器出土三件，敲砸器一件，青色沉積岩質，橢圓形，直徑四釐米，厚一點五釐米。刮削器一件，弧刃，刃長六釐米，燧石質打製。另一件為粗砂岩質地，紅褐色，殘斷，呈舌尖狀，一面平滑，另一面粗糙，殘長為五點五釐米，寬八釐米。原器形和用途不明，可能屬研磨器。

屬新石器時代的文化遺存。

潘菜園子屯西坨子遺址

遺址位於原龍鳳鄉龍鳳村潘菜園子屯西四百米一個方圓一公里高出地面六米的沙坨子中部和東北部。潘菜園子屯通往十六號馬場、陸奎屯的鄉路分別從坨子南北坡腳下通過。東側是耕地，西是荒嶺、林帶。遺址分布範圍長三百米，寬一百米。在被季風吹過的一道沙流上，有大量遺物裸露出來，主要有陶片和瓷片等，為遼代與青銅時期文物。

陶片分粗砂和細泥兩種質地，細泥質地火候較高，輪製，

▲ 潘菜園子遺址及出土石器

呈淺灰色和淺褐色兩種顏色，淺灰色偏多。多數帶有壓印齒輪紋和梳齒紋。口沿有圓唇、方唇兩種。一般為平底器物。從器形上分析，多為盆狀物。粗砂質火候較高，比較粗糙。但有的經過打磨處理，表面較光滑。均素面，顏色有青黑、紅褐、黃褐幾種。另外，還發現一片灰白色釉面、內無釉、呈灰色陶片，器形不清。此遺址暴露的文物較多，粗砂質多於細泥質陶片，這兩種陶片分別具有青銅和遼代器物特點，因此，為青銅時期文物和遼代文物並存的遺址。

烏樹台古城址

新安鎮烏樹台村（屯）正西約一公里處，有一個水面盈闊呈橢圓形的泡泊。水域面積零點六五平方公里。水泡的一二級台地大部分被墾為耕地。二級台地上還有些林帶分布。在水泡的西北岸、二級和一級台地之間的坡面上，發現一處較小的古城址。

古城平面呈長方形，四角築有角樓，方向北偏東十度，城牆輪廓基本清晰，只有南牆由於常年耕種模糊一些，但是仍可辨識。東牆、西牆長四十米，南

▲ 烏樹台古城址及出土石器

牆、北牆長三十六米，周長一百五十二米。東牆的東部辟一城門，寬約六米，沒有甕門、馬面、護城河等跡象。城內散布一些灰磚塊、輪製灰陶片和白釉鐵花瓷片等遺物。

陶片以素面居多，少量陶片上飾有壓印梳齒紋。從古城的形制和出土的黃白釉鐵花瓷片、壓印梳齒紋陶片看，該城址應屬於金代所建。可能為眾多的軍事戍堡之一。另外在城內東側還採集到兩件黃褐色和灰褐色火候較低的帶有黑色夾心的手製夾砂陶片。其中一件是陶器口沿部，為敞口圓唇，可能屬灌類器物的口沿。從這兩件陶片的質地、火候、製法看，屬青銅時期的文物。這說明，早在距今二千五百年左右，這裡就有人類活動了。

治安屯北泡子東北崗遺址

原龍鳳鄉治安村（屯）北約三公里處，有一個水面盈闊的大泡子，泡子北約二百米，有一道綿延數公里東西走向的沙崗，遺址在沙崗的南坡。崗高約二米。遺址的範圍東西長三百米，南北寬五十米。處於耕地和沙坑中。在被季風剝蝕的地表上，裸露出大量遺物，西部比較密集。文物可分為青銅和遼代兩個時期。

青銅時期陶器分砂質和細泥質兩種。採集板狀耳兩件，大而粗糙；器底兩件，平底，

▲ 治安屯北泡子東北崗遺址及出土石器

夾粗沙，鬆脆；口沿多種，有長頸、大敞口、圓唇、直盤口、方唇、敞口尖唇飾堆紋、敞口方唇飾鼓丁紋等。飾紋有壓印凹線紋、細繩紋等。還採集飾有「井」字形的銅泡、帶尾翼的銅劍頭，長三點八釐米，寬一點五釐米，尖部及兩側刃鋒銳，中間有一孔，直徑零點四釐米，深二釐米，為一少見的精品。

遼代陶片，分別飾有短道矩形紋，壓印短道紋和由壓印細小齒輪紋組成的花葉紋。

為青銅時期遺址，遼金時期也有人居住。

張家燒鍋屯東沙坑遺址

▲ 張家燒鍋屯東沙坑遺址及出土文物

三團鄉苑家街村張家燒鍋屯東約一點五公里處，有三個南北排列的風蝕沙坑。遺址就位於最南面一個長約一百五十米，寬五十至七十米的沙坑南沿及坑四周的坡地上。

據當地人講，沙坑形成已數年之久，在初期形成時，坑內散布大量的陶器片、獸骨及石器，由於多年的風吹雨淋，加之流沙淤積，地表文物被掩埋起來，現在只暴露出少量陶片及細石器。

文物主要有剝刮器，紅褐色夾砂陶和灰色夾砂陶，多飾細繩紋，已破碎成小塊，難以辨認出器形。

採集到的鴕鳥蛋殼化石數片。

遺址北靠沙崗，南向寬廣的草原，草原中有大小數個季節性水泡，水草豐美，適於人類居住。

為青銅時期人類活動遺址。

南城子古城址

　　城址位於長嶺縣前進鄉政府所在地福慶長屯南五公里，在東尹家屯西南一公里處，坐落在一條東南至西北走向、長約八百米的大漫崗南坡。南一百米是一片低窪的沼澤地，東南三百米是八寶湖，東北二百米處是一條南北向深五米左右的水溝，東五百米是城東屯。

　　古城呈梯形，方位南偏東五十度，四周城牆均為黃土夯築，夯層厚為十至十三釐米。東牆長二百六十九米，高一至二點五米；南牆長三百三十米，高一至二米；西牆長二百五十三米，高一至一點五米；北牆長三百一十五米，高二至三米；城牆周長一一六七米，城牆的底寬為十至十五米，頂寬為零點八至二米。在城牆址的東、北、南三面分別有一座寬十一米的城門。除北門可見甕城跡象外，其餘二門由於破壞嚴重，已無法看出是否存在甕城。北牆有三個馬面，門洞兩個，間距六十米，在城的西北角和東南角各有一個角樓，城四周沒有看到護城河的遺跡。

　　城牆大部分遭到不同程度的破壞，僅北牆保存較好，但牆的底部也有多處被挖掘，城門東十三米處的城牆有一個因修鄉路而挖掘開的十五米寬的缺口。西北角附近，有一個九米長的缺口。西牆上栽有兩排楊樹。西牆的南半部由於處於城

▲ 南城子古城遺址及出土的垂腹陶罐

內外居民的住房之間，所以破壞較嚴重，南端被挖開了一個近二十五米長缺口。東牆的南半部被破壞得較為嚴重，已殘缺不全。南牆也因建房被破壞。只有城門和少部分城牆保留下來。城址內南半部已住滿居民，北半部墾為耕地。城內東北部地勢平坦，西北部起伏不平，遍布有陶片、瓷片、灰磚、布紋瓦殘塊，應為當年的建築物遺存。在城的東南角發現了大量灰磚、鴟吻、布紋瓦等建築構件的殘部，當年這裡應有高大的建築物。

採集的文物有刻畫紋陶片、附加堆紋陶片、陶器大卷口沿、布紋筒瓦、鴟吻、瓦當殘塊、陶印記等。瓷片有黃白釉瓷片、碗足、遼白瓷碗足、綠釉瓷缽口沿等。

陶片火候較高，灰色細泥質較多，也有少量的褐色、黃褐色細泥質陶。紋飾以附加堆紋為主，有細小的附加堆紋和較粗糙的繩花狀附加堆紋，均為輪製。

採集的器物中，有一件黃褐色陶印記，呈矮鬲足狀，端部平整，呈一直徑二釐米的圓圈中帶十字的印記。

瓷片多為黃白釉遼白瓷和綠釉瓷較為少見。其中有一小塊遼白瓷碗底，內有精巧的壓印花紋，體現了當時人們製瓷的技術和技巧。採集到的綠釉瓷缽口沿殘片，翠綠色，口沿寬零點六釐米、厚零點五釐米。

此外，在古城還徵集到灰色的泥質陶罐一個、醬色釉粗瓷罐三個、黑釉雙耳粗瓷小壺一個、鐵鐮一把、銅人一個。據村民講，以前還出土過六耳鐵鍋、鐵鍬。颳大風季節，還時常能拾到「開元通寶」和宋代銅錢。

從所見和採集到的器物看，此城應為遼代所築，金代沿用。其西北七百五十米處，有石刻群一處，二者應有密切關係。據《遼史‧地理志》載：「鳳州……在韓州北二百里，西北距上京幾百里，戶四千。」據《辭海》記載，遼「韓州治所在柳河（今遼寧省昌圖縣北、八面城東南）」。南城子古城南距八面城二百里，西北距遼上京（今內蒙古巴林左旗林東旗）九百里，此城應為遼代鳳州城。

此城對於研究當時政治、軍事、文化、經濟、歷史都有重要的參考價值。

前喬家圍子屯西北崗遺址

遺址位於北正鎮鄉喬家圍子村前喬家圍子屯西北大沙崗南坡腳下耕地中。沙崗呈西南東北走向，長約八百米，寬約四百米，最高處可達十米，屯子便建在崗子東南坡下。東為起伏不平的沙崗，通向遠方，南、西為耕地，北為大水泡，西北與後喬家圍子東崗遺址相距一公里。

文物主要分布在屯西耕地中，正處於沙崗南坡腳下，崗坡因深翻植樹，文物較少見。範圍南北長二百米，東西寬一百米，文物

▲ 前喬家圍子屯西北崗遺址及出土石器

主要是陶器殘片，可分為早期和晚期兩個時期，早期陶片均為細砂質，碎片為小塊。遼代陶器多為細泥質灰褐色，紋飾主要是壓印輪齒紋。口沿有大敞口和盤口、圓唇斂口小卷沿平唇口等。一件假圈足平底器底，體較薄、堅硬、光滑，是較精緻的陶器殘部，可以看出當時製陶技術是較為發達的。此處遺址與後喬家圍子東崗遺址同為遼代早期文化遺存，再早些契丹族人也曾在這裡活動。

前八十八號屯南遺址

▲ 前八十八號屯南遺址

▲ 出土石器

遺址位於八十八鄉八十八村前八十八屯一公里處的林帶中。林帶呈南北向，長一公里，寬五百米。林帶西是沼澤地，南五百米處有一常年積水的泡塘，東側是耕地。遺址範圍東西一百米，南北一百五十米。在遺址中散布有較多的陶片和不規則的細石器及大量的蚌粉、獸骨等。

陶片多為紅色和紅褐色，質地加粗砂並羼有蚌粉，手製，火候較低。紋飾只有一種用附加泥條組成的弦紋。口沿有斂口圓唇一種。

細石器多為燧石質，也有的顯乳白色的石英石質，器形多是不規則的弧刃形刮削器。

應屬鮮卑族或契丹早期的文化遺存。

喇嘛倉屯北崗遺址

遺址位於流水鎮中興村喇嘛倉屯的北崗。沙崗呈東西走向，文物散落在崗子的東端南坡上，居於喇嘛倉屯北的南北向鄉路的東側。沙崗東西長五百米，南北寬二百米左右，高約八米，崗上已經被闢為林地。文物散布面積八百平方米左右。

陶片有壓印短道紋、輪齒紋灰褐色陶片，質地粗糙，火候較高，輪製，胎質呈黑褐色。灰褐色素面陶片，火候較高，輪製，陶土夾有粗砂粒，器壁寬零點八釐米。

▲ 喇嘛倉屯北崗遺址及出土石器

由於此崗的土質植被保護較好，沒有風剝坑，發現的文物不多。但是，根據它的地理形勢及位置看，卻是古代人類生息的好地方。此遺址應為契丹族文化遺址。

腰義州海屯西遺址

▲ 腰義州海屯西遺址及出土文物

遺址位於大興鎮義州海村腰義州海屯一公里處的一條呈東西向沙崗東段的南坡。崗長七百米，寬約三百米，高五至十米，崗上及附近的周圍均是耕地。崗南零點五公里處有一大水泡子。遺址中散布有大量的陶片，分布範圍東西一百米，南北五十米。

陶片均為輪製。質地有細泥陶和砂質陶兩種。細泥陶多為灰色和灰褐色，器表飾有壓印輪齒紋和梳齒紋，還有壓印的半圓環帶紋。砂子陶多呈紅褐色，素面較多，少數陶片上飾有附加堆紋。

屬於契丹族早期和遼代早期的文化遺存。

後太平山屯南崗遺址

原新風鄉新風村太平山屯，坐落在開口朝東的呈「C」形沙崗之中。崗長約一公里，寬五十至八十米，高約五米，南北兩崗相距一百米。南崗全部被闢為耕地，北崗的北坡被栽種樹木。南崗的東部因為常年拉積肥土已被切開一個寬為十五米的豁口，後太平山屯通往新風村的鄉道在此通過。

在豁口處和豁口兩側的坡崗上，發現有較多的陶器殘片。分布範圍東西五十米，南北二十米。

▲ 後太平山屯南崗遺址及出土石器

陶片素面較多，少數陶片上飾有壓印梳齒紋，均為細泥質地，火候高，輪製。

為遼代文化遺存。

三十號鄉馬場東南崗遺址

▲ 三十號鄉馬場東南崗遺址

▲ 出土瓦片

遺址位於三十號鄉馬場東南約四百米的崗子南坡耕地中。崗子呈東南西北向，崗高約五米，有一鄉路從遺址北側的崗上東西穿過。崗的南坡下為耕地，崗北側為平坦的草原。崗上樹木成林，遍布全崗。遺址內散布較多的陶、瓷片。分布範圍長寬各五十米左右。

陶片呈灰白色，細泥質，較堅硬，火候高，大部分素面，有少數陶片上飾有劃印的幾何紋。陶器口沿唇部多稍外卷。陶片多是內施黃白色釉，外施灰白色的釉。

一件陶器口沿殘部，土紅色細泥胎質，內部施醬色釉，外部施白色釉，為敞口平唇。

屬遼代文化遺存。

十三號古城址

　　原十家戶鄉十三號村（屯）北約八百米處，有一道東西走向的沙崗。長約一公里，寬四百米左右，高五至七米。崗上廣植林木。崗的四周為大片低窪的耕地。在崗的西部南坡，有一座古城址。城址平面略呈方形，方向南偏西十度。四周築有角樓，無馬面、護城河等跡象。南牆略偏東部（距東牆七十八米處）闢一城門，寬十五米。並有甕門遺跡，開口朝東，門牆長十五米。

　　城牆為夯土版築，現高一米左右，角樓殘高一點五至二米。城門東側的城牆有部分地段已被村民挖土破壞。東西城牆長一百九十一米，南牆長一百七十六米，北牆長一百八十八米，周長七百四十六米。

　　城內已被墾為耕地。東南角有幾戶人家。城內北側有一長方形土包，高約四十釐米，估計是當年建築遺跡。

　　城內散布有大量陶器殘片、布紋瓦、建築構件、黃白色釉瓷片和醬釉粗瓷殘片。有些瓷片上飾有帶豁口的堆紋。

　　從此城的形制和出土器物看，應為遼金時期所築。

▲ 十三號古城址出土文物

東五十九號屯古城址

城址位於八十八鄉八十八號村的東五十九號屯西北五十米處的耕地中。城北是一條東西走向的小路，小路北側的大漫沙崗，崗上均被闢為林帶。城的東、西、南和城內均為耕地。城址為長方形，方向為南偏東十度，城牆均為夯土版築。

由於常年風剝雨浸和耕種，東牆殘高一至一點五米，長九十米；西牆高一米，長六十七米；南牆高一米，長一百九十米；北牆高一至二米，長一百九十五米。總長為五

▲ 東五十九號屯古城址及出土石器陶片

百四十二米。城牆寬三米。無翁門、馬面、護城河等跡象。四周築有角樓。南牆中間有一城門，寬為三米。在城址的東西兩側各有一耳城，城內外散布有大量的灰色陶器殘片、瓷片和灰磚等。

陶片均為輪製，呈灰色，細泥質，素面。口沿有大卷和小卷兩種。瓷片施黃白釉，施釉不到底，並有流釉現象。還有一種灰色瓷片，釉面上有開片。

古城的形制及遺物表明，應為遼、金時期軍事城堡。

三十三號屯南崗遺址

七撮鄉三十三號村屯南零點五公里處，有一條東西走向的沙崗，崗長約二百米，寬約三十五米，高三至五米。崗上已闢為林地，崗四周為耕地。遺址位於沙崗中部南坡上。遺址內散布有大量陶片和瓷片。範圍東西一百米，南北三十米。

陶片呈灰白色和灰褐色，細泥質，火候高，胎質硬，輪製。素面陶片占絕大多數，有些陶片上還有小圓孔。少量陶片飾有壓印梳齒紋和刻畫短道、長道相間

▲ 三十三號屯南崗遺址及出土瓦片

排列的紋飾，還有壓印的小三角形紋。陶器底多內凹，口沿多外卷。

瓷片大多數施黃白色釉，還有少數醬釉粗瓷片。屬遼金時期遺址。

福慶長屯北崗遺址

遺址位於前進鄉所在地（福慶長屯）北一公里一個一千二百平方米呈方形土崗的南坡和東坡。崗頂高於地面二米。遺址北一點二五公里是胡家窩鋪村所在地（胡家窩鋪屯），遺址東三百米為福慶長屯通往利發盛鎮太平山屯的鄉村公路。遺址範圍南北寬五十米，東西長二百米。

遺址因多年前已闢為耕地，所以地表基本被破壞。暴露在地表的文物有磚塊、瓮塊、布紋瓦、瓷片、陶片。採集的器物有：灰色、淺褐色陶器口沿，附加堆紋陶片，平底堆器殘部，黑釉大瓮口沿殘塊，黑瓮粗瓷殘片，黃白釉細瓷口沿和瓷片，黃白釉瓷碗殘足，圈足瓷器殘部，灰色和紅色布紋瓦等。

瓷片多為細泥質，火候較高。灰色較少，淺褐色紅色較多，底部多為平底，器形為罐、壺類器物。

▲ 福慶長屯北崗遺址

瓷片為細瓷質、缸胎質兩種，火候較高，釉色多為黃白色。有少部分器物施釉不到底。主要器形為較厚口沿的瓷缽與小敞口瓷碗，瓷碗眾多。一件黃白釉瓷器殘底部，圈足已損壞，此瓷物形狀不清。缸胎器物多為翁、壇、壺等。

▲ 出土石器

發現灰色和紅色兩種布紋瓦，灰色眾多。

此外，還有遼金時代的典型器物黑釉翁的口沿和殘塊。

遺址上還有零星的清代晚期的青花瓷片。

從遺址暴露出來的陶片、瓷片、翁塊、布紋瓦看，這些遺物都有遼金時代的典型特徵。此遺址距大閻家粉坊南崗遼金時代遺址一點五公里。

▲ 敞口短頸陶罐

▲ 福慶長屯北崗遺址

九號屯西坨子遺址

▲ 九號屯西坨子遺址及出土瓦片

遺址位於原東六號鄉九號村九號屯二公里處的大坨子中段東坡腳下，腰九號屯通往坨子的小路從遺址東部東西向穿過。遺址東北六十米處有一座清代寺廟址。遺址已被闢為耕地，其東部至腰九號屯西是低窪沼澤地，每逢雨季，便是汪洋一片。

文物有陶片、缸胎器片、黃白釉瓷片等。分布範圍東西長約一百米，南北寬約五十米，分布較為密集。

陶片有灰褐色、黃褐色兩種，飾文較複雜，主要有壓印輪齒紋、刻畫短道紋兩種，黃白釉瓷片多為瓷碗殘片，缸胎器物有兩種，一種為瓮、壇的殘片，一種是雙耳小壺殘部，均施釉，做工較粗糙。

一九七八年一村民在耕地時，曾出土一件六耳鐵鍋，直徑約四十釐米（幾年前破碎賣廢鐵了）。當地村民反映，在遺址的南北兩側，曾有同類陶片存在。

大坨子南北長約五公里，東西寬約一公里，高出地表約十米，是原東六號鄉與原十家戶鄉的分界處，東坡背風向陽，又臨近沼澤，適於人類居住。是遼金時期的村落址。

山灣屯北崗遺址

山灣屯坐落在東、北、西三個崗子組成的「U」形平地的西半部，屬原東六號鄉三灣村管轄。遺址位於山灣屯西北和東部山岡的南坡，兩崗距離約六十米，呈東南西北向的山灣屯至西茂高坨子屯的鄉路從這裡通過。

文物分布範圍東西約一百二十米，南北約一百米。由於中間有鄉路通過，中部文物較少，屯西北三十米處和屯北一百米處文物較為集中。兩點相距約八十米左右。

文物主要為陶片、瓷片、缸胎器物殘片。

▲ 山灣屯北崗遺址及出土瓦片

陶片均為細泥質，有灰褐色和黃褐色兩種。飾紋多種，有壓印輪齒紋、梳齒紋、劃紋、坑點組合紋和劃紋、三角形戳坑組合紋。斂口陶罐口沿一件，很厚。瓷片多為黃白釉瓷碗瓷片，一件黃白釉瓷片，內施黃白色釉，外部露著粉紅的胎骨，為過去所少見。缸胎醬釉瓷片多為翁、小壺一類器物殘片。

這是一處較大的遼金時期村落遺址。

孫大院屯南遺址

▲ 孫大院屯南遺址及出土瓦片

遺址位於三青山鎮半截崗村孫大院屯東北五百米處的耕地中。西為農田，東北靠林帶，東邊有東南西北走向的漫崗，北端較低。範圍東西一百五十米，南北八十米。

文物有灰白色、灰褐色陶片，多為素面，少量有附有堆紋，有口沿、底部、腹部。還有布紋瓦、黃白釉瓷片、青磚頭和碎石塊。

陶片多為細泥質，口沿可分為斂口圓唇、敞口卷沿等，均為輪製，火候高，質地較堅硬。遺址中灰、褐陶片較多，其他較少。

屬於遼金時期村落居住址。

西葛平房屯遺址

遺址位於永久鎮葛四方村西葛平房屯的西端，遺址上已建成民房。

分布範圍東西長約一百五十米，南北長約五十米。

遺址中暴露有較多的黃白釉瓷片、瓷碗足殘部。還有缸胎黑釉大甕的殘片、瓷碗殘片和大量的灰褐色陶片。

當地居民反映，在建房取土時曾經挖出過黑釉瓷和鐵鏵、犁鏡以及馬骨等。出土的器物都被損壞和賣掉。

▲ 西葛平房屯遺址及出土石器

陶片大多數素面，只有少數陶片飾有帶豁口的堆紋，沿口多外卷，器底平直。

黃白釉上均帶有細小開片。

為金代遺址。青花瓷片的出土，表明清代也有人在此居住。

前賈家溝屯東南崗遺址

　　新安鎮八方地村前賈家溝屯東南約二百米處有一道沙崗，崗西起前賈家溝屯東南二百米處，向東延伸五百米又折向南延伸六百米處上。沙崗西段的南坡，地表散布有較多的陶、瓷器殘片和醬色釉、黃綠釉粗瓷片等。分布面積約二千五百平方米。

　　陶片均為素面，有的陶片帶小圓孔。細泥質，火候高，輪製。殘片為黃白色釉。

　　遺物中出土一件鐵鍋的口沿，與現代鍋的口沿相似。還出土一件殘半的銅錢，青銅質地，只有「元寶」二字，元字中有一橫為左挑，估計是「開元通寶」，屬金代文化遺存。

▲ 前賈家溝屯東南崗遺址及出土文物

駱駝脖子屯北崗遺址

遺址位於利發盛鎮邢坨子村駱駝脖子屯北三百米處的沙崗上。沙崗呈東西走向，高約十米，遺址位於崗的中部，分布範圍東西長四十米，南北長六十米，遺址東、西面是成片的林帶。

在遺址中採集有陶片、瓷片、布紋瓦等遺物。一較大瓷碗，底心外側有一環形無釉帶，碗底有淺灰色釉、花草紋，圈足無釉，足高一釐米，足心厚一點二釐米，器壁厚零點六釐米。乳黃色釉瓷片，瓷壁厚零點六釐米，瓷胎質地細膩，呈黃白色，

▲ 駱駝脖子屯北崗遺址及出土文物

釉面無光亮。黃白釉鐵花粗瓷片，厚一點五釐米，釉色細膩光滑，並有小開片，胎質較粗糙，呈黃褐色，瓷片內壁無釉。灰色素面陶片，中間有一孔，孔徑零點四釐米，陶土粗糙摻有少量沙粒。

在遺址中還採集到一件青白色玉質的刮剝器，略呈等腰三角形，正面凸起，為單脊，背面較平而粗糙，尖部殘斷，四周留有加工和使用跡象。

根據採集的遺物分析，此遺址是一處元明時期文化遺存。

西山頭屯西北崗遺址

▲ 西山頭屯西北崗遺址及出土瓦片

遺址位於三青山鎮依家坨子村西山頭屯西北五百米處的東西走向小漫崗的南坡，東、西、北三側為草原。遺址中有孤柳樹一棵，範圍東西八十米，南北五十米。

文物有灰色陶器底部、帶孔陶器殘片、青花瓷碗、瓷盤底部殘片和黑褐色缸胎粗砂翁殘片。灰陶片較多，青花瓷片次之，其他遺物較少。陶質多加砂，素面，火候高，質地較堅硬，皆為輪製。瓷片有青花盤底部，帶開片，盤底部足內外無釉，腹部下端釉不滿，露出胎骨。

為明清晚期或清代早期村落遺址。

西後街屯北崗遺址

新安鎮八方地村西街後屯位於一條長約一公里、高於地面一米左右大體呈東西走向的沙崗西部的南坡腳下。在屯西約百米處的耕地中，地表散布有較多的陶片、瓷片等，分布範圍長寬均為三十米。

陶片呈灰色和黑色。均為細泥質，火候較高，輪製。絕大部分素面，只有少部分陶片飾有花紋。陶器口沿外卷式和平折式兩種，斷面分別呈彎月狀。器底多為平直底，採集一件直徑三點七釐米的平直小陶壺底部。

▲ 西後街屯北崗遺址及出土陶片

另外，在遺址北部二百米處的崗地上發現一些陶片，其質地、製法、火候與上述陶片一致。還出土一枚宋代「治平元寶」銅錢。屬清代晚期遺址。

雙廟子遺址

廟址位於前進鄉車家村腰街屯東北一點五公里處一座呈方形的漫崗頂部。漫崗東西為一公里，南北約一公里，東南一點五公里是利發盛鎮的雙廟子屯，北二點五公里是利發盛鎮太平山屯，一條西南東北向的鄉路由廟址東部穿過，北靠荒地，東南臨樹地，西為耕地。

該廟原為朝陽寺，由於原來有玉皇閣和朝陽寺兩處建築，因而當地稱為雙廟子。

根據廟內原立的「善士流芳千古」石碑（現已移到車家村腰街屯）記載，此廟原為土木修造，由於年久失修，每到雨季，則經常漏雨，雖經多次修補，無濟於事，因此有人倡導翻建，眾人響應。清同治年間，重建此廟。重建後為磚瓦結構，二米深，建有圍牆並立碑記載。

圍牆周長一百六十八米，南北長五十米，東西寬三十四米，殘牆高零點五至一米，南牆為磚建，其餘土築方位南偏十度。山門位於南牆中間，寬約二米，山門兩側各有一寬零點七米的小耳門，三座門均有門樓。廟內有七處建築，前殿為老爺殿，二殿為娘娘殿，後殿為玉皇閣，另外有狐仙堂、土地廟、廊坊、茶坊等建築。遺跡殘高一至一點五米。

據當地人講：一九四九年，當地幹部率領群眾為破除迷信而拆除祠廟。現遺址內遍布灰磚、布紋瓦、瓦當、滴瓦、鴟吻等文物。瓦當為獸面，其火候質地與製作方法均與遼金時期有明顯的區別，鴟吻多為刻畫紋，有的刻文深大，有的淺小，脊獸殘部，從斷面看為兩次燒造。

此廟對於研究晚清時期這一帶的經濟、文化、生活及建築形式、技巧，有一定的價值。

據考證，此廟址的來歷有一段真實歷史故事。清同治五年（1866 年），這年春風較大，但特大的一次連續刮了三天大風，飛沙走石。風息後人們出門勞作，道南王家發現，在舊房框遺址邊竟然依稀可見被風颳出兩個相鄰的廟台，

兩個廟門的門檻相連。消息馬上傳遍全屯，人們議論開了，不久周邊各屯也都知道了。這時，該屯畢家大院學字輩後人畢兆忱等認為，這是天降徵兆，這裡需要建廟宇，以順蒼天之意。於是連繫鄒、王、張、李四個家族，共商建廟大計。有人提出，僅靠本屯資金是不足的，因為只有畢家家資殷厚，其餘幾家只夠年吃年用，沒有積蓄，必須連繫周邊各屯加入其中。畢家採納了大家意見，抽出專人連繫周邊富戶，並得到了各鄉紳富戶紛紛響應，有錢的出錢，有力的出力，並決定刻字立碑，按籌資多少順序記載建廟功德。

於是建廟籌備工作緊鑼密鼓地開始了。畢兆忱出面從寬城子（今長春市）請了道士楊明遠，做這裡的首任廟主，即主持負責廟式設計、功能、塑像、開光等；有人從楊大城子、龍灣（今農安）跑建築材料；有人僱請工匠；有人負責集資。正巧這時有個南方人經過此地，此人深通易理，是個久闖江湖的陰陽先生。畢家將其接到府上，奉為上賓，好酒好菜款待，讓他勘察廟址。此人在屯西頭，風颳廟台西側，踏「罡」步「斗」，唸唸有詞。大獻殷勤，兩人交頭接耳，只見先生一會兒抬頭舉目四望，一會兒俯身側耳傾聽，反覆折騰一天，最後圈定一個地方，說這裡左有青龍，右有白虎，前有朱雀，後有玄武，乃是四靈俱全之地。

這年從春到夏，從夏到秋，一座雄偉的三層殿堂的廟宇落成了。第一層設有老爺廟五間，其後是娘娘廟三間，再後是玉皇皋兩間。整個建築青磚黛瓦，色彩繽紛。前殿雕樑畫棟，斗栱飛簷。關老爺塑像，鳳眼蠶眉，五縷長髯，身著綠袍，威風凜凜，目光如炬，身後是周倉關平，手捧青龍偃月刀，莊嚴肅穆，閃閃發光。神龕兩側刻有對聯，上聯是「異姓同胞笑今人同胞異姓」，下聯是「三分一統恨當年一統三分」。廟門是一幅長聯，上聯是「古今通一人文武才情忠義膽」，下聯是「歷世幾夫子英雄面目聖賢心」。藍底黑字，令人賞心悅目。（據老年人回憶）廟宇的規模與功能和楊大城子、長嶺縣城的關帝廟是一個級別，稱無量宮。又請了廟助戴之順，先後還有于道士、甘道士共同料理廟務。

▲ 雙廟子石碑

南城子石刻群

石刻群位於長嶺縣前進鄉南城子村南城子屯西北八百米處的漫崗南坡，東北一公里是南城子村的西尹家屯，東南七百五十米為南城子古城，南一公里為懷德縣的石龍河屯。該群體遺址由六件石刻組成，兩個石人、兩隻石羊、兩隻石虎。自西北向東南兩兩相對排列，為墓前神道兩側裝飾物。神道寬九點五米，一條羊腸小路從中間穿過，這便是長嶺縣與懷德縣在這一地段的分界線，界線使六件石刻雖然近在咫尺，卻分居兩縣境內。南城子村至石龍河屯的鄉路從石刻群東南部東北西南向穿行。

▲ 石人

南側石人高一點九二米，地上部分為一點六米，地下部分包括基座三十二釐米，額寬二十釐米，腰圍一點三二米，頭戴進賢冠，身穿圓領長袍，雙手抱笏板，左側腰間掛有寶劍。北側石人高一點九米，地上部分為一點七八米，地下部分為十二釐米，額寬十九釐米，腰圍一點二九米，衣冠與南側石人相同，也是雙手抱笏板，但腰間沒有寶劍痕跡。兩具石人面部表情端莊嚴肅、形若臨朝。兩隻石羊均呈飽食跪臥狀，神態安詳，臥高五十六釐米，身長七十九釐米。石虎呈蹲居狀，目視前方，虎視眈眈，南側一隻較大，高九十釐米，北側一隻較小，高七十九釐米。

六具石刻均為青灰色花崗岩雕刻而成，線條簡潔粗獷，形象生動。無論從雕刻技法上，還是從人物服飾上看，都與我省舒蘭縣小城子屯金左丞相完顏希尹家族墓地的石刻服飾一致，也與當時中原的墓前神道裝飾相似。據史料記

載，在遼、金、元時期唯三品以上官員的墓地才能放置此種石刻裝飾。現因未清理發掘，尚不知道墓主人的具體身分和官職，但可初步認定為金代文物。

當地老人講，一九四〇年前後，一夥日本人曾到此地「考察」，並搭起布帷子，進行挖掘，因不讓中國人接近，故具體情況不詳。關於石刻群的位置問題，當地村民記憶，在「文革」期間，三縣堡糧庫曾把兩具石人拉去，立在大門兩側。一九七四年由縣文化館負責文物工作的王賀雄同志出面交涉，又將石人拉回墓地，具體安放位置稍有變動。

▲ 南城子石刻群

這六具石刻是長嶺縣珍貴的地上文物，不但為研究金代的石刻藝術、人物服飾、葬俗等問題提供了實物資料，而且也為研究南城子古城歷史問題提供了參考資料。

石虎山石虎

　　長嶺縣七撮鄉三十三號村屯正北約零點七五公里處，有一條東西走向的沙崗。崗長約三百米，寬三十米左右，高三至五米。因在此崗中部的頂端，有一石頭雕刻的老虎，所以這道沙崗又叫石虎山，後來訛傳為獅虎山。

　　石虎現已被打成三塊，經現場考察，石虎為一塊石頭雕刻而成，呈伏臥狀。座底呈方形，邊長為五十二釐米，高十七釐米，虎身高十釐米，長四十六釐米，線條簡練流暢，給人以粗獷的感覺。

　　石虎是否立於此，無人考證，年代也不見於記載。從石虎的造型和雕刻的風格看，最晚不晚於清代。

▲ 石虎山石虎

長嶺縣文物博物館

　　長嶺縣文物博物館成立於一九九六年，陳列並珍藏了長嶺境內出土的各類有價值的文物千餘件，從新石器時期的陶片到晚清時期的銅錢，記載著長嶺七千多年悠久的歷史，反映了長嶺厚重的文化底蘊。人們常常來到這裡，觀賞文物，撫摸長嶺悠遠而厚重的歷史，聆聽一枚陶罐、一件遺物的訴說，感受長嶺源遠流長的文化魅力。其主要文物介紹如下。

　　鴕鳥蛋化石片：一九八六年四月三日出土於新安鎮鎮寶村東四合屯南遺址中。於地表採集。化石略呈梯形，長一點六釐米、寬零點九至一點二釐米、厚零點一八釐米，蛋皮表面有黑色的斑點。鴕鳥屬脊索動物門、鳥綱、鴕鳥科，是生活在沙漠地帶的一種大型鳥類。這個蛋片的出土，表明此地早在距今一萬多年前後是沙漠或是半沙漠地帶，通過類比，該化石片屬安氏鴕鳥的蛋片。

　　青白色石臼：一九八六年出土於新安鎮交界村古井屯遼金遺址中。石臼為青白色花崗岩質地，呈不規則的長方體，長為五十釐米、寬四點三釐米、高三十六釐米，正面有一個直徑為三十一釐米、深二十六釐米的圓凹窩。窩內的壁上還有數道長十三釐米、寬零點五釐米的小凹槽，環布在窩壁上。石臼是古代的一種加工穀物的工具，其功能類似於石碾子，能把穀物的皮去掉，為人食用。石臼的出土為我們研究遼金時期人們的生活習俗，提供了有價值的實物證據。

　　青灰色石臼：一九六六年十月，出土

▲ 鴕鳥蛋化石片

▲ 青白色石臼

於巨寶山鎮小巴山水庫東岸遺址中的西部。石臼為青灰色花崗岩質地，平底呈規則的五邊形，邊長三十至四十釐米，高三十四釐米。上部中間有一圓形凹窩，直徑二十五釐米，深十八釐米，窩內的壁上不很光滑。為遼金時期遺物。

▲ 敞口短頸陶罐

敞口短頸陶罐：一九七五年出土於新安鎮交界村古井屯遺址中，一九八六年四月四日文物普查時徵集。陶罐為細泥質地，輪製，造型為敞口（殘）、短頸、柳肩、鼓腹、圓凹底，口徑十點五釐米，勁長二點五釐米，腹徑十四點二釐米，底徑九點二釐米，通高二十三點七釐米。器表的紋飾可分為六個層次。第一個層次是弦紋的凸部飾豁口紋環帶，裝飾在口沿下部一點五釐米處；第二個層次是壓印的「之」字紋環帶，裝飾在肩頸結合處；第三個層次裝飾在肩腹結合處；第四個層次裝飾在肩部，用小方塊組成的菱形網格環帶兩道，環帶的上部和下部有壓印小三角形環帶兩道。第五、六層次分別裝飾在腹部和下部，兩個層次間有一條壓印的小三角形環帶相隔，兩個層次的圖案均是以壓印的小方塊為母題繪製，第五層次的圖案同第三層次的圖案相同。第四層次是用小方塊組成五對柳葉形的花瓣，每對柳葉形花瓣呈「八」字分布。在其分布的空餘之處，飾有菱形網絡紋。從該陶罐的造型、紋飾等方面看，具有典型的遼代風格，距今千年左右。

垂腹陶壺：一九八六年春文物普查時徵集，前進鄉南城子村南城子遼金時期城址出土，共出兩件，另一件破碎。同時出土的還有鐵鐮一把。陶壺為小敞口小卷沿垂腹凹底，青灰色，火候較高，製作粗糙。口沿外徑十二釐米，底徑九釐米。底部很不規整，是把陶胎製成後又用刀刮去過厚部分防止窯

▲ 垂腹陶壺

燒時過厚部分開裂，可以看出製陶者是有豐富製陶經驗的。為金代遺物。

▲ 長頸廣肩陶罐

長頸廣肩陶罐：陶罐出土於原十家戶鄉十三號村（屯）北約二百米處的崗坡上，一九八六年四月十九日文物普查時徵集。陶罐呈灰色，細泥質地，輪製而成。口沿外敞，長勁廣肩，圓平底。底上有直徑為零點八釐米的小圓孔，口徑十三點五釐米，頸長六點八釐米，腹徑十八釐米，底徑十釐米，高二十六點二釐米。據說此罐出土時內裝人骨。說明該罐是一葬具。從陶罐的造型、質地和製法等諸方面觀察，應是金代遺物。

小陶缽：一九八六年四月二十日出土於原新風鄉前蛤蟆沁村前蛤蟆沁屯西南三公里處的前蛤蟆沁西南鐵架山遺址之中。小陶缽為手製，造型為直壁圓底，口徑四點五釐米，底徑為四點六釐米，通高一點八釐米。呈黃褐色，製作相當粗糙，器壁和器底相當不平整，口沿的唇面也高低不平。由於燒製時火候不均，器壁上留有兩塊較大面積的褐色斑塊。壁上部接近唇部有兩個直徑零點三釐米的小圓孔，對稱分布。從遺址中出土的其他文物推斷，陶缽屬青銅時代早期冥器或玩具。

綠釉瓷罐：一九八〇年四月在原龍鳳鄉治安村陸奎屯徵集。該罐為紅色胎質，輪製而成。內外均施綠色釉，內壁施釉較薄，釉面沒有光亮，且隱約可見胎坯。外壁施釉較厚，釉面比較光亮，並帶有細小的開片。從底部向上有一條二點八至三點二釐米寬的暗綠色環帶，底部不施釉，肩部有兩道凸旋紋。造型為直頸、廣肩、斂腹，

▲ 綠釉瓷罐

▲ 敞口雙繫陶罐

圓凹底。口徑九點一釐米，肩徑十六點五釐米，底徑十點三釐米，通高十二點八釐米。據該罐的造型、釉色等特點看，應屬明代晚期的文物。

敞口雙繫陶罐：一九八六年五月二十一日出土於長嶺鎮南崗金代墓葬之中。出土時已破碎，現已修復。造型為敞口、柳肩、斂腹、圓凹底，兩個扁泥條橋狀耳對稱地分布在肩部。呈灰褐色，肩部飾有壓印網格紋。口徑十釐米，底徑九釐米，通高十七釐米。

魚形玉飾件：出土於三十號鄉腰井子村（屯）北崗遺址中。為青玉質地，通體磨光，呈橢圓形，最大直徑四點四釐米，厚零點三釐米。一端磨一圓孔，孔下磨一「＞」形豁口，孔和豁口組合在一起，與魚頭部極其相似。魚背上磨有一「Ｕ」形的口，可能原來是一圓孔，因長期使用而磨損。

▲ 青綠色玉璧

青綠色玉璧：一九八五年八月在三十號鄉腰井子屯一北崗遺址出土。通體為青綠色，玉質純正，呈半透明狀。玉璧外部直徑六點四釐米、內部直徑二點四釐米、厚零點三釐米，磨製光滑。這件玉璧和魚形環玉飾件同出土於一處新石器時期遺址中。當地並不產這種玉石，說明當年這裡與外界的往來關係是很密切的，人們對玉石飾件也是很珍惜的。

▲ 銅扣、銅球

銅釦、銅球：一九八六年四月二十日下午，在大興鎮四方村後四方坨子屯一村民家徵集。銅釦直徑三點五釐米，背面帶梯形鈕，有一圓孔，正面略微突起，表面光滑。銅球直徑三點五釐米，球高二點五釐米，鈕高一點五釐米，通高四釐米，鈕已殘。同時還挖出銅馬鐙一副、人骨、馬骨、衣服等物品。馬鐙現在已散失，只剩銅釦、銅球。該物是在一九六九年在後四方坨子遼金時期遺址東約一百米處，挖地道時挖出的。從器物和瞭

解的情況看，是遼金時期留下來的器物。

▲ 銅人

銅人：一九八六年四月四日在利發盛鎮利發盛村（屯）徵集。銅人係由頭上的銅鈕、帽、身、四肢組成。銅人高四點一釐米，鈕高零點六釐米，寬約為一點四釐米。銅人頭戴一帽，並露雙耳。左手彎曲於前胸，手端一小盅形器皿，右手垂於小腹下，形似手持生殖器官動作，並且兩腿分開，膝微曲。這種銅人，工藝比較粗糙，為遼金時期遺物。應是當時人們用來「避邪」的護身佛。同類的銅人在通榆縣新發鄉也有發現。

▲ 銅鏡

銅鏡：一九八六年五月二十一日，出土於長嶺鎮南崗金代墓葬之中。該鏡呈圓形，鏡面鏽蝕嚴重，並凹陷，中部爛一小孔，背面中部有半球狀鈕。距鏡緣二釐米處，飾一週乳丁紋。乳丁環紋內又飾有一種花紋，因鏽蝕嚴重看不清楚。直徑十一釐米，鈕徑零點五釐米，厚零點二釐米。

鐵鏵：一九八六年五月二十六日出土於三團鄉九十三村東九十三屯北一百米處。為一農民挖樹根時發現。鐵鏵尾部寬二十八點五釐米，中部長三十五點五釐米，兩側刃長四十六點五釐米。後部有略呈三角孔，底寬十釐米，高四點五釐米。該鏵為金代文物，它的出土為研究當時本地農業生產狀況和鑄造手工業的情況提供了實物資料。

鐵鐮：一九八六年春文物普查時徵集。前進鄉南城子村南城子遼金古城址中出土，同時出土的還有兩件陶罐，一件打碎，一件已徵集。鐵鐮鏽跡嚴重，身部呈彎月形，長二十五釐米，寬五點二至六釐米，背寬零點四釐米，刃部很薄。鐵柄長八點五釐米，寬近於二釐米，厚零點四釐米，端部變得寬而薄。從鐵鐮自身特點和同時出土陶罐看，為金代遺物。可以看出，在金代這裡的農業生產已經是較為發達了。

雲版：一九八一年七月，長嶺縣原十家戶鄉小六號屯，一村民築院牆時於地下二米深處發現，重十五公斤，長六十、寬四十五、厚四釐米，四角呈對稱雲卷狀，雲卷內有月牙形透孔，上端有一圓孔，下端有一凸起的圓形澆鑄痕。懸空敲擊，聲音極為洪亮。雲版正中鑄有楷書漢字二十二個：「大清

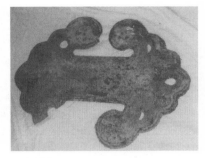

▲ 雲版

光緒二十九年巧月（七月）吉立新安鎮分縣知書馬兼製。」雲版又叫「雲板」「點」，是軍營或官府中聚眾或報警的器具。後金（清朝前身）天命六年（1621年）努爾哈赤規定，來一二百兵敲一次（雲版），來一二千兵加緊敲（雲版），若是來上萬兵，就連續不斷地敲（雲版）。長嶺縣建於一九〇八年（清光緒三十四年），這塊雲版對研究長嶺近代史提供了可靠依據。長嶺建縣前，南部曾歸農安縣管轄，其中有較大的區叫新安鎮，當時稱新安鎮分縣。農安縣在新安鎮曾設置過四任分房主簿（即分縣長官）。第一任起於光緒二十九年二月，分房主簿為馬思濤。雲版所鑄官職、年代均與史料記載相符，說明這塊雲版是馬思濤到任後所鑄。

雞腿壇：一九八六年春天文物普查時徵集。出土於前進鄉南城子村小東尹家屯西南遼代墓中。壇形為方唇、短頸、束腿圓平足。口沿直徑六點七釐米，頸高二釐米，地徑六點九釐米，腹徑十五點二釐米，通高四十二釐米。內外均施茶綠色釉，內施滿釉，外部唇面和近低部一圈無釉。腹部一側有三個類以獸面的圖案，肩上部有十二個支燒痕，下腹部有十個支燒痕。支燒痕呈長條狀，長一點三至二釐米、寬零點二至零點五釐米，腹部有製胎時留下的

▲ 雞腿壇

不規則旋痕。雞腿壇是遼代五大典型器物之一，由於契丹族人過著游牧生活，經常遷徙，為了適應這種生活方式而創造出來了用於裝水、奶或酒便於騎馬攜帶的器具，雞腿壇的製造，充分體現了契丹族人民的聰明才智。

▲ 醬釉雙繫壺

醬釉瓜棱罐：一九八六年四月在原龍鳳鄉龍鳳村東龍鳳屯徵集。「文革」期間出土於東龍鳳屯東南一公里處一個坨子東坡下的耕地中（此崗頂為龍鳳屯東南坨子新石器時期遺址）。是一農民趟地時發現並保存至今。該罐為粗瓷質地，口沿部已略有殘缺，造型為柳肩、鼓腹、圓底，底微內凹。通高十六點三釐米，底徑九點五釐米。內外均施醬色釉，外壁在接近底部的一週無釉，並有流釉現象，外壁共有瓜棱瓣十六個，每個瓣均呈扭曲狀。底部無釉，底部的一側有楷體「太」字，可能是瓷窯的名字簡稱。從瓷罐的造型、釉色等方面看，屬遼代晚期的遺物。

醬釉雙繫壺：一九八六年四月十九日文物普查時徵集。出土於原十家戶鄉十三號村（屯）十家子遼金古城之中。壺為粗瓷質。造型為直口圓唇、柳肩、垂腹、矮圈足，肩腹部飾有螺旋紋，口徑三釐米、腹徑七釐米、足徑四點五釐米，足高零點五釐米。外壁施醬色釉，施釉不到底，並有流釉現象，內壁無釉。從瓷壺的造型、施釉特點等方面看，此壺的年代應與古城的年代相當，為金代早期的遺物。

▲ 醬釉四繫罐

醬釉四繫罐：一九七五年四月出土於原新風鄉新風村前四十六屯內西部，是一村民取土時所獲。一九八六年四月十八日文物普查時徵集。罐為粗瓷製，碗形口、短頸、柳肩、鼓腹、高圈足。四個拱橋狀耳鑲嵌在肩、頸結合處，對稱分布。口徑七點六釐米，頸

長二釐米，肩徑二十點七釐米，足徑十一點二釐米，通高三十三點五釐米。足和足上的一小部分無釉。腹部有一塊疤痕。由於製作較為粗糙，器身留有輪製胚胎時的疤痕。屬金代遺物。

▲ 敞口醬釉粗瓷罐

敞口醬釉粗瓷罐：一九八六年春文物普查時徵集。於前進鄉南城子遼金古城中出土，同出三件。瓷罐高十三點五釐米，口徑十點五釐米，底徑九點八釐米，內外均施醬黑色釉，外部接近底部一週無釉，內施滿釉，圓唇敞口廣肩矮圈足，足寬一釐米，高零點二釐米，口沿和肩部各有兩處脫釉。金代文物。

斂口醬黃釉瓷器：一九八六年春文物普查時徵集，前進鄉南城子村南城子遼金時期古城出土，同時出土三件。瓷罐通高十三釐米，口徑八點五釐米，底徑八點五釐米，圓唇小敞口、短徑、廣肩。小圈足，高零點二釐米，寬約零點五釐米，內外均醬黃色釉，釉色明快光亮，醬黃色中略閃微紅和銀白，外部接近足部無釉，內部施滿釉，器外壁平滑，內壁有製胎時遺留下的溝痕，是一件較少見的精品。對於此罐的年代尚有兩種看法，一種認為是金代，一種認為是金以後的。

▲ 斂口醬黃釉瓷器

▲ 醬釉折腹粗瓷罐

醬釉折腹粗瓷罐：一九八六年春文物普查時徵集，出土於前進鄉南城子村南城子遼金古城之中。瓷罐造型為圓唇、敞口、柳肩、折腹、圓平底、口沿微殘，底粗糙，為輪製套接製成。口徑八釐米，內外均施醬色釉，外部施半截釉，內施滿釉。肩腹轉折處大部分已脫釉，最大的一塊長八釐米，寬約零點三至零點五釐米。此罐為金代文物。

黑釉三足香爐：一九八六年四月文物普查時徵集。出土於太平山鎮盧家屯村欒家窩堡屯，為一村民種地時發現。香爐為粗瓷質地，敞口（口沿已殘）、

短頸、鼓腹、小圓平底，三個足均殘，安在腹的下部，呈三角形分布。口徑七點五釐米，徑長一點二釐米，腹徑九點五釐米，底徑三點六釐米，殘高八點二釐米。內外均施黑色釉，釉色光亮細膩，外壁施釉不到底，並有流釉現象。從香爐造型、釉色、施釉特點等方面看，具有金代的風格和特點。

▲ 黑釉三足香爐

雙耳黑釉粗瓷壺：一九八六年春文物普查時徵集。出土於前進鄉南城子村遼金時代南城子古城。同時出土的還有一細泥質灰陶罐，一把鐵鐮。瓷壺通高九點五釐米，口沿微殘，底徑四點六釐米。施黑色釉。外部接近底部一週無釉。壺的口沿已殘，從殘餘部分可以看出為小敞口、柳肩、垂腹、矮圈足。足寬零點五釐米，高一點四釐米，肩部有兩個對稱分布的橋狀耳，一耳已失，一耳已殘。腹部有製胎時留下的不規則的旋痕，類似凹弦紋。此壺為遼金時代遺物。

醬釉粗瓷酒壺：一九八六年四月十一日，在長嶺縣集體鄉勝利村一社一農民家徵集。酒壺口徑五釐米、底徑五釐米、通高十二釐米。敞口、短頸、鼓腹，器表施醬色釉，酒壺外觀美觀，工藝粗糙，外壁施釉不均，且不到底。為清代晚期遺物。

醬釉小瓷罐：一九八一年秋於光明鄉蒙古屯村（屯）出土，罐通高十點四釐米、口徑六點五釐米、底徑六釐米、腹徑八釐米。罐為小口，唇微外折，短徑、折肩，下腹部微收，平底，黃褐色粗砂胎。罐通體內外施醬釉，釉面不均，折肩部及腹部均露胎，釉不到底，底無釉。此罐體較小，從造型上說，可謂小巧玲瓏，但製作較為粗糙。為金代文物。

黃白釉鐵花瓷罐：一九八六年春季，文物普查時徵集。出土於東嶺鄉六家子村（屯）內遼金時期的遺址中。罐為微斂口沿，直頸、廣肩、腹下部內收，圈足底，罐通高約二十九點三釐米、口徑十八

▲ 黃白釉鐵花瓷罐

點三釐米、底徑十二釐米。胎質潔白，飾有黃白色釉，釉上繪有醬色人物、鳳凰、花草等圖案，其線條流暢豪放，飾紋古樸典雅，可謂一珍品。為金代文物。

醬釉熏爐：一九八六年春季文物普查時徵集，與上面黃白釉鐵花瓷罐同時出土於東嶺鄉六家子屯內遼金時期遺址中。爐通五點六釐米、底徑五點三釐米、上口徑三釐米，呈一平折沿小缽式。爐內底心部有一盅形器，口徑近四釐米，爐壁有三個透孔，平折沿上等距地分布三個高約一釐米的支墊，並在折沿上飾五組梅花點圖案。使用時在盅形器中加上燃料（酒、油及木炭等）點燃，火便會熏燒上面的加熱物。為一精緻器物，從造型、質地及出土地點情況看，應為遼或金代文物。

船形口杯：一九八六年春文物普查時在原東六號鄉九號村腰九號屯（村駐地）徵集。杯呈船形，口徑長八點八釐米，寬七點四釐米，底徑為四釐米，高三點五釐米，作工很精，內施鴨蛋青色釉，外部在白色胎上附有一層紅黃色

▲ 船形口杯

料，然後又施青藍色堆釉，紅藍相間，色彩斑斕，是一件較少見的小巧玲瓏器物。從造型、風格和釉色看，具有明代晚期和清代早期特點。

青綠釉瓷缽：一九八六年四月十二日，在集體鄉西雙村三社一位農民家徵集。瓷缽造型為斂口、凸唇、鼓腹、凹底。口徑二十五點五釐米、腹徑二十六釐米、壁厚一釐米、底徑十三釐米、通高十九釐米，在唇下外壁三釐米處有一圈略有突起的橫紋。內壁均施滿釉，外壁飾有淺浮雕花紋圖案，層次分明，雜而不亂，釉不到底。從瓷缽的造型、釉色及花紋裝飾等方面看為清代文物。

青花大瓷碗：一九八六年四月十一日，在集體鄉勝利村一社一農民家徵

▲ 青花大瓷碗

集。此碗圓唇、敞口、壁微鼓。口徑二十二點五釐米，通高九釐米，足徑為九點五釐米，足高一釐米。碗內壁有五道青花圈，頭道裝飾在唇下，較寬，二三道緊靠頭道，另外兩道裝飾在壁和底的相接處，在三道至四道圈之間，有蝴蝶和花卉圖案，構圖新穎，碗心有一行書「美」字，由於採用疊摞式正燒法，足圈無釉，器底部亦無釉，碗口沿外有一道青藍圈，外有藍色花卉，施釉不到底。內外的釉面上均有開片，碗的口沿已殘，以前鋦過。從碗的造型和紋飾看，是清代早期文物。

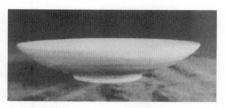

▲ 小瓷盤

▲ 大瓷碗

小瓷盤：一九八六年五月二十一日出土於長嶺鎮南崗金代墓葬之中。口徑十四點六釐米，足徑五點六釐米，通高二點九釐米。內底部有四塊支燒痕，足背平齊，足內的中部有瘤痕，內外均施黃白色釉。從外層看，共施兩層釉。第一層釉除圈足底到足內無釉外，其餘部分均掛釉。第二層外壁施少半部釉，兩層釉的相交處，有流釉現象。為金代文物。

大瓷碗：一九八六年五月二十一日出土於長嶺鎮南崗金代墓葬之中。出土時破碎，現已修復。造型為敞口、弧壁、平足。口徑二十四釐米，足徑七點二釐米，足高零點八釐米，通高八點七釐米，內外均施青白色釉，外底足部無釉，說明採用疊摞式正燒法而製成，外壁的下部施釉比較薄，上部較厚，在薄厚相交處有流釉現象，足內有朱紅色的「十」字。為金代遺物。

小瓷罐：一九八六年五月二十一日出土於長嶺鎮南崗金代墓葬之中。造型為敞口、弧壁、平足。口徑十四點一釐米，足徑五點六釐米，通高五釐米。內底部有三塊支燒痕。內外均施青白色釉，從外壁觀察，共施三層釉，第一層除足底外整個器官均掛釉。第二層掛大半部。第三層掛小半部。層次之間特別分明，相交處均有流釉現象。為金代文物。

長嶺縣烈士陵園

▲ 長嶺縣烈士陵園

▲ 羅勇標烈士雕像

長嶺縣烈士陵園位於長嶺鎮中心正北一千四百米處一條呈東西走向的沙嶺南坡，沙嶺高出地面約五米，西臨長嶺通往乾安的公路。東西為一百七十米，南北一百五十米，西牆隨嶺坡砌為階梯式，前牆為高八十釐米磚砌底牆，牆上每隔二點三米為一磚水泥抹面方柱，柱長寬零點四米，高一點三米，中間用十七根藍漆鐵筋做柵，南牆偏東有鐵筋製作對開正門一個，寬為三點五米，兩側有配門，寬零點七五米，高一點八米。園內距正門北四十三米處有一烈士紀念碑，通高十米，碑座高一點五米，東西長三點五米，寬二點五米，碑身高六點七五五米，東西寬二點二米，南北厚一點一米，頭高一點七五米，碑基東西十二米，南北十米，有四個階梯式台階，每階高十六釐米，寬三十釐米。

整個碑為磚砌水泥砂石抹面，仿照古代建築，起脊式，用水泥砂石做成瓦狀，碑正面有楷書「革命烈士永垂不朽」八個黑色大字，背面刻有碑文。碑北二十七米，有一座灰白水泥砂石起脊結構的靈堂，高約五點五米，東西十四點八米，南北四點五米。登靈堂時有七層梯式台階，每個高十四釐米，寬三十釐米，前有雨篷，寬二米，雨篷下排列著六根水磨石明柱，每根柱高二米，周長一點三米。靈堂正面有對開的木質門，寬為一點六米，高二點二米，並有前六、後七、左右各兩扇的鋼框玻璃窗，每個寬為一點六米，高一點七米。靈堂

內紫檀色桌上陳放著紫檀木、
大理石及有機玻璃製作的十八
名烈士骨灰盒，骨灰盒上雕刻
著各色圖案及花紋，後面陳列
著機關、團體、學校敬獻的花
圈。有九個骨灰盒上書寫烈士
的名字，正中安放著吉長部隊
營長羅勇標同志的骨灰盒，兩
邊排放的有二分區後勤兵站站
長郭伯駒，警衛營指導員趙忠
亞，警衛電話排長李澤明，保
安二旅排長吳清潔，瀋陽軍區
3163 部隊排長吳忠學，烈士
王秀芳，烈士李文寶，武警中
隊姜長清等，其餘九位身世不
詳。整個靈堂寬敞明亮，莊嚴
肅穆。

▲ 舉行祭掃烈士活動

　　陵園始建於一九五四年十月一日，東西寬為八十米，南北長為一百米，為
紀念解放長嶺縣城、浴血奮戰的羅勇標營長等十幾名烈士而建。

　　一九七〇年建起烈士靈堂，安放骨灰盒。一九七三年六月重修紀念碑（即
現在的碑）。一九八五年又擴建陵園（即現在的陵園）。

　　現在這座陵園已成為全縣各族人民進行愛國主義、革命傳統教育的重要場
所，每逢清明節，幹部、工人、學生、群眾都到這裡祭奠英靈，緬懷先烈。

龍鳳湖水利風景區

長嶺縣龍鳳湖水利風景區，位於廣袤的科爾沁草原東端，縣域中部，因一個美麗的傳說而得名，是集休閒旅遊和水產養殖為一體的綜合性旅遊風景區。

周邊草原面積一百八十平方公里，林地面積五平方公里，龍鳳湖水域最大時十四點二平方公里，容量五七四〇萬立方米。是以風電、水面、樹林、濕地、草原全方位、多角度構成的美麗的旅遊景區。

龍鳳湖風景區是野生動物的天堂、鳥類的樂園、蘆葦的海洋。在湖畔濕地有狐、兔、獾等野生動物二十餘種，天鵝、灰鶴等珍稀鳥類三十多種。其野生動物之多、密度之大在省內外都是罕見的。龍鳳湖水利風景區的蘆葦蕩被遊人稱為「流連的綠色迷宮」。在遼闊的松嫩平原上，龍鳳湖周邊蘆葦浩浩漫漫、洋洋灑灑，一望無際地編織起一條條綠色長廊，置身其中可聆聽百鳥啁啾、雁鴨鳴叫。遊人可以盡情欣賞鴨歡鶴舞、鷗鷺戲魚。

龍鳳湖風景區，盛產鯉魚、鰱魚、草根魚等三十八種魚類，堪稱魚的世界。龍鳳湖每年冬季都要舉行盛大的冬捕活動，這種漁獵文化源於史前，盛於遼金。另外，也因冬季捕魚易於保存運輸，所以這一古老的冬捕方式一直延續

▲ 龍鳳湖水域風光

▲ 龍鳳湖水鳥覓食嬉戲

至今，千年不變。在銀裝素裹的冬季，龍鳳湖的冬捕，會讓遊客享受到「觀冰上魚舞，品雪中盛宴」的樂趣。漁工們鑿冰布網，上百人聯合作業，數萬斤魚鮮活出水的場面，蔚為壯觀。

　　龍鳳湖風景區南十里的風力發電場，一排排、一列列以九天捧日的宏大氣勢，讓寧靜的草原變成了美麗生動的畫面。龍鳳山莊、水岸碼頭、遊船小舟、山坡樹蔭、野花芳草、石桌石凳、蒙古包篝火、馬頭琴曲、全羊魚宴，讓人耳目一新、流連忘返。來龍鳳湖旅遊，春裡可觀藍天綠野、牛羊游弋；夏裡可觀繁花碧水、百鳥鳴唱；秋裡可觀茫茫蘆葦、水天一色；冬裡可賞千里冰雪、捕魚盛況。在這裡度假，猶如走進陶淵明筆下的「世外桃源」。很多文人墨客為

▲ 龍鳳湖冬捕生產作業

龍鳳湖寫詩作賦，讚美自然風光，表達悠悠情懷。著名辭賦家創作的《龍鳳湖賦》，贊曰：「天賜寶鏡，地維清泉。護崗潤沙，堤闊岸寬。綿延而明澈，怡爽而甘甜。圍屏有蒲棒，落霞縈紫煙。朝而環珮出浴，夕而聖仙落凡。鹼蒿斑斕添錦繡，牛羊蕩尾正悠閒。晴空銀鶴凌雲起舞，碧波綠水盪舟揚帆。水盈蔥

▲ 龍鳳湖景區蒙古包、農家山莊和風電景觀

翠，峰秀蒼巒。龍擇淵流而居，鳳棲梧桐而安。龍鳳聯袂，匯蔭而傾雨；葦萍相擁，繾綣而纏綿。原色迷濛，凝斗轉星移；湖光瀲灩，賞魚躍人歡。有道是桑田滄海，更浩嘆汪洋無邊。鯤垂鵬舉鶯飛鷥舞，天祥地瑞大浪狂瀾。」長嶺詩人在《龍鳳湖》中寫道：你用一片浪漫的山花／擁著一窪清純的聖水／妙曼的音符／彈奏著一首草原民歌的韻味／一葉小舟／輕蕩著一往情深／垂釣者的帽簷／灑滿陽光的美好／蒙包裡農家菜的綠芽／鮮亮著眾多歡快的臉龐／圓桌前一縷歌聲悅耳／一束霞紅飄飛天際／沉醉你的樸素大方／欣賞你的千姿百態／我捧著一懷的詩情／傾聽著你太陽下的天籟之音……這些詩語賦言，以靈動的詩情畫意，為龍鳳湖增添了厚重的文化內涵。現在龍鳳湖成功申報為國家3A級風景名勝區，現被命名為「國家級水利風景區」。二〇〇七年以來，景區遊客量明顯遞增，旅遊高峰期，最高單日接待遊客二千人以上，年均接待遊客兩萬人次。一彎靜水，萬般詩韻，龍鳳湖正以它美麗的身姿、熱情的手臂，歡迎您的到來。

▲ 烤全羊

龍源山文化公園

▲ 龍源山文化廣場

　　龍源山文化公園，位於長嶺鎮南二環新居街東側，佔地二十二萬平方米，包括涼亭、假山、萬人廣場，總投資三千萬元，二〇一一年五月開工建設，二〇一三年十月竣工向市民開放。

　　龍源山公園分為北園和南園。北園廣場用大理石硬化地面，向日葵廣場用大理石鋪裝，園內鋪有彩色甬路，甬路兩側有美麗的景觀，六角亭、文化長廊各顯英姿，廣場中有各種體育健身設施。園內栽植黑松、黃波欏、椴樹、雲杉等各種喬灌木十餘種一萬餘株。園東側的山坡是綠色灌木背景下黃色灌木組成的「龍源山」三個大字，十分的醒目和大氣。

　　南園廣場正中央兩側建有漢白玉大理石雕刻的十八根龍柱，龍柱上巨龍盤旋，活靈活現，龍柱高聳壯觀，直指藍天。廣場地面用大理石鋪成，上面刻著祥雲朵朵。龍柱的東面是一池綠水，微微清波，倒映著龍源山影，水池中有音

▲ 龍源山公園草坪、長亭、廊道和路石一角

樂噴泉，夜色來臨，伴隨著優美的音樂，噴泉變換著顏色，高低舒緩，美麗壯觀。廣場正門處立有大理石雕刻，刻有著名辭賦家撰寫的《龍源山志》，豪勇奔放，凝練厚重。《龍源山志》贊曰：

龍騰盛世，鳳舞霓裳。龍源山之名冠，順合四時之福祉；二十二公頃之隅域，承載八方之祥光。六亭迴廊之幽深，九龍玉璧之軒昂，彰顯天人合一、物

▲ 龍源山音樂噴泉

▲ 龍源山廣場群眾文化活動

▲ 龍源山遊樂園

華天寶之願景。五龍噴泉流光溢彩，十八龍柱緯地經天，寓意厚德載物、風調雨順之景象。龍亭鳳亭相映生輝，龍字龍道相得益彰。山水盈秀，文化弘揚；樹木蔥鬱，鮮花競放。昭示宏圖偉業正舉，和諧幸福永驥。

廣場東側山腳下，建有大型網絡屏幕，每當夜幕降臨，伴著音樂噴泉，可以欣賞到大屏幕播放的電視節目。

龍源山土山高三十米，山腳有黑松，山頂有垂柳，坡體有各種四季常青的樹木。山的東側廣場修有一百零八個

▲ 龍源山十八龍柱及休閒遊人

不同體態「龍」字的龍道，這一百零八個「龍」字，書寫流暢大氣，寓意深遠祥和，拾階而上，觀賞著靈動的墨寶，會讓人置身在龍文化的氛圍中。山南側建有六個樣式的亭榭迴廊，山頂建有一座「龍亭」，山北建有一座「鳳亭」，寓意龍鳳相映、幸福吉祥。

龍源山公園，每天都有很多人前來遊玩賞景，或拾階而上，踩著「龍」字尋吉祥；或坐在「龍亭」遠望，感受微風臨懷；或在甬路上慢行，欣賞綠草繁花；或踩著「祥雲」，撫摸「龍柱」，讓音樂噴泉的美感撫慰心情。每到晚上，都有很多人聚集廣場，做健身操、跳廣場舞、扭大秧歌，廣場成了人們健身和娛樂的聖地。

縣政府和有些單位，還在這裡搞大型的文化活動，如大型的文藝演出、秧歌舞比賽、放風箏比賽等。二〇一四年七月，長嶺縣人民政府在這裡舉辦了「首屆十佳」頒獎和文藝演出活動，有上萬人聚集廣場，參加活動，觀看演出。

現在龍源山公園已經成為長嶺的重要旅遊景點，它既是長嶺「五龍」文化之首，又是人們休閒娛樂的重要場所，也是蕩漾著龍祥之氣的地方。

龍泉山森林公園

▲ 龍源山森林公園遊人小憩

▲ 森林公園松樹林區

龍泉山森林公園位於長嶺縣城東部，交通便利。公園佔地八十公頃，有四個景區：文化景區，裡面有佔地二○七○○平方米的清淨寺一座；娛樂運動區，設有兒童樂園、旱冰場、植物迷宮、跑馬場、人工湖、智春橋、識春亭、望春小橋；科普教育區，設有動物、石花園景點；娛樂休閒區，設有森林浴場、草坪風車、春風亭、野營地。

龍泉山因一個古老而美麗的傳說而得名，傳說很久遠的時候，龍泉山晚上山頂會有泉水湧動，那是龍王的女兒龍花的淚水形成的。龍花因愛上了化為龍源山的龍源，被龍王阻攔而不能相見，就用自己的銀釵變成一支神笛，讓一條魚變成少年，每天晚上在龍泉山面對龍源山吹起神笛，笛聲一響，龍花的淚水就紛紛而下，形成一汪泉水，滋潤著長嶺的土地，地下就有了油氣資源。後來龍王知道了此事，派魚鱉蝦蟹把少年和神笛砍碎拋向天空，神笛的碎片撒在長嶺大地，變成了許多的樹木和花草，少年的鮮血灑在長嶺的土地上變成了一些水庫和池塘，少年的頭落到查干湖，湖裡生出許多的胖頭魚，少年的腳落在龍鳳湖，湖裡生了許多的白鰱魚……長嶺人為了紀念這個用淚水化泉的龍花，把這裡叫作龍泉山。因此龍泉山的文化底蘊十分厚重，來這裡的人都想尋一下靈泉的身影，沾一點龍祥之氣和神笛雅韻。

▲ 森林公園涼亭

▲ 龍泉山森林公園北門

龍盛園農業觀光帶

　　龍盛園農業觀光帶，坐落在長嶺縣城西九公里長嶺四中北側，是以長嶺縣良種實驗示範基地為依託的具有農莊特色的旅遊文化景點，佔地面積二十公頃。這一旅遊景點，有種植玉米、高粱、大豆、小麥、穀子、葵花、蓖麻等農作物的觀光園、瓜果蔬菜園、葡萄綠棚園、水果採摘園、休閒垂釣園、花卉甬道漫步區、文化長廊觀賞區等景點。這裡土地肥沃，陽光充足，雨水豐沛，又遠離喧囂的城市，是一處極具田園風味的旅遊景區。

　　龍盛園旅遊景區，因一個美麗的傳說而得名，又因處於長白公路一側，前往龍鳳湖旅遊是同一路線，加之長嶺縣打造「五龍文化」，所以在這裡精心打造了以植物種植為主體的旅遊景區——龍盛園農業觀光帶。

　　這裡的植物觀賞園實行科學化種植、規範化管理，種植地塊成方成形，種植品種排列有序，地塊間精心修製的拱形花道，蜿蜒蜒蜒，錯落有致，兩邊百花齊放，五顏六色，馨香炫美，花間蜂蝶飛舞，蜻蜓點枝，讓人醉在其中。葡萄園更是引人興致，葡萄藤爬上長廊，翠葉片片相連，遮天蔽日，一串串葡萄懸掛著，是一種別樣的點綴，走在葡萄架下，香風裡都是莊稼的味道，讓人覺得步入了世外桃源或走進夢裡老家。垂釣園是一處悠閒雅地，手執釣竿，面對

▲ 葵花園

一池靜水，有一縷陽光透過疏影灑下，悠閒地聽著蟲語鳥鳴，當你在花香和莊稼的濃香中醉了的時候，你的魚鉤上又收穫了一尾紅色鯉魚，讓人充滿醉意。金秋時節，水果採摘園熱鬧非凡，遊客們在果園中盡情地採摘各種水果，分享著收穫的喜悅，有的遊客唱著小曲，有的與豐碩的果實拍照，真是碩果飄香，笑聲一片。文化長廊更是獨具魅力，那古樸大氣的造型、精雕細刻的花紋、寓意深刻的畫面，流連其中，感受著長嶺厚重的文化，讓人心生敬畏和慨嘆。夕陽西下，一縷微風入懷，在農博園飯莊入座，品嚐著農家飯菜，興致時吟幾首唐詩宋詞、唱幾句情歌，那情景、那心情、那美感，天堂一

▲ 蔬菜園

▲ 葡萄園

般……有興致的您來這裡走走看看，感受一下綠色田園的樂趣，然後帶一縷詩意回家，定會染了你的美夢。這裡是集種植、垂釣、觀賞、餐飲、娛樂、休閒為一體，具有獨特魅力的旅遊景觀──龍盛園農業觀光帶。

龍靈塔景區

▲ 大雄寶殿前為龍靈塔

龍靈塔景區，俗稱周家菜園子廟，該廟於中華民國八年（1919 年）由周家菜園子園主周成業募化修建，「文革」期間遭到破壞，佛教活動中斷。應廣大佛教信眾的請求，為認真落實黨的宗教政策，二〇〇四年，經過吉林省民族宗教事務局批准，恢復重建。現廟址位於長嶺縣環城工業區龍泉山公園西側，寺廟佔地面積二〇七〇〇平方米，建築面積一千平方米，總投資一千五百萬元，現已建成有大雄寶殿、天王殿、鐘鼓樓、東西偏殿、山門等，現有僧人八人，常駐居士四十餘人。每逢陰曆四月十八廟會，四面八方前來燒香拜佛者人流如織，在廟外商販們擺起各式小攤，逛廟會已經形成當地老百姓的重要生活習俗。

寺廟建築採用蒙漢藏結合式建築，把傳統的大屋簷建築與藏傳佛教的建築風格有機地結合在一起，按中國傳統的中軸對稱式格局，依次建有山門、天王殿、大雄寶殿、鼓樓、法物流通處、東西僧房。大雄寶殿北側建有金剛塔，後建有藏經樓，整座寺廟建築面積三五五九餘平方米，佔地約兩萬公頃。

殿中供奉著大肚彌勒佛，笑口常開，腹中容事，手提布袋，迎接著每一位善士。兩側四大天王各執法器。韋陀護法面朝佛祖，橫杵立於彌勒佛身後。

龍靈塔不僅滿足了當地蒙、漢群眾的信教要求，便於更深入地挖掘蒙古族的文化遺產，同時對長嶺縣旅遊業的開發起到了促進作用。

怡爽園公園

　　怡爽園因西門為怡爽門而得名。怡爽園位於長嶺縣城西部，南至永久路，西至新居街，北至嶺城路，東臨怡爽街，佔地面積四點八公頃。始建於一九九〇年，一九九一年建成投入使用，為長嶺縣城第一座公園。公園建成初期發揮了它應有的功能、作用，是縣城人民休閒、娛樂的最佳選擇。二〇〇八年怡爽園又進行改造，變封閉收費公園為開敞式免費公園，增加了園內基礎設施、園林小路、綠化美化、兒童娛樂設施、健身設施等，使怡爽園真正成為長嶺人休閒、娛樂的場所。

▲ 怡爽園全景

▲ 怡爽園一角

　　園路是環園拼紋石路，為大理石鋪裝，還有彩磚和大理石路、條形石板路、石子路，各具特色，輕輕踏上慢行，腳下有一種別樣的感覺，有一種穿越古老的歷史踏尋未來的感覺。

　　園內的照明設施齊全，有路燈五十五盞，草地燈三十八盞，泛光燈六盞，照樹燈四十二盞，照射燈四盞，景觀燈十一盞，夜幕降臨，所有燈光一起點亮，真是流光溢彩，燈火通明，扮靚了夜色中的怡爽園。

　　園內有兩座現代防腐木雙亭，仿生樹椿石桌、石凳和石質桌凳，有一座防雨長廊，隨處坐坐，清風入懷，花香弄襟，安恬愜意。

　　南正門兩側是一組長方形花壇；園區中央造一座白鋼雕塑，雕塑四周修是大圓形花壇；健身區修有扇形花壇，中間修是圓形小花壇；南門內建造一處仿

生假山石，假山周圍是方形花壇，花壇栽滿了串紅、牽牛、菊花等花草，使怡爽園內姹紫嫣紅、花香四溢。

▲ 怡爽園花卉園

園內體育設施齊全，有一座彩色籃球場、一座羽毛球場和一座旱冰場。在西側設置一處健身器材場，共安裝太空漫步機和腰、腿等鍛鍊器材三十二組。每天都有很多人在這裡健身娛樂。

園內有松樹、柳樹、楊樹等樹木，還有山杏、京桃、山梨、李子等喬木，並搭配了連翹、榆葉梅、小葉丁香、金葉榆、五角楓、三角楓、衛矛、紅瑞木、爆馬丁香、雞樹條夾迷等灌木，還引進紫葉綢李、王族海棠、彩葉樹。這樣，怡爽園春有綠草、夏有花朵、秋有果實、冬有綠松，三季彩葉，四季常

▲ 怡爽園花卉園邊的涼亭

青，真是美不勝收。

　　每天清晨市民在這裡晨練，做健身操，練太極拳，打羽毛球，打籃球，踢毽子，旭日笑臉，一片祥和。白天孩子們在遊樂場嬉戲，老人們在石桌或涼亭下聊天、下棋、打撲克，還有一群退休人士在長廊下唱歌，以紅歌居多，還唱現代京劇和二人轉選段，有獨唱合唱，還有二胡配樂，已成為公園一處風景。晚上人們在園內散步，在健身區鍛鍊，廣場上扭起了東北大秧歌，東面小廣場跳起了健身舞，還有打羽毛球的、踢毽子的，大家盡情地享受著晚風習習下的悠閒自得。

　　公園裡常舉辦一些大型的文化活動，如：大型的文藝演出、大秧歌比賽、健身操比賽、書畫作品展、花展等等，很多的文人為之留下筆墨，著名辭賦家撰寫的《長嶺怡爽園公園賦》贊之：

　　煌煌華夏，赫赫嶺城。政通城麗，人和景豐。傾巨資築公園，祈福祉惠民

▲ 雨潤怡爽園

生。徜徉曲徑，秉皇家之氣象；流連亭台，承先賢之遺風。迎風納日沐華暉，花海人潮共繁榮。松翠草青織繡錦，綢飛扇舞任風情。泉湧闊天地，愉悅共此生。晨曦映麗影，夕陽兆晚晴。經雨吐芳菲，傲雪健體能。天高皓日月，野沃衍蒼生。建縣百年鑄盛世豐碑，風流萬代繪浩卷巨景。科學發展和諧安邦，偉業如日龍翔鳳鳴。極目天地間，壯志在長空。

　　長嶺怡爽園公園不但是休閒、娛樂、健身為一體的綜合性公園，還是長嶺文化交流和活動的中心。

▲ 怡爽園霧淞雪景

黑泉眼垂釣園景區

　　黑泉眼垂釣園景區，位於長嶺縣東南部三縣堡黑泉眼村境內，是以水產養殖為主，集垂釣、盪舟、野炊、賞景為一體的綜合性風景區。

　　黑泉眼風景區不僅有豐富的水利資源，優越的地理位置，景區內樹木茂密，溫暖清涼，氣候宜人，建造了各種風格的亭台樓閣，堪稱旅遊勝地。景區的水質清澈無污染，並有豐富的水產資源，盛產各種魚類十幾種，魚鮮肉美，遠近聞名。它不僅是長嶺東南的一顆明珠，也是吉林省的旅遊勝地，景區有大小飯店，飯店菜餚以魚為主，可做十餘種魚餐。

　　黑泉眼風景區，空氣清新，水面遼闊，花繁草綠，遊樂設施也日趨完善，遊客可漫步綠蔭叢中，也可垂釣雅興，也可泛舟遊覽景觀風光，真是人在水中游，心在天上飛。

　　近年來，黑泉眼景區已成為人們旅遊、休閒和垂釣的好去處。這裡每逢節假日、雙休日都有大量的遊客和釣魚人前往遊樂、垂釣。既有飽覽勝景之樂，又有垂釣捕魚之趣。遊客除松原市民外，還有大批的外地垂釣者。景區每年大量投放鯉魚、草魚、鰱魚等魚苗，加之野生魚大量繁殖，這裡棲息著的胖頭、白鰱、鯽魚等魚種，隨處可釣，且上魚率高。在黑泉眼景區垂

▲ 黑泉眼垂釣園瞭望塔樓

▲ 黑泉眼湖面撐船漁人

釣，只需用豆餅加玉米糝或麥粉稍炒加適量麴酒，或者用魚飼料加適量麴酒用水庫水捏成團便是上等魚餌。只是初春用蚯蚓作餌獲魚量較高。釣前必須打窩引魚，有經驗、有時間的釣手四五天連續在固定地點打窩誘魚，就會得到意外的驚喜，讓人享盡垂釣的樂趣。辭賦家在《黑泉眼賦》中寫道：「今之黑泉眼，怡情且休閒。草炭文化，巨擘鴻篇。垂釣凝思，線繫幽怨千古；風情山莊，饕餮全魚盛宴。梢頭月下，玉壺巧釋冰心；鄉間草徑，友愛蜜意纏綿。喜乘馬車，醉覽湖光山色；火炕圍爐，體味天下冷暖。」

黑泉眼垂釣園景區，是長嶺縣南城子舊址景區的重要組成部分，距離南城子僅五公里左右，交通便利，餐飲獨具風味，是鄉村休閒的最佳選擇。

▲ 黑泉眼水域和林區

暖泉冬青風景區

長嶺縣三縣堡鄉南泉子村南小
漫崗上有個泉眼，泉水似乎在冒著
熱氣，順著崗坡蜿蜒北上，泉口隆
冬不凍，一年四季水溫如一，寒冬
臘月水面熱氣如蒸，三伏盛夏泉水
清涼，冬暖夏爽，「暖泉」之名正
源於此。暖泉的四周長滿翠綠的冬
青，冬青枝葉茂密，樹形整齊，一

▲ 暖泉冬青春季風光

年四季蔥綠一片，生機勃勃，微風吹過，隨波搖曳，婀娜多姿，美麗可人，人
們稱這一景色為「暖泉冬青」。

長嶺暖泉冬青景觀的形成，源於特殊的地理因素，長嶺處於松遼平原台地
的低窪處，溝汊縱橫交錯，出現了多處泉眼，泉眼湧出的溫水常年汩汩不息地
流淌，這種濕潤的氣候環境，就使這裡的冬青常年蔥綠茁壯，充滿著勃勃生
機。

暖泉冬青是長嶺又一個獨具特色的風景區，那泉，充滿熱情和靈性；那
青，充滿生機和魅力。泉水汩汩而流，三伏暑天，置身泉邊，涼氣沁人心脾，
頓覺神清氣爽，便有「月中無暑氣，盛夏聞鳥鳴」的快慰。冬天，泉水伴著熱
氣而淌，緩緩暖暖，仙氣縈繞，駐足其中，有一種夢幻般的感覺，又彷彿步入
了仙境，讓人心曠神怡、身心舒展、流連忘返。這裡一年四季，常有遊客前來
遊玩觀賞這美麗景色，欣賞它的姿容，感受它的魅力。

暖泉冬青不但是長嶺的一處自然景觀，也是東北大地上少有的奇景。

腰井子天然羊草草原自然保護區

　　腰井子牧場是國家級自然保護區，也是亞洲最大、最優質的天然羊草草場之一，出產的羊草有「草中細糧」之美譽。

　　該保護區是保護羊草草原為主的自然保護區，位於長嶺縣西北部，距長嶺縣城七十五公里，是長嶺縣和乾安縣、前郭爾羅斯蒙古族自治縣的交界處。東西長二十公里，南北寬十四公里，呈橢圓形，總面積二三八〇〇公頃。

　　該保護區屬松嫩草原的低窪地帶，海拔高為一百四十至一百六十米之間，為波狀平坦地形，相對高差約五至二十米，沙丘間為平坦草甸。

　　境內植物種類三百多種，主要植被類型有榆樹疏林、羊草草原、狼針草、線葉菊草原、大針茅草原和鹽生群落。其中以羊草草原分布最廣，面積最大，是我省最好最大的羊草草原。

　　保護區內劃分為核心區和一般區，核心區為六百公頃左右，其餘為一般區，實行不同的保護管理措施。廣闊的草原為畜牧業發展提供了優越條件。

　　步入腰井子天然草場，視野擴展到天邊，微風過後，草面微微泛起波浪，錦緞一般十分美麗，藍天白雲，大有「天蒼蒼，野茫茫」之感。驅車在草地上行駛，跑上幾十分鐘，也跑不到盡頭，眼前依然是望不到邊際的闊野。慢行在

▲ 肥茂的腰井子天然草場及牧人冬儲羊草

齊腰深的綠草中，濃濃的草香潤肺養心，這是全國為數不多的不用割草就能聞到濃濃草香味的地方。

　　腰井子天然草場，在為長嶺的養殖業和農業經濟發展做出貢獻的同時，也為人們觀光旅遊、欣賞大自然提供了絕美之地。

▲　腰井子天然草場和新引進的薩福克羊

十三泡天然景區

　　十三泡天然景區，是由大小不一、水系相連的十三個水泡組成，位於長嶺縣的西部，途經流域北與腰井子大泡子閉流區相接，東部與望海流域相連，南面與東遼河流域相鄰，西部與新開河的五井子大泡子閉流區毗鄰。

　　十三泡流域為松花江流域內的閉流區，處於松嫩平原的中部，為微波狀黃土高地。上游比較平坦，下游起伏不平，四周為綿綿延伸的漫崗沙丘，中間有些稀疏的孤崗坨子。流域的形狀是兩頭大，中間窄，東西長一百零五公里。地勢東南高，西北低，平均比降為二千五百分之一。

　　十三泡跨越長嶺縣境內包括流水、海青、利發盛、東嶺、長嶺鎮、腰坨子、前七號、八十八、太平川、北正鎮十個鄉鎮。龍鳳山水庫位於十三泡流域中下游，被稱為龍鳳湖水利風景區。

　　長嶺縣十三泡，點綴在長嶺西部的大地上，像一些散落的珍珠，閃爍著無限的魅力。十三泡手手相牽，親如姐妹，又以它獨有的青春活力靚麗著長嶺的

▲　貧水期——十三泡之腰井子大泡

容顏。人們常常追根溯源，從它的源頭起，一一觀賞，一路美景，思緒萬端，那清澈湧動的十三窪靜水，是滋潤長嶺大地的血脈，在為長嶺人造福的同時，也在為長嶺的旅遊事業發展做出了貢獻。

▲ 豐水期──十三泡之東嶺泡

沙嶺水泊自然景觀

▲ 夏季——沙嶺水泊

長嶺縣八十八鄉八十一村北約一公里處，有條蜿蜒起伏的大沙嶺，嶺上有一直徑約一公里的水泊，泊水清澈見底，倒映著藍天白雲，水邊蘆葦叢生，水泊四周沙丘環抱，桑樹、柳樹、榆樹、槐樹挺拔蒼勁，枝葉茂盛，樹形整齊，挺拔翠綠，相映成趣，一年四季，牽手迎風，迎著朝暉，沐浴晚霞，遮擋風雨，守護著一彎泊水，像一道美麗的綠籬，又像水泊的忠實衛士，形成了一個美麗的沙嶺水泊的景觀。

春末夏初，這裡綠樹成蔭，林中百鳥爭鳴，泊裡游魚戲水，泊面鷗鷺翔空，連稀少的丹頂鶴也時而來這裡棲息。沙嶺、水泊、碧樹、鳥鳴，很有西部的「月牙泉」的味道，因此，吸引了很多人前來觀賞美麗的「沙嶺水泊」。

在長嶺，在北方這個天蒼蒼、野茫茫的地方，在缺少山清水秀的塞外之地，人們更加珍惜山和水的意向和概念，可偏偏大自然卻給予了意外的賜予和豐厚的待遇。「沙嶺」隨處可見，可「水泊」卻彌足珍貴，沙嶺水泊相依相偎、聯手成趣，這既是奇觀，又充滿著夢幻般的魅力，更是人們一年四季遊玩觀賞的好去處。

三青山小康村景區

長嶺縣三青山鎮小康示範村位於三青山鎮馬鈴薯粉條發源地——蘭家粉房屯，距省城長春八十七公里，距縣城長嶺六十五公里。

三青山小康示範村依託當地馬鈴薯粉條加工優勢，把分散的馬鈴薯粉條加工向規模化、標準化、產業化的工業加工園區方向推進。整

▲ 三青山小康村文化廣場

個小康示範村佔地三十萬平方米，總投資二千五百萬元，分住宅區、加工區、商業區、中心廣場、公共晾曬場等幾個部分。

三青山鎮小康村，建有四十套三百平方米的現代化加工廠房，廠房設施齊全，加工機械齊備，適合標準化生產。

三青山鎮小康村實施了綠化、美化、亮化工程，休閒娛樂、文化教育、衛生保健等設施齊全。小康村設有休閒文化中心廣場，中心衛生院，殘疾人康復中心，中小學校，農村信用合作社。

三青山鎮小康村的休閒娛樂文化廣場配有多種健身娛樂器材，標準化籃球場地，乒乓球檯，是一個標準化文化活動中心。廣場上有一大理石雕刻，上面刻有著名辭賦家撰寫的《三青山小康示範村志》，文字以文言成句，厚重大氣，凝練精緻，氣勢恢宏，提升了小康村的人文色彩。其文如下：

癸未年春，日朗風清。蒙省財政廳垂愛，於物華天寶、人傑地靈之三青山，籌資二千餘萬元，佔地三十萬平方米，構建「住宅標準化、生活城鎮化、種植基地化、加工專業化、經營市場化」之小康村。此舉開改革布新之先，揚創業富民之風，為長嶺農村現代化建設之楷模。功在當代，惠及子孫。世人銘

記，史載千秋。

　　現在小康村道路實現「四縱三橫」格局，小康村中心街路面寬展，道路兩側路燈排列整齊，實現了綠化、美化全覆蓋。

　　小康村現有多家粉條加工廠，用古老和現代相結合的加工手段，生產出各種規格的優質粉條。三青山粉條具有二百多年的歷史，因質優品正而聞名遐邇，其製作工藝被評為省級非物質文化遺產，收入中國地理標誌產品大典。

　　三青山鎮小康村實現了「住宅標準化、生活城鎮化、種植基地化、加工專業化、經營市場化」，率先在全縣乃至全省實現了小康標準，成為新農村建設的一個典範和形象。它的建成不僅有較高的經濟社會效益，而且還具有深遠的人文價值，形成了獨具特色的人文景觀。在這裡，可以欣賞到格局優美的紅牆藍瓦、楊樹成行的村容村貌，可以參觀古老的粉條加工流程，可以在文化廣場品味三青山眾多的文化傳承和獨具風情的秧歌表演，可以深入到農戶家，坐在熱炕上品嚐獨具特色的農家飯菜。三青山小康村已成為近年來獨具特色的人文景觀，每年來這裡參觀的人絡繹不絕，品味著小康村春夏秋冬不同季節的風土民情，感受著新農村的氣象和變化。

▲ 三青山小康村全貌

三縣堡草炭自然景觀

　　黑泉眼村地處三縣堡鄉東南，有著寶貴的草炭土資源。草碳土是天然無菌的地產物，它是在長期缺空氣、水淹的條件下掩埋了近萬年，由分解不完全的植物殘體和完全腐殖化的腐殖質以及礦物質組成的。這裡草炭土的分布長度在一千五百米左右，寬三百米左右，深度達三至四米，擁有量十分豐富，是一種不可再生資源。

　　黑泉眼的草碳土，遠近聞名，有著極其廣泛的用途。可做土壤改良劑，生產育苗基質，有機肥、復合復混肥和植物生產激素。可用於配製各類營養土，用於花卉育苗、高檔花卉、盆花的栽培和無土栽培等。可利用草炭鋪建草坪、高爾夫球場、足球場地……因此，草炭土有很多的再利用價值。

　　據史料記載，這裡是遼金時期的岳家軍兵馬駐紮地，因這裡與古城南城子很近，所以大批兵馬在此駐寨，囤積的糧草便年復一年在此風蝕雨侵，被深土層掩埋，便形成了今天的類似於化石狀的草炭，成為獨特的自然景觀，有較高的經濟價值和史學價值。

　　黑泉眼村草炭景觀，是長嶺縣南城子遺址和三縣堡黑泉眼旅遊景觀的組成部分，每年尤其是夏季，都有大批遊客來此觀光、休閒。

▲ 草碳土及豐茂植被

王子風能景區

　　長嶺縣王子風能電場，由位居國內百強企業第八十九位的中國水利水電建設集團投資有限責任公司獨資開發，位於長嶺縣境內原國道203公路兩側，交通便利，面積一百二十二平方公里，風場地勢平坦開闊，風場內為牧草地。七十米輪轂高度風速為七點一米／秒，風功率密度為一平方米三百零二瓦。計劃分八期開發，每期五萬千瓦，一、二期共十萬千瓦已並網發電。

　　王子風能景區因坐落在公路沿線兩側的科爾沁大草原東端的廣闊草原上，無論春夏秋冬哪個季節，遠遠望去，在碧藍的天空下，白色的風車悠悠旋轉，在草原上的悠然白雲襯托下，格外壯觀美麗，成為長嶺大地的一處風景。所以，每年的盛夏來臨之際，人們都會興高采烈地來到這裡，遠望風車，近游草場，歡歌起舞，欣賞鮮花碧草，放鬆愉快心情。有文人為長嶺風電留下筆墨：闊美的草原，青青山崗，野花遍地香。高高風塔撐天地，風車搖太陽。四季情懷快樂歌唱，眺望長河落日，轉動綠色臂膀，大野丹心捧吉祥。多麼抒情，收穫明亮，點燃城鄉的目光，笑容永綻放。美麗的長嶺，富饒的風場，憑風借力謀發展，腳步鏗鏘，雙手捧太陽……

　　王子風能景區，是長嶺縣龍鳳湖景區的組成部分，在前往龍鳳湖的路上，王子風能景區是必經之地，所以每年都有眾多的遊客來這裡遊玩，尋風望影，拾趣悅心。

▲ 王子風能電場

光榮湖濕地景區

　　光榮湖濕地景區，地處吉林省長嶺縣大興鎮光榮村北約五公里處，濕地面積四十七萬多平方米，其中湖區面積約三十萬平方米，湖水平均深約一點五米。放眼望去，湖水蕩漾，湖面在微風的吹拂下，波光粼粼，岸邊景色盡收湖底，湖水清澈，湖中有蘆葦、蒲棒等水生植物，湖中生物清晰可見。

　　湖中有鯉魚、鯽魚、鰱魚、青魚、泥鰍魚、老石頭魚等二十餘種，因湖水係天然之水，故而，這裡盛產的魚味道鮮美，深受景區遊客的喜愛。來光榮湖的遊客一定要帶回一些特色魚，給親友品嚐，才不枉來一回光榮湖。光榮湖的周圍是一望無際的大草原，春暖花開時，遍地野花競相開放，蜂蝶起舞，在鮮花間歌唱，好一幅美麗的春光圖，令遊客們流連忘返，不時用相機記錄下這美好的瞬間，留給未來回憶。來到光榮湖濕地，有一種回歸大自然的感覺，讓你在一片靜水邊感受山野清風、花香四溢的況味。

　　當春風蕩漾、萬物復甦時，你來光榮湖，將看到各種鳥兒在這裡嬉戲，鳥聲連連，到處充滿生機，令遊客們心曠神怡，樂在其中，一派充滿生機的景象，真是人與自然和諧統一。這裡一年四季鳥聲不斷，鳥影常在，是大自然賦予人們的一種幽靜而恬淡。這裡有黃鶯、布穀鳥、飛鷹、麻雀、黃鸝、鳥鷹、大雁、水鴨子、野雞、山雞等幾十種鳥兒，更有國家一級保護動物丹頂鶴來這裡駐足，這時你來到這裡遊玩，親臨大自然，會有一種心曠神怡的感受。

▲ 光榮湖附近居民以傳統方式捕魚

　　光榮湖濕地景區地處八百里瀚海，這裡

的人們熱情好客，如果你擁著熱情而來，定會受到好客主人的盛情款待，期待著你的到來，「百聞不如一見」，來到這裡定會給你意外的驚喜和收穫。

▲ 草長鶯飛時節，大雁來此覓食

第五章 ——

文化產品

文化園地，土沃根深，文化產品，光耀星辰。隨著時代的發展，長嶺的文化產品越來越呈現出多樣化的趨勢，傳承歷史，謳歌時代，貼近大眾，關注民生，蘊意深厚，爛漫多彩，厚重而雅緻，入眾而流傳，情烈烈膾炙人口，光燦燦宏篇巨作。

長嶺縣志書

　　《長嶺縣志》編纂始於一九八三年。前後分兩期一九八三年至一九九三年和二〇〇三年初至二〇〇八年末，共十五年時間分別完成《長嶺縣志》（1908-1985 年）、《長嶺縣志》（1986-2000 年）修編工作。

　　《長嶺縣志》（1908-1985 年）收集資料一百二十七萬字，本著詳今略古原則，達到知古通今目的，共編纂二十九篇、一百四十章、三百二十九節、一百二十六萬字，於一九九三年六月出版。《長嶺縣志》（1986-2000 年）全面翔實地反映十五年間長嶺縣各項事業改革、建設、發展、變化，全書共三十一篇、一百八十七章、三百八十八節、一百五十萬字，於二〇〇八年底出版發行。

　　《長嶺縣志》編修工作，投放工作量最大的是資料收集工作。第一部縣志編修時，從一九八三年七月到一九八五年八月，集中力量蒐集中華人民共和國成立前的資料，首先查閱了縣檔案館的館藏資料，接著到十餘個市、縣檔案館、圖書館和國家第一、第二歷史檔案館查閱了晚清和民國時期的歷史檔案和圖書資料。同時向各公社（鎮、場）、各大隊、縣直各機關、學校和外地在長嶺縣工作過的老幹部，發出《關於徵集長嶺縣志資料的啟事》，得到了一些老幹部的大力支持。王季平，一九四九年任中共長嶺縣委書記，一九八三年修志時任省顧問委員會常委，省地方志編委會副主任，多次來長嶺縣指導修志並提供資料。陳桂，一九四六年五月至一九四八年十一月，曾擔任長嶺縣民運部長、城關區委書記、縣委常委宣傳部長

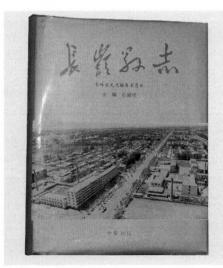

▲《長嶺縣志》

等職，收到「啟事」後，立即精心整理出《長嶺縣革命工作大事記》和有關文件、講話稿等共五萬多字，郵寄至長嶺縣。邢國彥，一九四〇年加入中國共產黨，長期打入國民黨胡宗南部隊，一九四六年十二月，國民黨軍隊佔領長嶺縣城，邢國彥任縣長，新中國成立後一直在北京工作，他重病住院期間先後八次寫來回憶材料。譚建民，長嶺鎮人，離休前為瀋陽市農業機械化研究所所長，得知長嶺縣修志的消息，立即把他見到的用日文出版的《長嶺縣的事情》譯成中文，寄來長嶺。他們都為長嶺修志提供了珍貴資料。到一九八五年八月，共收集歷史資料一百二十七萬字（手抄 50 萬字，複印 77 萬字）。

　　一九八五年二月，組織縣直各部、委、室、局五十九個單位和三十二個鄉（鎮）、場編寫專業志、部門志和鄉（鎮）志、場志。一九八六年六月二十六至二十九日，召開瞭解放戰爭時期在長嶺縣工作過的老幹部座談會，進一步補充挖掘和核實已收集到的解放戰爭時期的歷史資料。

　　二〇〇四年，修編《長嶺縣志》（1986-2000 年）前，向縣直各委、辦、局和上管部門共八十九個單位、三十七個鄉、鎮、場發出《續志編纂提綱》廣泛徵集資料。負責編纂人員多次到縣檔案局、有關單位、鄉、鎮、場查閱、收集資料，計查閱檔案一千一百多卷。

　　《長嶺縣志》是一部陳百業、述古今的長嶺編年史，它的問世，是長嶺政治生活和文化生活中的一件大事，實現了長嶺人民擁有志書的夙願。

　　《長嶺縣文物志》於一九八六年十月出版，三十二開，吉林省文物志編修委員會編輯出版。《長嶺文物志》編寫

▲《長嶺縣文物志》

組：吳喜才（白城地區文管會辦公室）、郭玟（白城地區博物館）、周力（長嶺縣文化局）、王賀雄（長嶺縣文化館）。

《長嶺文物志》收錄了長嶺具有一定歷史和科學價值的古遺址、古城址、碑刻、革命紀念建築、近代歷史上影響較大或與文物有關的重大事件等。主要章節和內容：第一章：概述，包括自然概況、歷史沿革、文物分布。第二章：古代遺存，包括遺址、城址、墓葬、廟址、窯址、窖藏、石刻、重要文物。第三章：近現代文物。第四章：人物傳。第五章：表，包括古遺址一覽表、古城址一覽表、古墓葬一覽表等。第六章：長嶺縣文物工作大事記。

《長嶺文物志》是長嶺歷史上第一本記錄文物和歷史的志書，該書的出版，填補了長嶺縣沒有文物志書的空白，對長嶺縣的文物的記載、挖掘、整理、研究起到了不可低估的作用。

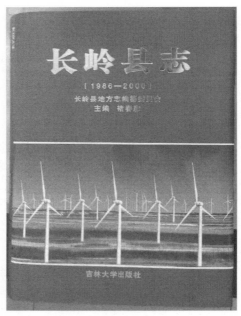

▲《長嶺縣志》

《長嶺百年風雲錄》

　　《長嶺百年風雲錄》是為了紀念長嶺建縣百年而出版的講述長嶺百年歷史滄桑的大型書籍。它的出版，是長嶺政治、文化生活中的一件大事，也是獻給長嶺百年華誕的一份厚禮。

　　《長嶺百年風雲錄》共有六章，第一章：政事，記錄了長嶺建置紀要和大事紀要。第二章：軍事，記錄了軍事要員簡歷、武裝組織和戰事紀要。第三章：民事，記錄了百年長嶺的重大事件，如修建城西關帝廟、千人衝擊縣衙、三次學潮等民事要事。第四章：匪事，記錄了長嶺匪患紀實和剿匪紀實。第五章：災情，記錄了長嶺百年期間的旱災、澇災、水災、鼠疫等自然災害。第六章：長嶺之最，記錄了長嶺百年來的一百個最重要的事件。

　　《長嶺百年風雲錄》是對長嶺百年歷史的回顧和記錄，記錄了長嶺這片神奇的土地的滄桑巨變和自然生態，記錄了長嶺這片文化積澱深厚的土地經過漫長歲月而雕琢的文明的痕跡，記錄了長嶺百年的風雲變幻和不斷前行的腳步，也讚美了長嶺通過百年的奮鬥而取得的輝煌業績。它的出版，昭示著一個以自然環境為依託、以沙嶺文化為靈魂的魅力富饒的長嶺，正以嶄新的步伐，向著小康社會堅實地邁進。

▲《長嶺百年風雲錄》

《魅力長嶺》紀念畫冊

▲《魅力長嶺紀念畫冊》

《魅力長嶺》是為了紀念長嶺建縣百年而出版的大型紀念畫冊，是以圖片形式全面反映長嶺縣近年來經濟社會發展取得的豐碩成果，同時配以簡要文字說明，將畫冊打造成長嶺對外宣傳的「名片」，以此來展示長嶺古老而厚重、年輕而生機的形象。

《魅力長嶺》發表了近三百幅珍貴的照片。具體內容共分十八個部分。第一部分：領導視察指導工作。第二部分：農業經濟基礎雄厚。第三部分：特色農業品種繁多。第四部分：長嶺牧業華夏精品。第五部分：長嶺草業聲名遠颺。第六部分：長嶺林業綠蔭蔽日。第七部分：工業經濟迅猛發展。第八部分：商貿流通日益活躍。第九部分：社會事業明顯進步。第十部分：教育事業蓬勃發展。第十一部分：醫療保障逐步增強。第十二部分：文化事業日益繁榮。第十三部分：廣電通訊發展迅猛。第十四部分：城市建設日新月異。第十五部分：新農村建設步伐加快。第十六部分：社會保障不斷健全。第十七部分：精神文明成果顯著。第十八部分：黨的建設不斷加強。

《魅力長嶺》集中展示了長嶺這片「歷史悠久、人傑地靈」的土地上勤勞勇敢的長嶺人民，熱情好客、粗獷豪放、知理明義的性格，展示了長嶺「資源豐富、物華天寶」的稟賦，展示了長嶺「區域優勢、交通便利」的優越條件，特別展示了長嶺改革開放三十年來農業、工業、教育、文化等方面的新變化和新發展，用精彩的畫面講訴了長嶺立足新起點、實現新跨越的信心和決心，是一本極其珍貴的展示長嶺全貌和巨大變化以及不斷發展的圖片資料，也是一本展示長嶺魅力的名片。

文藝季刊《龍鳳湖》

《龍鳳湖》的前身是《綠嶺風》，創刊於二〇〇九年九月，是由長嶺縣文聯主辦的以刊發散文、詩歌、小說、雜文、曲藝等為主要內容的文藝季刊，出刊二十期，每期印一千冊，發放到機關、企事業單位、中小學校和廣大文藝愛好者等層面。

《龍鳳湖》文藝季刊主要反映長嶺地域文化、歷史事件、文學藝術、風土人情等內容。設置「墨韻文瀾」「詩情畫意」「楊柳新枝」「沙嶺淘金」「瀚海菁英」「綠嶺新風」「民意心聲」「夕陽唱晚」「小荷初露」「紅燭情懷」「天涯芳草」等欄目。

《龍鳳湖》的創辦，續寫了本地文學季刊的歷史，為全縣文藝愛好者搭建了一個展示才藝的平台，作為發展繁榮長嶺文化的有效載體，不斷挖掘、研究、展示、發展長嶺文化，努力打造具有地域性、時代性的優秀文藝精品，弘揚時代主旋律，培養造就文化新人，為推動長嶺文化事業的進一步發展和繁榮做出了貢獻。

▲《龍鳳湖》

《秋林詩刊》

▲ 《秋林詩刊》

《秋林詩刊》由長嶺縣文學藝術聯合會主管,吉林省秋林集團主辦,創刊於二〇一三年三月,十六開,是以發表全國各地作者的詩歌、詩詞、散文詩等為主的大型季刊。編委會主任趙志武,主編張祖鵬,執行主編門淑媛。《秋林詩刊》以「傳承民族文化、弘揚時代精神」為宗旨,突出主旋律,打造藝術精品,培育創作新人,謳歌多彩人生,為文化大發展大繁榮做出貢獻。設置「卷首寄語」「名家琴音」「清溪笛韻」「紫藤碧樹」「竹韻鬆骨」「曲水奇葩」「賦壇擷珠」「詩韻散板」「詩苑品茗」「秋林副刊」等欄目。《秋林詩刊》現在出版五期,發行全國各地作者、市文聯和文化單位、縣委、縣政府各部門、科局鄉鎮、學校等。

《秋林詩刊》為全國詩歌愛好者搭建了一個展示詩情畫意的平台,也是一方打造精品、培植新人的沃土,同時也是讚美家鄉、宣傳家鄉的文藝園地,它的成功創刊,在全國各地反響強烈,深受歡迎,也得到了全國詩歌大家的好評和首肯。《秋林詩刊》的創辦,是一個優秀的企業打造企業文化的典範,為文藝百花園增添了濃墨重彩,開創了長嶺縣詩歌季刊的先河。

京劇《高高的煉塔》

郝國忱創作的京劇《高高的煉塔》由吉林省京劇院演出，導演李學忠，又在全國戲曲現代戲觀摩演出大會上引起轟動，是郝國忱進入九十年代後的一部引人注目的新作（與李學忠合作）。他在著力地挖掘人物的內心世界，努力尋找著自己的藝術支點。

作者在改革的大背景下，以某廠評定高級職稱為線索，描寫了一群知識分子的喜怒哀樂，劇作充溢著對知識分子高尚情操的歌頌，對時弊的毫不留情的批判，以

▲《高高的煉塔》

及對知識分子命運的深刻思考。蘇雷形象的塑造是相當成功的。他對理想有執著的追求，在工作中表現得精明強幹；可在生活中卻顯得笨拙木訥，不善交際。一方面，他潔身自好，不肯與世俗同流合污，另一方面，他也不能免俗，不能擺脫高級職稱的吸引力。為職稱與房子，他硬著頭皮找廠長，事到臨頭，卻吞吞吐吐羞於啟齒，轉而談起技術革新，卻口若懸河頭頭是道。評不上職稱又受到崔明達的羞辱，他一怒之下賭氣提出調動，一旦被批准又感到悵然若失，心裡真的放不下工廠，放不下他的事業。蘇雷終究是黨培養起來的知識分子，心灰意冷的表象掩飾不住內心的熱情，在工廠發生事故的關鍵時刻，他毫不猶豫地挺身而出，為一代知識分子豎起了「高高的煉塔」，一座時代的豐碑。在蘇雷身上，我們不僅看到了時代精神的折射，還看到了傳統文化在知識分子心理上的積澱。

作者在著力地挖掘人物的內心世界，努力尋找著自己的藝術支點。《高高

的煉塔》獲第六屆全國優秀劇本創作獎、第二屆「文華大獎」、首屆「五個一工程」獎、全國戲曲現代戲觀摩演出優秀編劇獎、第三屆長白山文藝獎。被收入在文化部藝術局編輯出版的《文化部文華獎獲獎作品精選》和《吉林省五十年（1949-1999）文藝作品選》戲劇卷。

▲ 現代京劇《高高的煉塔》劇照

▲ 郝國忱（左二）下鄉採風

電影《喜蓮》

郝國忱編劇的電影《喜蓮》（與人合作），由長春電影製片廠攝製。描寫的是一位結婚不久的農村婦女喜蓮靠自己的雙手走上富裕的道路，實現了自己當初的願望，讓全村人都走上了致富道路，過起了和和美美的日子。本片是以吉林省榆樹市一個家喻戶曉的農民致富女狀元陳云蓮的真實故事改編而成的，靠種辣椒先富起來的她一直帶領周圍的鄉親共同致富。作為共產黨員的她連續兩屆被選為黨的十五大、十六大代表，農民都親切地叫她「陳辣椒」。

于慧在片中扮演女主角喜蓮。她一改往日城市女性的亮麗外形，扮演起了農村婦女的形象，用方言講台詞，以質樸、自然的表演，表現出了人物爽朗、率直、倔強、大膽追求進步的豐富性格。《喜蓮》以真實的人物為原型，在細節的營造上具有引人入勝的真實感，極富生活氣息，貼近農民生活，並以幽默的戲劇特點，贏得了廣大觀眾的喜愛，達到了弘揚主旋律的目的。電影《喜蓮》獲一九九六年中國電影華表獎優秀編劇獎、第六屆「五個一工程」獎、第六屆長白山文藝獎，被收入《吉林省五十年（1949-1999）文藝作品選》電影劇卷。

▲ 電影《喜蓮》海報

電視劇「田野」三部曲

　　馮延飛創作的電視劇田野三部曲，在中央一台黃金時間播出，反響強烈，並獲得了「五個一工程」獎。《希望的田野》講述了一個優秀鄉鎮幹部的故事，《希望的田野》被定位為經典之作，徐大地已成為鄉鎮黨委書記閃亮的品牌。《希望的田野》以田野大地的情懷一次又一次地擁抱了熱心的觀眾，以獨有的藝術魅力一次次地征服了挑剔的觀眾。《美麗的田野》講述了農村民主進程的故事，《永遠的田野》則將創作的聚焦點放在一個更高的層次——人與自然的關係上。它以寫實與寫意相結合的敘述風格，講述了農民對土地的守候和對土地的熱愛，反映了中國農民環保意識的覺醒，標誌著吉林省農村現實題材電視劇創作又進入了一個新的境界。

　　《希望的田野》思想的新突破、藝術的新跨越，使人們眼界大開、心神頓悟。該劇堪稱中國「三農」題材電視劇的標本。而《美麗的田野》和《永遠的田野》刻意去追求詩化的生活。馮延飛說：「我們放大了善良和美麗，這是生活的本色，如果放大了缺點，生活就都是缺點了。我們追求一種文化品位，我覺得這就是農村戲的一次革命。」這就是馮延飛追求的藝術魅力。

　　馮延飛的電視劇《希望的田野》《美麗的田野》《永遠的田野》三部曲，

▲「田野」三部曲

全景式、藝術展示了改革開放三十年來農村的新發展、新變化、新氣象，集思想性與藝術性為一體，既突出主旋律，又極具觀賞性，讓人欣賞之餘，心靈受到震撼、情感受到啟迪、思想得到升華，並以其高超的藝術魅力、超凡的表現形式、深遠的影響力成為農村電視劇中的極品佳作。《希望的田野》獲中宣部第九屆「五個一工程」獎、第二十一屆全國電視劇「金鷹獎」、第二十三屆電視劇「飛天獎」；《美麗的田野》獲第二十三屆電視劇「金鷹獎」獎；《永遠的田野》獲第十二屆「五個一工程」獎。

▲ 《永遠的田野》劇組接受採訪

▲ 馮延飛下鄉採風

電影《龍鳳村兒女》

▲ 電影《龍鳳村兒女》海報

電影《龍鳳村兒女》，編劇郝國忱、田德忠，由國家廣播電影電視總局、電影衛星頻道節目製作中心製作，導演高力強，主演高海誠、霍蓉、葉青，在中央電視台六頻道和電視網播出。

《龍鳳村兒女》是以長嶺農村青年創業為素材，以長嶺農村生活環境為背景，講述兩個無業大學生的故事。龍鳳村是長嶺龍鳳湖邊的一個小山村，近年來文運亨通，報考的學子們幾乎全都接到了錄取通知。家家吃喜，慶賀兒女們成龍成鳳。就在這喜慶的暑期，大學畢業生葉青和她的男朋友周強由於找不到工作，灰溜溜地回到了村子。周強媽開著超市，手裡有錢，拿出十萬元託人給兒子安排工作。葉青爹媽為供女兒讀書，已經花光了家裡的全部積蓄。可好臉的葉青媽仍不甘心，打算賣掉承包地為女兒籌款。趙長平和葉青、周強從小學到高中一直是同班同學。高中畢業的他沒上大學，四年間掌控了四十多坰土地，成了龍鳳村最有實力的人物。他不忍心買葉家的地，借錢給了葉青媽。自強自立的葉青不肯背債，騙媽說她能托到人，把錢偷偷還給了趙長平。周強媽托的是有個局長舅舅的趙盼兒。盼兒看中了有大學文憑的周強，想藉機追到他，雖然拿了錢，卻一拖再拖。憨厚真誠的趙長平看老同學窩在家裡難受，想幫他們一把。為發揮他們經濟管理專業所長，給他們找了個做農業訂單的項目。周強放不下架子，堅絕不幹。葉青百般勸說未果，只好一個人去幹。在趙長平的全力協助下，訂單拉來了，村民們也都踴躍簽了單。

《龍鳳村兒女》屬於現實主義農村題材影視作品，其內容反映了農村當代

的新風貌，引領了農村青年幹事創業的新時尚，也為當代農村青年指出了奮鬥方向。《龍鳳村兒女》整部影片，農村生活氣息濃厚，洋溢著火熱而奮進的新農村氛圍。其藝術性可謂情節起伏有致、張弛有度、引人入勝，人物性格鮮明、亮麗，富有個性。欣賞該片，視覺上如走進當代新農村，接觸到了質樸、憨實的農民，感受了農村的新變化，是一部值得欣賞、值得稱道、昂揚向上、給人以鼓舞和力量的優秀影片。

電影《龍鳳村兒女》播出後，反響很好，並在全國第十四屆電視電影「百合獎」評選中獲得評委會專項「特別獎」。

▲ 《龍鳳村兒女》劇照

紀實文學《長嶺剿匪記》

　　紀實文學《長嶺剿匪記》，王永奇、劉德義著，十八點二萬字，由王國林作序，姜志、馬文江、高金、胡萬金、閆國祥為顧問。

　　全書分為五部分：（一）解放時期長嶺縣匪情及我軍剿匪紀實：1、土匪的興起；2、土匪的罪惡活動：大肆搶奪、攻打響窯、襲擊八路軍、印製偽幣巧取豪奪、逼婚搶親霸占民女、襲擊農會；3、八路軍剿匪情況：東北人民自治軍吉長部隊進駐長嶺縣城、活抓匪首「五湖」「洪樂」、三次解放長嶺、三打新安鎮、正規軍和人民武裝合力剿匪。（二）三打「天幫」：1、拉桿子；2、智打響窯；3、一打「天幫」；4、偷襲武工隊；5、再打天幫；6、搗匪老巢。（三）「訪賢」沉沒記：1、殺人搶槍重操舊業；2、土匪燒殺搶掠八路軍救民於水火；3、土匪勾結攻打縣城；4、燒鍋堅守戰；5、扮商人探敵情；6、直搗匪巢。（四）智擒「火狐狸」：1、劫新娘；2、再拉桿子；3、巧奪槍枝；4、計奪響窯；5、血洗小城；6、初打火狐狸；7、火燒土匪窩。（五）追遷「野狼」：1、「野狼」漏網；2、小屯脫險；3、「野狼」上火車；4、血染「一〇八」屯；5、偵查「狼窩」；6、「野狼滅跡」。

▲《長嶺剿匪記》

　　該書在序言中介紹了歷史背景：吉林省長嶺由於開發較晚，人煙稀少，土地荒涼，便成了土匪的集居地之一，從歷史資料記載，僅從一九四五年日本侵略者投降後，在長嶺這塊土地上有名上講的土匪幫就有二百多個，共計二千八百多人。長嶺的土匪有四大特點。一是

規模小。最大的土匪絡子也不過百十來人，小的只有一兩個人。二是分散。土匪分布在長嶺縣東西近三百里，南北一百五十多里的廣大區域內，地處西北一帶的沙漠一帶多一些，東南人口密集的地區也有。三是「平戰結合」。很多的土匪絡子農忙時就下地幹活，農閒時就幾個人聚集在一塊兒成為絡子，到外地去搶東西。四是土匪與國民黨反動派勾結。一九四五年十二月處，一百多個土匪絡子在國民黨反動派的策劃下，攻打長嶺城內我軍官兵，給我軍造成重大傷亡，後來國民黨又紛紛給土匪匪首們封了官。

《長嶺剿匪記》重點描寫了長嶺地區土匪猖獗，對人民犯下了滔天的罪行。我軍於一九四五年十月奉命開進長嶺，根據群眾要求馬上開展了剿匪鬥爭，在廣大群眾的支持下，開始對境內的土匪絡子進行各個擊破，經過大小戰役一百多次，殲滅了土匪幾百人，俘虜上千人，徹底瓦解了這股反動勢力，全面解放了長嶺。在戰鬥中，廣大官兵，英勇頑強，不怕犧牲，譜寫了一曲剿匪戰鬥的凱歌。

本書是對歷史的追訴，也是對長嶺一段歷史的回顧與總結，更是對英勇善戰的人民軍隊的歌頌，讓人們不忘歷史，給年輕人以教育和啟迪，讓世人永遠記住那些為了長嶺的解放而英勇犧牲的烈士們，喚醒人們記住歷史，珍惜今天的幸福生活。

長篇人物傳記《秋林盡染》

▲《秋林盡染》作者張祖鵬

張祖鵬的長篇人物傳記《秋林盡染》，二〇一三年十一月由中國經濟出版社出版，印製一萬冊，全國各大書店發行。

該書以紀實的形式，講述了吉林省秋林集團總經理趙志武創辦秋林商場、金嶺公司、天地美清真食品有限公司、長春眾賢閣大酒店等二十多年的創業故事。該書的主人公是長嶺人，他從一個臨時工成長為秋林集團總經理，成為省、市、縣三級人大代表和長嶺縣的行風監督員，被評為全國農村建設功勛人物、省勞動模範、優秀企業家和長嶺縣「時代先鋒」人物，他的企業多次被評吉林省農業產業化龍頭企業和誠信示範單位。《秋林盡染》一書，描寫了趙志武這位長嶺人在家鄉的土地上成長和創業的經歷，展示了趙志武這位本鄉本土的民營企業家的魅力和風采，挖掘了社會主義市場經濟條件下民營經濟發展壯大的經濟保障和建設支撐。本書共十二章，第一章寫趙經理的童年生活對人生勵志的影響。第二章到第六章，寫趙經理從任長嶺縣第一肉食品店、籌劃秋林「萬米商場」建設八年間的創業歷程、建成了秋林商場大樓並完成了二次擴建，使固定資產超過了億元、金嶺屠宰加工有限公司，精心打造食來福產品，獲得極大成功、創辦長嶺縣牲畜交易大市場和籌劃五十萬噸肉羊加工企業、在長春開辦眾賢閣酒店的創業過程。第七章到十一章描寫了寫趙志武擔任人大代表和行風監督員，履職盡責。他熱心公益事業，淡定從容地面對媒體及趙志武美滿的家庭生活和文學愛好，讓人看到他多姿多彩的另一面。第十二章寫趙經理設想打造三陽開泰城的設想。該書張弛有致，跌宕迂迴，謀篇

長於疊加，布局繁簡精當，章節開合舒緩，首尾巧妙呼應，文字清新洗練，表述淺白曉暢，其思想性和藝術性達到了完美的境地。

在《秋林盡染》創作研討會上，中國經濟出版社發來的賀信中寫道：「《秋林盡染》一書的推出，則恰好彌補了本社經濟類圖書方面只談宏觀而缺少微觀和個案視覺的不足與缺憾。同時，該書創意新穎獨特，以辭賦銜領篇目，並配以華美詩章，附錄納入企業榮譽、理念、大事記和主人公語錄，開創了人物傳記之先河，也樹立了我社經濟人物選題之典範。」

▲ 《秋林盡染》創作研討會背景板

▲ 人物傳記《秋林盡染》

該書面向全國發行，在全國各地的新華書店、網站銷售，如：北京的王府井書店、西單圖書大廈，百萬莊書店以及各省會所在地的書店、京東商城網、噹噹購物網、孔子舊書店等等。該書還在一些大型網站進行了宣傳和推介，像全球最有聲望的鳳凰網、新浪網、騰訊網、網易等等，在全國各地產生了極大的影響。

該書在敘述創業故事，傳承企業文化，弘揚創業精神，展示創業者的人格魅力，構築有價值的人生支撐。此書是一曲描寫家鄉人的創業之歌，引領了長嶺的文學創作方向，激發了本地創業者的創業熱情和積極性，為長嶺的縣域經濟發展和文化事業的發展做出了貢獻。《秋林盡染》在藝術價值、經濟效益和社會影響上都是一本不可多得的好書。

▌長篇小說《劫年》

▲《劫年》作者劉志文

劉志文的長篇小說《劫年》，二〇〇八年十二月由北方文藝出版社出版，全書共分四十章，四十萬字，全國新華書店經銷。

《劫年》以民國初年的長嶺為背景，講述了那個動亂年代中的長嶺人民飽含艱辛又充滿凶險的生存狀態，描寫了幾十年前長嶺縣區域內的敵我鬥爭。以長嶺李家父女的悲歡離合為主線，穿插了長嶺縣的關帝廟史話、縣城初建的格局和狀況，借鑑了長嶺縣的民間傳說和民間故事等重要史料，如蒙匪作亂、德政碑的故事、十三泡傳說、隋九子小傳、便衣隊過境、集團部落、自衛軍過境、土門子事件、縣城保衛戰、傅根深解圍、羅勇彪殉難、土匪印紙幣、鬧瘟疫、三次解放縣城、馬鞍山剿匪等，較為細緻地反映了長嶺那個時代民眾的苦難和捍衛家園的歷史。

《劫年》集中塑造了一批人物形象。這些人物都是長嶺人的真實寫照，有閻九子、趙生、王顯臣、馬警尉等一批官僚地主的形象，亦有老頭好、金蝴蝶、天幫、四海等匪首的形象，還有手持屠刀、縱火焚村、殘害柔弱的日寇。小說用更多的篇幅塑造了蘭花、山虎、李巴山、二牛等正面勞動人民的形象。他們勤勞、勇敢、智慧、堅韌、善良，對正義和對美好生活充滿嚮往與追求，給人一種真善美的感受。在對羅榮山、傅根深等英烈的刻畫上，更是蘊含著作者對長嶺英雄人物的崇敬之情。

所有這些人物增加了作品的厚重感，完成了書寫長嶺歷史畫卷的寫作任務，在不拘泥史料、展開充分想像的基礎上，把讀者帶進了那個充滿血與火的年代，讓更多人瞭解和熟知長嶺歷史。《劫年》以強烈的地域性，記載和展示

了長嶺一段歷史的痕跡。

《劫年》產生了強烈的社會效益。《劫年》這部長篇小說恰在長嶺建縣百年時出版，很快就引起了當地讀者的注意，一些渴望瞭解家鄉歷史的讀者紛紛求購，在當地引起了一股購書熱，僅僅兩個月時間，《劫年》便銷售一空。

長篇小說《劫年》的作者劉志文，吉林省作家協會會員，二〇〇六年開始文學創作，作品散見於《松原日報》《松花江》《哈達山詩刊》《夕陽紅》《短篇小說》《今古傳奇》等報刊。

▲ 長篇小説《劫年》

▲《劫年》插圖

▲《劫年》一書倖存者李春老人
寫給作者的信

《關東民間古語》

▲《關東民間古語》

《關東民間古語》的編著者張佳聲，松原市作家協會會員，松原市楹聯協會理事，松原市遼金文化研究會理事，長嶺縣民間藝術家協會副主席，曾任長嶺文藝季刊《綠嶺風》編輯。

《關東民間古語》於二〇一一年十一月出版，印數一千冊，二十六點六萬千字。該書是張佳聲用四十年的時間收集、整理、分類的民間古語，分為五部分。一、古諺語，包括四言雙語、五言單句、五言雙句、六言單句、六言雙句、七言單句、七言雙句、八言單句、八言雙句。二、古謠語，包括童謠、民謠、十三言民謠。三、古謎語，包括生產類、生活類、事項類等。四、古諧語，按部排列。五、古聯語，包括五言春聯、六言春聯等。

第一部分：古諺語。關東民間古諺語，是拓荒時代的產物。帶有鮮明的農耕特色——清乾隆末年關內黃河氾濫，蝗蟲遍地，民不聊生，關外科爾沁草原則地廣人稀，養蓄有餘。於是，關內災民為了活命，就拖家帶眷來闖關東，科爾沁草原成了災民屯荒之地。這些以山東為主的拓荒人，在為生存的農耕過程中，派生出的一種文化：俗語諺語。來闖關東的災民，大多是山東人，山東是孔子的故里，這些儒家的後裔血管裡流淌著古聖先賢遺產基因，是他們在生產生活中創作了俗話諺語，這些俗話諺語儘管粗俗也不失文雅與高雅。鮮明的地域特色——從清乾隆末年開始的闖關東，第一次拓荒是開拓「隆安」荒（即農安），第二次開發長嶺子荒，第三次開發乾安荒。在這二百多年的開荒中，衍生了獨具特色的地域文化。鮮明的口頭特色——民間古諺語，大多數是民俗文化，具有大眾性，都是大眾口頭上傳播開來的，史料上沒有文字記載，口頭傳

播，頭腦記憶。

第二部分：古謠語。關東古謠語也是拓荒時代的產物，也帶有地域特色，所以不管是童謠還是民謠，都是以漢文化風格衍生了民間謠語，儘管是蒙古族的世襲領地，卻被中原人先入為主，開荒斬草，賴以生存，在謀生中創造了自己的歌謠。古謠語還具有鮮明的大眾色彩，民歌民謠都是勞苦大眾在生產和生活中的感嘆、感悟和感知，其中包括孩子的感嘆、感悟，所以，民歌民謠是草根文化，是大眾文化。

第三部分：古諧語。關東民間古諧語，俗稱俏皮嗑或歇後語，是土色土香的草根文化和大眾文學，也是闖關東的產物。這些俏皮嗑多數是觸景生情，都是根據當時「事象」或「物象」編制的，這些帶著草根特色文化的俏皮嗑就派生出關東一種土得掉渣的民俗文化，是特殊的歷史時期應運而生的特殊歷史產物。

第四部分：古謎語。關東古謎語，是民間流傳的消愁解悶、有益身心的過程，也是東北一種民間的文化。關東古謎語，淺顯易懂，形象貼切，具有鮮明的地域性，不管是動物謎語還是植物謎語都是地方口語。關東謎語和南方謎語地緣區別很大，關東謎語更具草根性。謎語是闖關東的草根秀才創作的，散發著泥土的香味，也散發著濃重的文化氣息。

第五部分：古聯語。關東古聯語，是關東民間古文化的精髓，是儒家文化的精品。古聯語俗稱「對子」，也叫對聯。長嶺很早就有過年貼對聯的習俗，家家戶戶都要貼「對子」，於是，鄉間的秀才們就揮筆為屯裡人寫對子，有的是在民間的手抄本的書上選來的，有的是秀才們自己編寫的，久而久之，一些好的對聯就流傳下來，形成了關東民間精粹而高雅的文化。古聯語除了具備地域特色和農耕特色外，還具備儒生文化特色、移民文化特色、筆頭文化特色。

吉林省民俗協會會長施立學在序言中說：《關東民間古語》在承載與滯留民間風俗中傳承關東古文化，是一份難得的非物質文化遺產，將在弘揚吉林地域文化，發展吉林旅遊中發揮不可估量的作用。

散文集《尋一朵蒲公英的微笑》

▲《尋一朵蒲公英的微笑》作者門淑媛

散文集《尋一朵蒲公英的微笑》的作者門淑媛，女，吉林長嶺人，吉林省作家協會會員，長嶺縣作家協會理事，曾任《長嶺教育》期刊編輯，現任《秋林詩刊》執行主編。熱愛文學，筆耕不輟，有百餘篇（首）散文、詩歌發表於《夕陽紅》《人生與伴侶》《散文詩》《新詩》《新文學》《朔州日報》《東晉風詩刊》《教師報》《吉林日報》《冰凌花》《松花江》《哈達山詩刊》《松原日報》等報刊上，多次在各級文學大賽中獲獎，創作了五百多篇散文、散文詩、小說、故事，創作了八百多首現代詩歌、五百多首古體詩，著有詩集《淡雨微瀾》。

門淑媛的散文集《尋一朵蒲公英的微笑》，二〇一四年五月中國經濟出版社出版，二十萬字，精選了近年來創作的精美散文八十餘篇，印製八千冊，全國各大書店發行。

本書共分七部分，第一部分：家燈盛開的朵朵鵝黃，收錄散文十五篇，都是敘述溫馨家庭的文字，以優美的語言講述了溫馨家庭中的溫馨故事，詩意揮灑，真情漫溢。第二部分：歲月掌心吐綠的小草，收錄散文十八篇，講述了生活歲月中的心靈深處的記憶，是對往事的追憶，也是心靈之路的回望。第三部分：星星在故鄉的懷裡散步，收錄散文九篇，講述一些故鄉和童年的記憶，用濃濃的情懷，講述著家土上的故事和童年中難以忘懷的往事，表達一種故鄉情懷和至真至善的思想感情。第四部分：心燈點亮時光的笑容，收錄散文十二篇，是用唯美的文字打開心靈的門扇，讓心海之曲款款流淌，用心之微瀾，彩繪生活的美好。第五部分：筆尖的河流面朝大海，收錄散文十五篇，從生活的點滴抒發情感，讓生動的細節凌空綻放。第六部分：山水門前的一抹淡曲，收

錄散文九篇，記述一種山水情懷的靈動，以詩一般靈動的畫面，描寫了山川之秀美、之情愫。第七部分：坐在太陽的肩頭回味，收錄散文十三篇，在往事的淡描中，表白一種對祖輩和親情的敬重和依戀，讓讀者深受感染。

▲ 散文集《尋一朵蒲公英的微笑》

該書由著名劇作家郝國忱作序，序中說：「門淑媛的散文寫得走心。她寫出來的東西，沒有冷酷與激憤，多是溫馨的愛與美的吟唱。細讀門淑媛的文章，你會品到詩的意境，而且不乏深刻的哲理思索⋯⋯展示的不是辭藻，而是一個又一個極具人性張力的細節，讓讀者在心底為之震撼，這些細節，構成了門淑媛散文的整體風格，彰顯了她作品不可小視的藝術價值。」

該書在全國各大書店發行，同時在京東商城、西單北京圖書大廈、北京王府井書店等五十多家書店、網站和網上書店熱銷，又在鳳凰網、新浪網等多家大型網站上宣傳推介。鳳凰網、京東商城熱銷宣傳中編輯的推介語：門淑媛的散文集《尋一朵蒲公英的微笑》，內容包括親情、友情、愛情以及一些生活點滴感觸，既有動人的回憶故事，又有現代生活的真實觸動，適合各個年齡段的讀者閱讀欣賞。內容溫情感動、文字淡雅流暢，是一本如同「心靈雞湯」般的溫情讀本。

▲ 北京西單圖書大廈暢銷此書

《尋一朵蒲公英的微笑》，是長嶺建縣百年來第一部由長嶺女作家創作的散文集，在全省乃至全國都產生了影響，深受廣大讀者喜愛，尤其適合青少年學生課外閱讀，是一本貼近泥土、筆墨清麗、真情漫溢、詩意靈動、哲思雋永的美文佳作。

攝影集《路過人間》

▲ 攝影集《路過人間》

韓承利的攝影集《路過人間》，共分四部分。第一部分：獲獎之路，收錄三十幅珍貴的照片，大部分是獲獎照片。其中《蒙古娃》榮獲「中央電視台全國攝影大賽金獎」「全國第十一屆攝影藝術展銅獎」「魅力內蒙古攝影大賽金獎」「吉林省政府第九屆長白山文藝獎」等，《叱吒風雲》榮獲中國攝影報「關東大拜年」二等獎、「東北亞六國國際攝影展」銅質收藏獎。第二部分：影語詩情，收錄十八幅攝影作品，並由作者配詩，詩情畫意，足以看出作者光影之下的文學修養和詩意情懷。第三部分：行者無疆，收錄攝影作品七十八幅，都是祖國山水、大漠綠洲、長城烽火、油菜花香、綠野梯田、蒙袍戰馬、草原風情、胡楊傲世、雪屋炊煙、江南翠竹等美麗風光。第四部分：歲月留痕，收錄十一幅攝影作品，有與影壇泰斗簡慶福的合影，有與著名慈善家成龍、馮丹黎的合影等等，都是與攝影界的名人大家的合影，這些合影記錄了韓承利在攝影界的地位和影響，也記錄了他用相機彩繪世界的人生軌跡。《路過人間》是韓承利的攝影之路，也是韓承利的人生之路的留痕。

▲《路過人間》漁民組攝影作品

▍詩集《抹不掉的記憶》

《抹不掉的記憶》，二〇〇五年十二月出版，十八萬字，共有詩作一百四十五首，共分四輯。第一輯：歷史的情懷。第二輯：歲月的感悟。第三輯：情感的詮釋。第四輯：散淡的人生。詩集《抹不掉的記憶》，作者以對生活和生命的感受與感悟為主

▲ 作者贈書題字　　　▲ 詩集《抹不掉的記憶》

旨，通過抒發作者的主觀感受反映社會生活，情景交融，抒發情感，寄語情懷，詠物言志。詩集《抹不掉的記憶》，從思想感情上給人以奔向理想的勇氣，在生活中給人以向上的力量。二〇〇八年詩集《抹不掉的記憶》榮獲松原市人民政府文學最高獎──首屆查干湖文學獎。

《抹不掉的記憶》的作者劉興哲，筆名寒峰、醉貓。一九六一年中秋節生於吉林省長嶺縣。曾在《詩林》《家庭生活指南》《中國詩歌在線》《婚育週報》《長春晚報》《松原日報》《松花江》等報刊發表文學作品，文學作品被多部文集收錄，名字被編入《中國當代藝術界名人錄》，係《中國人口報》特約記者、吉林省作家協會會員、松原市作家協會理事、松原詩社理事。

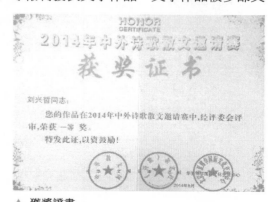

▲ 獲獎證書

▌電視新聞作品集《鄉音沃土》

▲《鄉音沃土》的作者李和平

《鄉音沃土》分為消息和專題兩大類，這本書以貼近百姓生活為主線，講述了長嶺這片沃土上發生的百姓故事、鄉音鄉情和長嶺近年來發生的大事記以及經濟社會的發展變化，如讚揚父愛如山的《父親架起兒女「登天」的梯》和謳歌母愛如海的《「騙」來的媳婦》，還有讚美和諧家庭、和諧社會的《孫家大院》和反映經濟發展惠及民生的《為了二十一萬農民喝上「安全水」》以及《長嶺實施糧變肉工程成效顯著》等作品，細細品讀會發現，他的專題類新聞作品沒有華麗的辭藻，更沒有譁眾取寵的內容，但因為所拍攝主人公大都是平民百姓，講述的故事彷彿就發生在每個人的身邊，往往感動之餘會讓人悟出最淺顯的道理，因為滿足了無數普通人的渴求，也贏得了眾多的觀眾。而他的消息類新聞作品則因具有前瞻性和豐富的資訊頗具指導意義，不

▲《鄉音沃土》

張揚、不浮誇、不粉飾、不做作，讓人百讀不厭，回味無窮。《鄉音沃土》是長嶺縣第一本電視新聞作品集，反響強烈，影響深遠。

《鄉音沃土》的作者李和平，一九五三年生於吉林省通榆縣瞻榆鎮，一九五九年隨父母來到長嶺。有五十多篇作品獲得全國、省、市廣播電視新聞獎，撰寫播出新聞稿件五十多萬字。《鄉音沃土》於二〇〇八年五月出版，該書收錄了一百多篇具有代表性的新聞作品，都是已播出發表過的作品。

《吳春林書畫作品選》

《吳春林書畫作品選》於二〇一一年十二
月出版，十六開，收錄吳春林書畫作品六十
四件，大部分是作者歷年已發表或在各類書
畫大賽中獲獎的作品。包括二〇〇七年榮獲
吉林省第十四屆美術、書法、攝影大賽「群
星獎」一等獎楷書作品；二〇一一年在首屆
「飛天獎」全國美術書法攝影大獎賽中獲銀獎
隸書作品；二〇一四年六月榮獲中國第二屆
「中國夢想杯」書畫大賽特別金獎繪畫作品等。

▲ 《吳春林書畫作品選》作者吳春林

《吳春林書畫作品選》畫作所描寫的對象，以人們喜聞樂見的事物見長，
反映了作者對繪畫創作的獨到見解，特別是其繪畫堅持「古為今用」「推陳出
新」，汲取傳統藝術精華，以書入畫，豐富內涵，力求厚重，著意用筆用墨。
作為鄉土書畫家，其繪畫拋棄了世俗浮躁，摒棄了矯揉造作，將心靈植根於鄉

▲ 吳春林畫作《春意濃》

土，淡定地回歸鄉土；其書法字體飄逸灑脫、遒勁有力，深得同行認可和讚譽。

《吳春林書畫作品選》作者吳春林，中國書畫家協會會員，中國齊白石藝術研究院藝術家協會理事，華夏書畫家協會會員，吉林省硬筆書法家協會會員，白城市書法家協會理事，松原書法家協會理事，二〇〇六年度「聚星杯」全國書畫大賽組委會評委，二〇〇四年、二〇一〇年吉林省藝術系列大賽一級輔導教師，二〇〇三年「星星河」全國美術書法攝影大賽一級輔導教師，二〇〇九年「黃鶴樓」全國書畫攝影作品競賽特等輔導教師。其書畫尤善行書和山水畫，書畫代表作品曾二十多次參加全國、省、市書畫作品展並獲獎，部分作品漂洋過海，被國內外人士收藏。

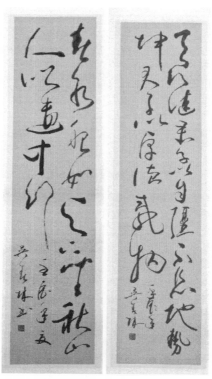

▲ 吳春林書法作品

地方戲（二人轉）

　　地方戲這種民間藝術形式，是在建縣初期傳入長嶺的。每年夏鋤後，被群眾稱為「高粱紅」班的民間藝人，三五人結夥，走屯串戶，活躍在農村、城鎮。表演時不用道具、不受場地限制，旦、丑二角化妝（分上下裝，旦角為上裝、丑角為下裝）下場演唱，三四人以嗩吶、胡琴、鼓、鈸伴奏，深受群眾歡迎。最初旦角都由男演員扮演，近些年來，旦角改由女演員扮演。因多由兩名演員上場表演，因此，也叫二人轉。

　　演出劇目：解放前及中華人民共和國建立初期，主要演唱傳統劇目《回杯記》《西廂》《藍橋》等。「文革」期間停止演出，之後又恢復這一傳統的演出形式。內容上除演出一些傳統劇目外，還推出了長嶺縣自編自演節目《牛得財告狀》《愛情合同》《開明姑娘》等適應當前物質文明和精神文明建設的劇目。近年來，除民間藝人農閒組隊演出外，長嶺還成立了地方戲隊，常年走鄉串戶演出，深受百姓喜愛，為長嶺的文化大發展、大繁榮做出了貢獻。

▲ 長嶺縣二人轉表演

皮影戲（驢皮影）

▲ 皮影戲表演

驢皮影是長嶺建縣初傳入本地的一種民間文藝形式，在長嶺流傳時間較長。道具有影窗、影人子。影窗也叫幕，影人子分生、旦、淨、末、丑角，多為驢皮製作，因此也叫驢皮影。驢皮影是利用燈光，把由人（影匠）操縱的影人子的舞台動作反映在影窗上，操縱者邊操縱，邊給出場的人物配音，配音分為道白和唱詞。伴奏有鑼、鼓、鈸等，以四弦胡為主，間配其他樂器。早期的影人子只有五吋身高，後來發展到八吋、一尺、一點二尺，最終定格為二尺身高。同時，舞台道具也由最初簡單的桌椅、車馬、刀槍之類，細化為文案、武案，使得亭台樓閣、山水園林、雨雪雷電、刀槍劍影都能在影窗子上表現出來。影人子憑藉三根竹棍兒操縱，操縱者分為「拿上影」與「拿下影」兩人，必須站立表演與演唱。特別是拿上影者，要對影卷和每部戲的角色瞭如指掌，掌握整部戲的人物上下場和進程。長嶺早年驢皮影多是以民間演出的形式出現在長嶺的鄉村各地，演出多在晚上，搭一個簡單的舞台，皮影的影窗子用大張「川連紙」糊就，用馬燈，影人子用熟過而透明的驢皮鏤刻而成，施以顏色，塗上桐油，演員以六人為宜，躲在影窗後面，操作影人子，配音，配音分男女，還有唱腔，演出的多是傳統劇目，如《雙鎖山》《三請樊梨花》《包公賠情》《鍘美案》等，深受廣大觀眾特別是農村觀眾的喜愛。皮影藝人不僅在農閒時走村串巷演出，年節、婚嫁、老人慶壽、嬰兒百天，都要請皮影藝人唱「堂影」。每逢農曆初八、十八、二十八，在廟會上唱影，叫「會影」。有時，為祈求風調雨順、五穀豐登，農民集資請影箱，稱「太平影」。皮影戲，在當時農村文化生活單調的時期，作為一種傳統的民間藝術形式，豐富了長嶺農村文化舞台，給農民的業餘生活帶來了無窮的樂趣。

民間剪紙

長嶺民間多藝人，很早年間就有剪紙
這門藝術。長嶺早年有貼窗花的習俗，在
過年的時候，窗上貼著紅色的窗花，非常
的喜慶。窗花有十二生肖，有花鳥、房
屋、人物造型、福祿壽喜等等，都是民間
藝人用巧手和一把剪刀剪出來的。

▲ 張佳欣

▲ 張佳欣剪紙作品《屈原問天》《清照填詞》《仕女踏春》《仙女下凡》《粉黛佳人》

▲《豐收》

▲《酒中仙》

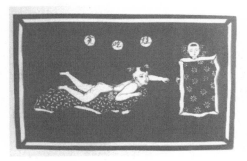

▲《貪吃娃》

新中國成立以來，特別是近些年來，長嶺的剪紙藝術得到了更好的傳承和發展，很多的民間藝人在剪紙方面為長嶺的文化事業發展做出了貢獻。值得一提的是三縣堡鄉北嶺村村民李文蘭的民間剪紙藝術，在歷屆長嶺縣文化藝術節上，均獲得一等獎。李文蘭的剪紙作品中體現出的葫蘆和剪刀，是她特別的創作藝術。在一個大葫裡充滿無數把小巧的剪刀，上百把剪刀組成一幅新奇的畫面，變化無窮，構思巧妙。她剪出的鯉魚臥蓮、雙猴嬉戲、花鳥魚蟲、十二生肖等作品亦獨具雅韻，技藝日臻趨於成熟和完善。一九九六年十月，長嶺縣文化館舉辦李文蘭剪紙藝術作品專題展覽，展出作品二百零七幅。一九九七年長嶺縣政府把李文蘭的剪紙藝術作品作為禮物送給日本客人，她的剪紙作品已走出國門，漂洋到日本，成為中日兩國人民友誼的象徵。

在擅長並從事這門手藝的民間藝人中，張佳欣、張佳茹被人們稱為「剪藝雙姝」，她們不

▲ 張佳茹

▲ 張佳茹剪紙作品《花開富貴》　　▲《霸王別姬》

▲《怨女思夫》　　　　▲《國色天香》

▲《背影》　　　　　▲《熱戀情侶》

僅將傳統的剪紙剪得惟妙惟肖，更大膽地將時尚新穎的元素融入其中，給剪紙賦予了全新的生命活力。她們的剪紙作品不拘泥於民間剪紙，她們還將油畫、照片、畫報上的多種圖樣刻成剪紙。

　　張氏姐妹的剪紙作品，先後多次參加省、市剪紙藝術展，得到了剪紙藝術界同行的高度評價。在長嶺縣民間藝術家協會舉辦的活動中，張佳欣現場表演，展示剪紙才藝，其作品以靈動鮮活、逼真寫實等特點得到大家的認可和好評。

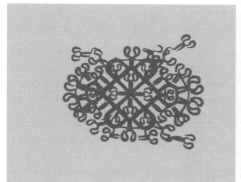

▲ 李文蘭剪紙作品《窗花》《騎獅武士》《盆景》《雙喜臨門》

　　長嶺鎮趙鳳山的剪紙極具藝術特色，他的剪紙以人物造型為主，如「三國」中的人物關羽的造型，高大魁梧，一手執刀，一手握劍，長鬚飄飄，目光炯炯，戰袍威武，馬靴錚錚，人物下方的戰車馬隊，襯托著那個年代的戰火風雲，剪紙題為：關羽——義存漢室三分鼎，志在春秋一部書。還有一幅毛澤東的人物剪紙，剪紙的上方紅日噴薄而出背景下的一艘紅船，下方是光芒四射的北京天安門和葵花朵朵，中間是十一個不同時期毛澤東的

▲ 趙鳳山

▲ 趙鳳山剪紙作品《麻姑獻壽》《忠義千秋》《鍾馗納福》

▲ 《木蘭從軍》《觀音菩薩》

頭像，有青年毛澤東，有老年毛澤東，有微笑的，有沉思的，有正面頭像，也有側影頭像，細細線條、寥寥剪法，就把毛澤東的神態表情剪裁得惟妙惟肖、栩栩如生，作品的左下角還有一方印般的紅色剪紙題名：東方紅，太陽升，中國出了個毛澤東。還有他的剪紙作品《周恩來——人民總理愛人民，人民總理人民愛》《木蘭從軍》《招財納福》等，構思巧妙，人物造型逼真，作品灑脫靈動，極具藝術價值和剪紙功夫，既可觀賞，又有收藏價值。還有苗貴臣的剪紙，以蝴蝶造型為主，或一隻蝴蝶獨舞，或兩隻蝴蝶翩翩，或多只蝴蝶共舞，線條簡潔，剪法獨特，造型各異，靈動多姿。這些民間藝人，以剪刀的魅力創造出眾多的剪紙作品。

現在，長嶺縣的民間剪紙藝術，正以其勃勃生機和獨特的藝術魅力為長嶺的文藝百花園增添著濃墨重彩。

▌民間雕塑

▲ 李海玉葫蘆雕作品展

長嶺的民間雕塑藝術歷史悠久，早年間長嶺的民間藝人，就在雕塑方面大顯身手，雕塑出許多優秀的藝術作品。民間雕塑包括石雕、根雕、木雕、陶塑、泥塑、麵塑等等，近些年又出現了易拉罐雕等新的雕塑形式。

長嶺最早有證可考的雕塑出現在遼金時期，從出土的文物看，有的文物被確認為民間陶塑。長嶺早年的民間泥塑、麵塑是最為普通的大眾化的藝術，比如，用泥塑造出各種人物造型、各種房屋造型、各種動物造型，尤其在過年的時候，家家都要用麵塑造出壽桃、蓮花、鯉魚等各種麵塑。

解放後特別近年來，長嶺的民間雕塑藝術更加生機勃勃。如，長嶺縣人事局幹部、長嶺縣民間藝術家協會理事李海玉的葫蘆雕被稱為一絕，他的葫蘆雕分為三種藝術形式：烙畫葫蘆、雕刻葫蘆、創意葫蘆。他的作品構思新穎、體裁豐富，他現在已經創作了一百多件葫蘆雕，在長嶺縣第十一屆文化藝術節上展覽並榮獲一等獎，深得好評和喜愛。他的大部分作品都在松原文化網上發表，其個人信息被收入松原民間藝術家檔案。李海玉的葫蘆雕以其獨特的風格和魅力，使長嶺的葫蘆雕塑藝術不斷得到創新和發展。長嶺張貴春的易拉罐雕，就是用易拉罐皮雕刻成畫，他的作品《錦繡前程》是一幅鳳憩梅花圖，梅笑鳳舞，造型舒展，大

▲ 張貴春易開罐作品《錦繡前程》

氣靈動，他的多幅《仕女圖》有望月沉
思，有凌雲起舞，有駕鳳吹笛，有天宮奔
月，飄飄廣袖，姿態優美，曉月凌空，祥
雲朵朵，這種易拉罐雕別具特色，其藝術
價值不可低估。長嶺鎮個體從業者江懷
晉，他已有幾百件木雕作品，有屏風造型
的木雕，有器物造型的木雕，有書法木

▲ 喬國哲和他的作品《不再沉睡》

雕，有壽誕木雕等等，其作品題材廣泛、構思巧妙、造型獨特、獨具匠心，他
的大部分作品被藏家購買收藏，有些作品還被國外人士收藏。

太平川鎮的喬國哲的根雕，選材精準，造型逼真，如《筆掛》是一個帶有
長角的牛頭，眼睛、鼻子、耳朵線條清晰逼真誘人，長角上裝飾著掛鉤，可以
把各種毛筆懸掛其上，既有觀賞性，又有實用性。他的作品《長椅》將木根巧
妙地利用，三根相連的根鬚為底座，支撐著斜坡而上有扶手、有靠背的搖椅，

作品获松原市首届工艺美术展根雕金奖

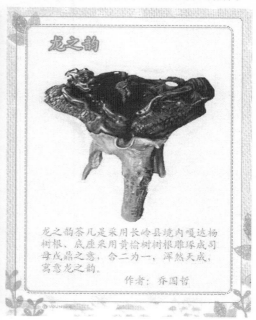

▲ 喬國哲木雕作品《不再沉睡》《龍之韻》

▲《投鐵餅者》

仰天长啸（树根雕）

作者：乔国哲

作品材料是产自长岭县境内的杨树根。

作品造型我们姑且把它叫鹿，一只人类的近亲长臂猿瞪着惊恐的大眼睛攀附在这庞然大物的胸前寻求庇护，是什么惊扰了它？是什么让鹿也无可奈何？是不是人类的极度扩张，破坏了自然生态，破坏了生物的多样性，但愿我们人类不会有那么一天也同样瞪着惊恐的大眼睛。

▲《仰天長嘯》

▲ 木雕《長椅》

活脫脫一個鋼琴般的藝術長椅，還有他的《龍之韻》《仰天長嘯》等作品，以惟妙惟肖的造型，展示著根的魅力，喬國哲的根雕作品，在長嶺也很有影響。

長嶺洪文祥的根雕，刀法嫻熟，靈動充滿活力，如《孤舟獨釣》雕刻一老翁，

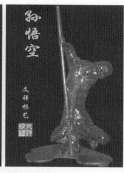
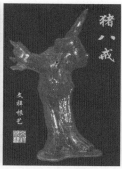

▲ 洪文祥木雕作品《西遊記人物》

頭戴斗笠，手執魚竿盤腿而坐，腿邊一魚簍，竹編的細紋栩栩如生，老者面部微揚，大有孤釣之樂趣。還有《麻姑獻壽》《龍鳳呈祥》《海闊憑魚躍》《出水芙蓉》等，是在巧妙地利用根的形狀，又能擺脫原有根形的束縛而進行藝術的再創造，沒有刻意雕琢的痕跡，有的是逼真的大氣，像在講述一個個故事。

　　長嶺的民間雕塑藝術，已構成長嶺的獨特風格，獨樹一幟，極具活力和魅力。

▲ 江懷晉木雕作品《出水芙蓉》

▲ 《金豬納福》

▲ 《鯉魚躍水》

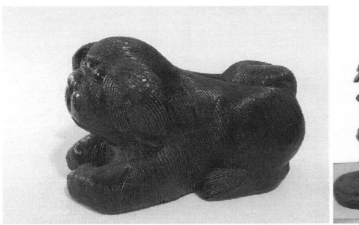

▲ 《憨狗拜禮》

▲ 《黑牡丹》

▍三青山粉條製作工藝——非物質文化遺產之一

　　三青山粉條已有二百多年的生產歷史，憑藉獨特的製作工藝和天然優良水質，使三青山粉條因色澤潔白、耐煮、口感極佳而聞名遐邇。代代相傳的獨特的製造工藝，獨有地域特色的馬鈴薯原料，是三青山粉條享譽東北乃至全國而經久不衰的重要原因。三青山粉條製作工藝源於山東，是乾隆年間由李氏家族帶到吉林。歷經幾百年的傳統工藝，三青山粉條以自己獨有的風格成為粉條加工的一絕，被後人效仿、發展和傳承，成為不可多得的傳統製造工藝的典範。

　　三青山粉條以其獨特製造工藝和優質地方馬鈴薯為原料，使三青山粉條遠近聞名，深受廣大消費者的歡迎。通過幾百年的加工生產，以其獨有的人文底蘊和旺盛的生命力，已聲揚大江南北，其製作工藝已於二○○六年被吉林省確定為第三批非物質文化遺產。

▲ 澱粉生產

▲ 露天晾曬

▲ 分選包裝

▲ 特色粉條

嶺泉白酒釀造技藝——非物質文化遺產之二

▲ 嶺泉白灑包裝車間

嶺泉白酒是吉林嶺泉釀酒有限公司生產的系列產品，該公司成立於二〇〇七年，原名為長嶺縣酒廠，始建於一九〇七年，是長嶺最早的民營手工企業之一。建國後經歷了新中國對農業、手工業和對資本主義工商業的社會主義改造，歷經滄桑，始終是長嶺工業的一面旗幟，但隨著市場經濟的不斷深入，國有企業改革，老酒廠下馬，被個體工商戶張玉馥買斷，組建為吉林嶺泉釀酒有限公司。

新建的吉林嶺泉釀酒有限公司位於長嶺環城工業區，公司法人張玉馥，投資一三九六萬元，佔地面積四萬平方米，酒廠辦公樓一千五百平方米，廠房（儲備庫、生產車間、罐裝車間）二千平方米，設計能力年產二千噸白酒，新引進榆樹白酒生產線一條，購進山東安丘市 ZGP-12 型自動智能系列直列式液體罐裝白酒生產線一條，購進 900 型多功能薄膜連續封口生產線一條。公司現有資產一一〇〇〇萬元，年實現銷售收入四二六六萬元以上。有員工一百八十人，工程技術人員八人。年可生產散白酒、袋裝和嶺泉牌瓶酒等五個系列，深受廣大用戶的好評。

嶺泉釀酒技藝，已有百年歷史，其釀酒技藝古老而獨特，原料以玉米為主，以玉米秸稈、稻殼等為鬆散料，少許添加劑和催化劑處理，主要是去雜質、黴菌等。然後是潤料配料，主要是將主料玉米、輔佐秸稈、稻殼、催化劑混合一起，用溫水拌均勻，蒸

▲ 百年釀酒工藝

料、熟化，後降溫至二十至二十三攝氏度入窖池。若干天后，在三十八至三十九攝氏度窖完成糖化發酵，進行蒸餾，冷卻後出酒，輸入儲酒罐貯存。由技師勾調，色譜分析後再進行二次勾調。通過色譜分析，同時進行二次過濾，接著進行檢驗、灌裝、封蓋、貼標、包裝、出成品、入成品庫等工序完成釀酒過程，具有原始工藝和現代工藝相結合的釀製技法，使嶺泉佳釀入口綿軟、淳香味美，深受消費者喜愛。

▲ 老酒廠所獲榮譽

　　吉林嶺泉釀酒有限公司是長嶺縣唯一一家生產罐裝酒的生產企業，在長嶺縣境內外有著廣闊的銷售市場，據市場調查顯示，每年長嶺縣市場白酒銷售量可觀，根據企業的經濟實力、當地原料等情況，現已有年產瓶裝和散裝白酒二千噸的生產能力。嶺泉牌高中低檔瓶裝酒及袋酒、散裝等八個品種，其中：散裝八百噸，袋裝六百噸，廠瓶裝六百噸。代表性品牌有嶺泉白酒，嶺泉醇、嶺泉特釀、嶺泉原漿，深受廣大消費者喜愛。目前，嶺泉釀酒有限公司全體員工積極工作，努力生產，把用優質糧食釀出的美酒奉獻給吉林人民。

▲ 百年老燒鍋

▲ 地下酒窖酒香濃郁

長嶺老字號單膀蹄食品製作工藝
——非物質文化遺產之三

▲ 單膀蹄食品工藝創始人
——單榮庭

「單膀蹄食品」原稱「單膀蹄肉」。創始人單榮廷，祖籍河北省福寧縣單家莊，一九○五年舉家闖關東來到長嶺縣。為了生活，重操舊業做熟食生意。由於單榮廷製作熟食的手藝出眾，熟食做得色香味俱全，所有吃過單記熟食的人無不交口稱讚，連連說好。尤其是他製作的豬膀蹄肉更是一絕，以致於大家都管他叫「單膀蹄肉」，不知道他叫什麼名字了。「單膀蹄肉」發展到今天，在長嶺已經有一百多年歷史了，在單榮廷傳統製作熟食工藝第四代繼承人單立梅的努力下，不僅製作工藝得到長足的進步，而且產品的知名度也與日俱增，產品遠銷全國各大中城市。二○○七年十月，單立梅在長嶺縣成立了「長嶺縣單膀蹄食品有限責任公司」，自公司成立以來，本著「以質量求生存，以信譽求發展」的經營理念，全力打造長嶺縣熟食行業的特色品牌。

單膀蹄食品的主要產品。豬系列：豬臉、豬耳、豬舌、豬心、豬蹄、豬肚、豬尾、豬肘、豬肝、豬肉皮腸、豬燻肉、豬肉腸、豬肥腸。雞系列：熏雞、雞頭、雞翅、雞肝、雞心、雞冠、雞腿、松花雞腿、雞脖、雞爪、雞肚。鴨系列（預訂）：鴨頭、脖、掌、腿、心、肝。鵝系列（預訂）：鵝頭、脖、掌、腿、心、肝。兔系列（預訂）：兔頭、兔腿、兔排、熏兔。牛系列（預訂）：醬牛肉、蹄筋。其他產品：花生米、乾豆腐卷、皮凍、海帶扣、炸黃花魚、血腸。以上產品共計六大系列四十九種熟食製品。

單膀蹄食品的主要特色：其熟食製品是經過十多道工序加工，並嚴格執行

國家衛生標準，原材料從金鑼、雙匯、華正等大廠家直接進貨，保證了原材料的質量。四十多種熟食製品是在配有二十多味中草藥的高湯中蒸煮而成，既芳香味美，又色澤純正；既肉質鮮嫩又口感爽滑；既營養豐富又綠色衛生。因此，單膀蹄食品是長嶺縣婦孺皆知、家喻戶曉的熟食品牌。

▲ 單氏熏全雞

二〇〇九年四月，單立梅在國家工商總局商標註冊局成功註冊商標「長嶺單」（含義：長嶺單膀蹄肉）。二〇一〇年九月，長嶺單膀蹄食品被評為非物質文化遺產。

▲ 單氏香肘子

▲ 單氏鴨舌肉

▲ 單氏香辣脆骨

柳氏祖傳秘方——非物質文化遺產之四

「柳氏祖傳秘方」以其配方獨特，藥效顯著，以專治破傷風、產後風、癤痛而聞名。

「柳氏祖傳秘方」由柳氏創始人柳國安研製於清朝嘉慶年間，歷經二百餘年，通過柳氏祖孫四代臨床經驗積累與不斷摸索，終於使「柳氏祖傳秘方」恩澤於人民，為患者帶來莫大的福音。

「柳氏祖傳秘方」經過二百多年的代代傳承，以其獨特的配方、明顯的功效，為廣大患者解除病痛，挽救生命，特別是在當時醫學技術十分落後的條件下，尤其類似藥物十分匱乏的情況下，此秘方在一定範圍內，廣泛傳播，起到了見效快、治癒率高、不留後遺症等獨特救治效果，深受患者歡迎，得到了中醫藥部門和中醫專家的廣泛關注和高度認可，是長嶺民間中醫藥的一塊瑰寶。二○一○年九月，長嶺劉氏祖傳秘方評為縣級非物質文化遺產。

歷經兩個多世紀的滄桑，「柳氏祖傳秘方」以其特有的人文底蘊和旺盛的生命力，在醫藥不斷推新和高新醫療技術不斷衝擊中站穩了腳跟，成為長嶺的一個知名品牌。

第六章——

文化風俗

一地一風雅，水土各風範。長嶺的文化風俗，是沿著長嶺的古老歷史而延續下來的一種民風民情。長嶺節令習俗、餐飲服飾、方言傳說互為交融、碰撞、延展，漫溢而凝固為一種多姿多彩的文化，樸素而厚重，鮮活而靈動，風韻翩翩，五彩斑斕，植根沃土，文脈湧暢，各展容顏，展示著長嶺風土人情中的文化內涵，彰顯著無限的魅力和文化底蘊。

節日時令

長嶺縣節日時令中的文化因素，來源於一種歷史的衍化，又具有本區域的特色。這些文化因素，勾勒出長嶺最具地方特色的文化內核，以其厚重的韻味，書寫著長嶺文化的多彩樂章。

春節 春節是漢族最為重要的節日，也是全球華人共有的節日，俗稱「過年」。過年不論是舊時還是現在，都是一個合家團聚的日子，天南地北不論多遠，都要回家過年，吃餃子，守歲，團聚。

正月初一日是春節，除夕到春節，俗稱「過年」。解放前，臘月三十日，人們身著新裝，供祖先，在居室、倉房門戶貼對聯。人們夜晚通宵不眠，稱「守歲」。半夜時淨手洗臉，並在院內燃起堆火，燃放鞭炮，舊稱「發紙」，提燈籠「接神」，回來吃餃子，以示辭舊迎新、喜慶之意。而後，晚輩人要給長者叩頭拜年，老人給孩子們一些錢，舊稱「壓歲」。初一早飯後，人們相見而

▲ 購年貨　　　　　　　　　　▲ 包餃子

▲ 寫春聯

▲ 放鞭炮

▲ 剪窗花

彼此祝願「過年好」「恭喜發財」，互相拜年。

解放後，一些帶有封建迷信色彩的活動逐漸消除，其他春節習俗一直沿襲著。春節前，家家戶戶都做著過年的準備工作，殺豬炸肉、打掃庭院、寫對聯、做豆腐、蒸饅頭、蒸黏豆包、貼年畫、扎燈籠……除夕一早，家家戶戶貼春聯、貼福字，春聯貼在院門、房門、倉門的兩側，上有橫批、掛錢，中間貼一福字，一般福字都是倒著的，取「福到」之意。還有在屋內和房門外掛紅燈籠的，取「紅紅火火」之意。在外的遊子奔家過年，一般都去父母那裡過年，兄弟姐妹一大家子歡聚一堂，熱熱鬧鬧過除夕。除夕晚飯是一年中最為豐盛的，俗稱「團圓飯」。一家人按輩分、年紀大小入座，陳年的老酒，豐盛的菜餚，大家邊吃邊談，融和而喜慶。團圓飯後，大人們休息片刻就開始準備年夜飯，包餃子，做菜餚，忙著、嘮著，臉上露著笑容。孩子們吃凍梨、玩遊戲、打撲克，或提著小燈籠，嗑著瓜子，走街玩耍，笑聲一片。年夜飯不可缺少的就是餃子，有的人家餃子裡包入硬幣和糖塊，誰吃到了，表示甜蜜幸福、吉順安康。吃年夜飯前，要洗臉洗手，放鞭炮，叫辭舊迎新，還有的人家在院子裡燃起一堆火，一般都是燒芝麻桿，寓意生活紅火，就像芝麻開花節節高。男孩兒子給長輩磕頭，女孩兒給長輩行禮，長輩給孩子們分發壓歲錢。有的農家還有拜雞架、豬棚的，以祈求六畜興旺。年夜飯後，孩子們要玩耍一陣再睡覺，一般都是和衣而睡，室內亮燈，尤其是紅燈籠要亮一整夜。上歲數的老年人要守歲，嗑些瓜子，把瓜子皮積攢一堆，寓意「積攢錢財」。大年初一，家家開始相互拜年，小輩磕頭，平輩拱手，一般長輩也要給壓歲錢。

▲ 看「春晚」過除夕

整個正月，尤其是從初一到正月十五，家家都是年味十足，還有很多的忌，如：不說不吉利的話，打碎碗碟要說「碎碎（歲歲）平安」，掃地向裡掃，多往家裡抱柴草，寓意「財到」，期望財源滾滾，富貴吉祥。

二十世紀六十年代過年，一般家裡都有了收音機，人們一邊包餃子，一邊聽廣播，收聽春節聯歡會節目，為過年增添了許多氣氛。八十年代後，有了電視，增添了電視文化，除夕夜家家收看中央電視台春節晚會節目，春節聯歡會已成為春節不可缺少且非常有品位的文化大餐。

進入新世紀，長嶺縣的春節內容更加豐富多彩。春節前，縣裡組織有關部門慰問老幹部、老黨員、貧困戶、軍烈屬等，給他們送去節日的問候。春節期間，城鄉大秧歌熱鬧非凡，走街串巷，慰問表演。城鎮文化廣場、機關門前，各種演出登台亮相，歌舞、二人轉高潮迭起、亮麗搶眼。各級文化單位，舉辦團拜會、聯歡會、茶話會活動，為春節增添更多的亮色。長嶺人民，在祥和喜慶的氣氛中歡度新春佳節，既有傳統的節日習俗，又有新時代的氣息，使春節成為一年中最祥和、最快樂的節日，成為合家團圓、祝福吉祥、喜迎新春的節日。

元宵節　正月十五日是元宵節，俗稱「燈節」或「燈花節」。

元宵節是春節之後一個重要的節日，既有春節的喜氣團圓，又有花燈、煙花、元宵，多彩多味，熱鬧非凡，所以，也有的地方把正月十五稱為「鬧元宵」。舊時，長嶺的元宵節前後，城鄉、各地懸掛花燈，扭秧歌，鬧花燈，燃放煙花、鞭炮。正月十五，各家各戶都要吃元宵，或水煮，或油炸，其他菜餚

▲ 放煙花

▲ 做元宵

▲ 掛燈籠

▲ 冰糖葫蘆

也比較豐盛。這天晚上，男女老幼吃過元宵，紛紛湧上街頭「逛燈」，觀煙火，賞花燈，慶賀「元宵節」。還有秧歌隊，打場子，手舉綵燈扭秧歌，圍觀的百姓很多，場面熱烈。縣城和較大的集鎮，每逢正月十五日晚上，還舉辦燈謎、燈展晚會，也有大秧歌表演和文藝演出，人們晚上聚集在主要街道和廣場，看燈展，猜燈謎，看演出，放鞭炮，放孔明燈；孩子們身著綵衣，頭戴彩色頭飾，手拿綵燈棒，一片笑聲。街上小吃、燒烤、冰糖葫蘆、大塊糖，應有盡有，人們盡情地遊玩，禮花滿天，歌聲、笑聲飛揚，到處都是濃濃的佳節氣氛。

　　龍抬頭節　農曆二月初二俗稱「龍抬頭日」，也叫「龍春節」「中和節」「二月二」。由於這個節日和中國人崇敬的龍有關，所以這天的活動多與「龍」連繫在一起。當日晨，人們把灶灰撒在院中，灰道彎曲如龍，故稱「引龍」。然後在院中舉行儀式，祈求風調雨順。有的人家把用箭桿剪成寸長小段，用線穿

▲ 炘豬頭

▲ 理髮

起，中間用彩色圓布片相隔，也有用葵花桿內瓤做成的小花間隔，穿成一串，像龍尾一樣，稱為穿龍尾，掛在窗前或屋內鐵鉤上，也有穿成小龍尾縫在孩子的肩頭，寓意入室的龍可保平安。全家人還要吃「龍鬚麵」和「龍鱗餅」，最普遍的習俗就是「烀豬頭」，人們用豬頭祭龍頭，認為吃了豬頭肉就可以抬龍頭了。還有二月二剃頭、理髮的習俗，民間有正月不理髮之說，說「正月理髮妨舅舅」，所以人們就選擇二月的龍抬頭日理髮，以求大吉大利。婦女們這天不能做針線活，怕扎龍頭，男人不鍘草，怕鍘了龍頭。現在，長嶺人過二月二，因為年味還沒走遠，互用手機、短信問候節日，還延續理髮和吃豬頭肉的習俗。

▲ 清明掃墓活動

清明節　「清明」是農曆二十四節氣之一，也是農曆的重要節日之一。清明節的起源很早，相傳清明節始於古代帝王將相「墓祭」之禮，後來民間效仿之，就在這一天祭祖掃墓，而後延續成中華民族的傳統風俗。清明節多在農曆三月，解放後，每當此日故有「三月裡是清明」之說。解放前，每逢清明，民間素有祭祀先祖之舉。解放後，每當此日，黨政機關、學生和人民群眾都要祭掃革命烈士陵園，憑弔革命先烈，對學生進行愛國主義教育，讓學生不忘歷史，珍惜今天的幸福生活，將來為祖國的繁榮昌盛貢獻力量。

端午節　農曆的五月五日是端午節，也稱端陽節，當地俗稱五月節。「端午節」為中國國家法定節假日之一，並被列入世界非物質文化遺產名錄。端午節起源於中國，最初是中國人民祛病防疫的節日，吳越之地春秋之前有在農曆五月初五以龍舟競渡形式舉行部落圖騰祭祀的習俗；後因詩人屈原在這一天死去，便成了中國漢族人們紀念屈原的傳統節日，所以，在每年的五月初五，就有了龍舟競渡、吃粽子、喝雄黃酒的風俗，以此來紀念愛國詩人屈原。也有端午節是龍的節日之說，稱端午節為「龍子節」，認為，五月初五是古代吳越地

▲ 掛艾草

▲ 吃粽子

▲ 滾雞蛋

區「龍」的部落舉行圖騰祭祀的日子，故節日裡有賽龍舟之舉。長嶺過端午節，民間習俗大致是這樣的：早晨，太陽還沒出來時，鄰里鄉親結伴出門，去郊外遊玩，用草葉上的晨露洗眼睛，說是可以明目祛病，然後踏青採艾蒿，傳說五月節太陽沒出時頂著露水採的艾蒿，掛在家裡能闢邪。人們採完艾蒿，迎著陽光回家，在門上掛葫蘆，房簷插艾蒿，每家都充滿喜慶。主婦端上煮好的紅皮雞蛋，要在桌子上旋轉幾圈，嘴裡叨唸著「吃個滾雞蛋，一年都平安」，孩子們吃著雞蛋，大人們給孩子手脖和腳脖上都繫上五綵線，期望健康平安。也有的地方青年男女贈荷包和戴荷包的習俗，多數人家還吃粽子。

端午節，作為國家法定節日之一，是合家團聚、共敘友情、外出遊玩的日子，也是體味民俗民風、期望平安吉順的節日。

七夕節　農曆的七月初七，為七夕節，也有叫「乞巧節」和「情人節」的。民間傳說七夕為牛郎、織女天河相見的日子，說的是織女被迫回到天宮，牛郎挑著一雙兒女來天宮尋找，被狠心的王母娘娘用銀釵一劃，出現了一條銀

▲ 穿針引線賽乞巧

河，把牛郎和織女分開了，牛郎變成了牛郎星，織女變成了織女星，隔著銀河相望，不能團圓，只有每年的農曆七月初七，所有的喜鵲都為牛郎、織女搭鵲橋，他們才能見面。《淮南子》中寫到了牛郎織女鵲橋相見的故事：「七月七夕，烏鵲添河成橋，以渡織女，謂與牛郎相會也。」

舊時，七夕的節日，有庭院乞巧、瓜架竊語等。乞巧，源於織女巧手善織，少婦、少女們都想乞來織女的巧手妙藝，這一天便在庭院中擺上香案，放一些老酒和糖果，年輕女性向著雙星遙拜，然後，對著夜空，穿針引線，以把線穿入針孔者為得到巧。人們還想聽到牛郎織女的悄悄話，傳說沒說謊的孩子，這天的晚上，在瓜棚架下就能聽到牛郎織女的說話聲，孩子們紛紛效仿，以寄託一種美好的期盼。長嶺人過七夕節的習俗源於中原人，一直延續到解放後，六十年代都逐漸簡單，這一天，人們講一講牛郎與織女的故事，以期望美好；文人墨客填詞作詩，以頌讚情愫，這就是七夕節的主要內容。近幾年，國人又把七夕節定為中國的「情人節」，七夕節又增加了新的內容和含義，青年人約情侶相見，送鮮花和巧克力。也有戀人相坐茶屋，品茗私語，情意綿綿。也有相距兩地的情人電話傾訴、網上交心、短信祝福……這些，都為傳統的節日賦予了新意和色彩，是一種傳承和發展。

中秋節　農曆八月十五日是中秋節，俗稱八月節，是中國的傳統節日，人們都會選擇和家人團聚，共享天倫之樂。據說，中秋節是由古代祭月慢慢演變而來。中國古代曆法，把每個季節分為三個月，分別是孟月、仲月、季月，而農曆八月份正好是秋季的第二個月，所以被稱為「仲秋」，而且農曆八月十五正好是秋季的一半，所以被稱為「中秋」。最開始這一天被定為古代帝王祭月的節日，慢慢地演變稱為「中秋節」。還有一種說法是嫦娥奔月的故事演變而來：後裔射掉了多餘的九個太陽，然後上天賞賜他一個成仙的藥，他不捨得自己的妻子嫦娥，沒有吃仙藥，於是把藥交給嫦娥保管，可是在八月十五這天嫦娥卻吃了仙藥，然後奔月亮去了。後裔思念嫦娥，所以每年這一天，都會在園子裡擺上嫦娥最愛吃的東西，後來演變成習俗。也有說人們聽說嫦娥成仙之

後，紛紛在月下設香案，向成仙的嫦娥祈求平安。之後，年年如此，代代相傳，就演變成了節日，由於這天時值中秋，所以，人們稱「中秋節」。

▲ 中秋節，人們採購月餅

長嶺人過中秋節的習俗大致是：拜月、供月、圓月、賞月、頌月、吃月餅、送祝福。拜月是以月之圓期望人之團圓，這天晚上人們在庭院理設供桌，點上香，桌上擺西瓜、月餅、葡萄，表達對月亮的祭拜，也表達了人們對神的敬仰，稱之拜月、供月。長嶺還有圓月、賞月之習

▲ 長嶺人愛吃的五仁月餅

俗，為取月圓人團圓之意，各家置酒慶賀，團圓圍坐，無特殊事情，這天家人都不外出，遠方的孩子奔家而回，共度團圓，固有團圓節之稱。祭拜完月亮，在月上中天時，一家人圍坐在一起，一邊吃著月餅西瓜，一邊賞月。皓月當空，星朗風清，人們欣賞著圓圓的月亮，享受合家團圓，共享天倫之樂。月圓人團聚，這時的文人墨客，就要把酒臨風，抒情寫意，吟詩頌月，讚美團圓，也有老人給孩子講嫦娥奔月的故事，孩子們聽著故事，看著滿月，尋找著嫦娥和玉兔、吳剛的身影。吃月餅是中秋節必不可少的食品，也可以說是特色食品，現在中國人吃月餅，不但是一種美食的享受，它已經形成了一種文化，一種中國獨有的有其厚重底蘊的文化，就像正月十五的元宵和端午節的粽子一樣，圓圓的月餅象徵「團團圓圓」，方形的月餅象徵「四平八穩」，有些月餅上的刻字更具文化內涵，如「合家歡樂」「花好月圓」「嫦娥奔月」「丹鳳含桃」等。月餅象徵著團圓，一家人共品，或送給親朋好友，都蘊含著喜慶團圓之

意。網絡信息時代到來之後，歡度中秋節，親朋好友之間發一首短詩祝福、發短信祝賀，或打電話問候、發微信微博祝福，以表親情和友誼。

▲ 重陽節

重陽節　農曆的九月初九，稱為「重九」，是重陽節，也叫「登高節」「菊花節」，又是中國的老年節，起源很早，《易經》中就有對其描述，「以陽爻為九」，九月九，陽日相疊，故「重陽」。長嶺舊時民間有登高和賞花的習俗。民俗認為，九為老陽，九九為陽數之極，陽極必反，所以認為九九是大不吉，唯有躲避，才是高法，於是便有登高避厄之舉。茱萸有除濕闢邪之效，西漢時就有井上插茱萸，落葉入井，人飲水有可防瘟疫的功效，還有的人家把茱萸的種子掛在房中有闢邪之說。於是，便有了插茱萸登高的習俗。另外，九月九是菊花盛開的時候，菊有消暑退火的藥效，所以就有了重陽節賞菊花的習俗。舊時，長嶺人對重陽節比較重視，人們登高賞花，文人吟詩作賦，別有一番心情和意境，也有一些和重陽節有關的名篇佳作流傳於世。現在中國又把重陽節定為中國的老人節，二節合一，內容更加豐富多彩，人們敬老愛老，一家人團團圓圓，圍坐在一起，吃餃子、話家常，其樂融融。長嶺的重陽節，又在登高賞花、祈求美好的同時，又融入中華民族敬老、孝老的傳統美德，其文化內涵更加豐盈和厚重。

臘月祭祀節　臘月祭祀節是滿族的節日，滿族在節日活動中有其民族特點。滿族宅院按照烏鴉曾救其祖先樊察的傳說，在影壁牆後設索勒桿子，高丈餘，桿子上端置斗，每逢臘月底都進行祭祀活動，在農曆的臘月二十九或三十晚，進行祭祀，祭祀時在桿下宰豬羊，置腸、肺、心、肝於斗內，以供烏鴉之食。祭後，晚輩給長輩叩頭，行拜歲禮。正月初一各家門戶張弓，以示威武，然後互訪賀年。解放後此習俗已很少見。

走百病節　走百病是滿族人的節日，時間是每年的正月十六。當日，滿族

婦女於日暮時候，三五結伴去空地或去鄰居家小坐而歸，稱為「走百病」，意思是在太陽將去的時候，出去坐坐，就會帶走百病，而健康和順、四季平安。「走百病」是長嶺滿族婦女特有的歲時節日，現在已不多見。

照賊節　滿族人正月十六還有一個節日就是照賊節，也是舊時長嶺腹地滿族人的一種節俗。正月十六夜晚，滿族家家燃起明亮的燈火，主人提著燈籠照遍每個房間的個個角落和院子裡的個個僻靜的地方，稱為「照賊」，意思是照走邪惡、吉順福安。以後，傳入漢族，時間改為正月十五夜進行。

豐收祭祖節　豐收祭祖節是滿族人的一個節日，時間選在農曆七月十五到八月初之間的某一日。起源於滿族人開始農耕後，希望每年都風調雨順，獲得大豐收，就在豐收時節，舉辦一個喜慶豐收的祭祀儀式，時間長了，就形成了節日。此節日沒有固定的時間，選在農曆七月十五到八月初之間的某一日，即糜子收割後的某一天，滿族人為了慶祝豐收，就把糜子磨成黃米，再掏好後磨成麵發好，把小豆餡包入，包蘇子葉或苞米葉，蒸黏豆包。蒸好黏豆包，先敬奉給祖先，一家人虔誠地跪地磕頭，感謝祖先庇護之恩，然後一家人高高興興吃黏豆包。這個節日每年家家都非常隆重，是滿族一年中比較重要的節日。現在長嶺還有春節前蒸黏豆包的習慣，只是在蒸黏豆包的基礎上花樣越來越多，新添了黏糕餅、油炸糕之類，大街上、早市裡、飯店中，都能看到它們的身影，人們閒時買幾個，或提到家中和家人共享，或站在晨風中細品，享用美味的同時，也有一種期望和感恩繞之心頭。這種長嶺人的飲食習俗，從文化的角度去思考和挖掘，是一種文化淵源的延續和發展。

頒金節　頒金節，滿語稱為「頒金扎蘭」。「頒金」，漢譯為「生」「生成」「生氣勃勃」之意，「扎蘭」漢譯為「節日」「喜慶之日」。頒金節作為滿族人的族慶日隆重而熱烈。據史書記載，崇禎八年（1635 年）農曆十月十三，後金漢王努爾哈赤的兒子皇太極廢除了「女真」的舊稱，將族名定為「滿洲」，這標誌著一個新民族的共同體已經形成。滿族人為了紀念這一天，把它作為本民族的重大節日，每年都要隆重慶祝。一九八九年，在丹東「首屆滿族文化藝

術研討會」上，正式把每年的十月十三日定為滿族的節日，名稱統一規範為「頒金節」。現在，頒金節已在滿族中延續成俗，其文化意義，在滿族紀念活動的開展和宣傳影響上越加顯露而豐富。

查干薩日　查干薩日，漢語意為白月，即正月，春節。古代蒙古人把農曆春節叫希恩吉爾，即新年。也有稱白節（查干額度日）或白月（查干薩日）的，這與奶食的潔白緊密相關。據史書記載，自元朝起，蒙古族接受了漢族歷算法，因此，蒙古族白月與漢族春節正月相符。這就是蒙古族過「春節」的由來。還有一個傳說是初一到十五是很不吉利的日子，成吉思汗便把這個日子變成吉利的日子，所以每年的一月改成查干薩日。每個蒙古人無論是否認識都有用哈達互相拜年的習慣。蒙古族人過春節跟別的民族大不相同。到年三十，要清掃庭院，搞好室內衛生。全家人皆著新製作的蒙古袍，顯得精神煥發。上午，先要上供祭佛，在佛祖供台上擺上各種奶食、油食，擺成小塔形狀，上面還要插上特製的金銀花。再用十二個小銅盅倒滿白水，然後點上長明燈。同時開始貼對聯（用蒙古文書寫）。晚上備好飯菜後，在院外找一平地，鋪好新氈，擺上酒席，開始祭祖。長輩復誦著祖先名字，將酒一杯杯地灑在地上，灑向天空。祭祖畢，全家上席。晚輩給長輩敬酒稱辭歲酒。此日，全家不分男女老幼，皆可盡情娛樂，一夜不睡，直至天明。這一夜燈火通明，青年們聚在一起唱歌跳舞，不參加歌舞的姑娘們則聚在一起玩嘎拉哈。近些年來，長嶺境內的蒙古族的春節基本上與漢族一致，並吸收一些漢族習俗，如吃餃子、放鞭炮等，但仍保留許多蒙古族的傳統習俗，如除夕吃「手把肉」，寓意合家團圓、幸福美滿。

獵日節　獵日節是蒙古族的節日，時間是農曆的五月初五，也叫五月節。舊時，蒙古族以打獵為趣，相傳，成吉思汗曾打獵受傷，是五月五日，以後就稱此日為狩獵節。現在，隨著對生態環景保護意識的增強，長嶺境內的蒙古族人，對於狩獵節只是一種在感懷和回味中用文化來豐盈它的內涵。

小年　小年，是每年的農曆臘月二十三日。蒙古族過小年有「送舊」之

意，所謂「送舊」即臘月二十三清掃戶內戶外，到傍晚時則要「祭火」。蒙民把羊胸脯肉連同白「哈達」、肉末粥、黃油、酒等物作為祭品，然後由長輩點燃九盞小燈。儀式開始後，將祭品投入火中，口誦讚詞，祈禱家人幸福。祭火忌用紅色筷子而用白色或黑色。蒙古族認為火代表著一個家族的傳宗接代、人丁興旺，故而十分虔誠。祭火儀式結束後，全家開始進餐，喜氣洋洋。

馬奶節 馬奶節是蒙古族傳統節日，以喝馬奶酒為主要內容，故此得名。長嶺與內蒙古為鄰，又處科爾沁大草原上，所以長嶺境內蒙古人還有過馬奶節的習俗。通常在農曆八月下旬舉行，日期不固定，為期一天，為歡慶豐收，祝福吉祥。馬奶節除準備足夠的馬奶酒外，還以「手把肉」款待客人，請民間歌手演唱蒙古族歌曲，有時還有篝火晚會，喜慶而熱鬧。

燃燈節 每年農曆十月二十五日為燃燈節，舊時，長嶺境內的蒙古族人每到這一天，待夜幕降臨，家家點燃酥油燈以示歡慶。現在，這一習俗有很大改變，已經不燃燈了，代之以各種娛樂形式。如摔跤、拔河、民間舞蹈，有獨舞、男女對舞，還有隨歌伴舞，舞姿飄逸豪放，顯示出草原民族獨有的特色。

開齋節 伊斯蘭教重要節日之一。在伊斯蘭教曆十月一日。

古爾邦節 伊斯蘭教重要節日之一。在伊斯蘭教曆十二月十日舉行。每逢此節，穆斯林沐浴盛裝，舉行會禮。

聖紀 伊斯蘭教重要節日之一。在伊斯蘭教曆三月十二日，是日為默罕默德誕辰。節日期間，穆斯林舉行誦經、贊聖、講述默罕默德事蹟以及聚餐等活動。

▲ 獵日節

▲ 馬奶節

▍習俗禮儀

　　長嶺的習俗禮儀中，蘊涵著豐富的文化內涵，這些民俗中的文化，是長嶺文化的重要組成部分，這些最具本土氣息的文化為長嶺文化注入了新鮮的內容。主要包括：習俗、禮儀、服飾、飲食、居住等等，這些習俗禮儀，隨著長嶺歷史的腳步，攜著文化的氣息優雅地走來時，一種靈動的魅力，裝點著這片古老而年輕的土地。

　　立春習俗　立春又叫「打春」，民間素有「打春陽氣轉」之說。立春是二十四節氣之首，標誌著春天萌動，萬物開始復甦。舊時，長嶺立春有「打春牛」、咬春、吃春餅等習俗。立春日，把紮好的紙春牛抬到關帝廟前，由長者執鞭，鞭子二尺四寸長，表示的是二十四節氣，口念十打春牛吉祥詞：「一鞭打下陽氣回轉，二鞭打下土地肥暄，三鞭打下風調雨順，四鞭打下四季平安，五鞭打下春苗茁壯，六鞭打下無患無災，七鞭打下果實豐碩，八鞭打下豐收一年，九鞭打下九九歸一，十鞭打下天下平安。」春牛被打爛了，人們抬散亂的春牛行走一百二十步，表示一年十二個月，然後把春牛點燃，長者用鎬頭刨土，表示農事開始。現在打春牛的習俗已經逐漸消失。民間還有咬春和吃春餅的習俗，一般是啃春蘿蔔，也叫啃「子孫蘿蔔」，表示多子多孫的之意。吃春餅，是很薄的單餅，捲蔥和菜絲（豆芽或土豆絲）食用，長嶺這一習俗現在一直延續著，並在原有菜絲的基礎上添加一些新的菜餡，以燻肉片和綠菜葉為主，寓意著新春綠意、秋實豐盈。

▲ 立春習俗——啃春蘿蔔

　　夏至習俗　夏至是二十四節氣中最早確定的一個節氣，清代之前的夏至，官員放假三天。夏至是北半球一年中白晝最長的一天，因此有「吃過夏至

麵，一天短一線」的說法，在夏至長嶺民間有歇夏和吃夏至麵的習俗。

伏日習俗 伏日是指盛夏的三伏。其習俗主要是飲食上，民間有「頭伏餃子，二伏麵，三伏吃雞蛋」的說法，就是初伏吃餃子，中伏吃麵條，末伏吃雞蛋。現在這一習俗大多數人已經淡去，有一些上年紀的人知道此說法，並偶爾回味一下孩童時的習慣。

立秋日習俗 立秋習俗也是表現在飲食上，叫「抓秋膘」，有吃肉和吃餃子的說法。也有吃圓東西的說法，如吃倭瓜、吃土豆、吃饅頭等。認為吃了這些東西，就能身強體壯，健康無病。現在多數控制體重、減肥的人都不敢「抓秋膘」了，便吃一些長條的東西，如麵條、黃瓜、豆角之類的食物，希望自己身材苗條、美麗動人。

冬至習俗 冬至也是二十四節氣中一個重要的節氣，太陽直射南迴歸線，北半球白天最短，黑夜最長，數九寒天從冬至開始。從古至今，冬至都是一個重要的日子。唐宋時期，冬至是祭天祭地的日子，皇帝要到郊外舉辦祭天大禮，百姓要向離世父母、尊長祭拜。長嶺舊時也有祭拜長輩的習俗。在飲食上，冬至這一天要吃餃子或肉，期望幸福美滿。

臘八習俗 臘八是農曆臘月初八，也是農曆的一個重要節氣。臘八的由來是說此日為佛祖的成道日，傳說釋迦牟尼出道之前曾吃過貧苦牧羊女施捨的一碗黏米混合的粥，餐後得道成佛。後來，佛教寺院每年的這一天舉辦臘八會，僧人們喝黏米粥紀念，後來傳入民間，就有了臘八和臘八粥的習俗。長嶺早年過臘八，家家都要吃黃米粥，裡面放一些豬油、白糖，香甜好吃。舊時曾有「臘七臘八，凍掉下巴，吃點黃米飯沾上吧」的民謠，一是說臘八天氣很冷，也表示臘八吃黃米粥的習俗。現在長嶺人過臘八也有吃黃米粥的習慣，還有一些人家用雜米、大棗、紅

▲ 臘八習俗

小豆等做成八寶粥，還有做成肉粥的，是在延續原來習俗基礎上的創新和發展。

▲ 祭灶習俗

祭灶習俗 臘月二十三被稱之「小年」，舊時，長嶺家家都有祭灶的習俗。相傳臘月二十三灶王爺上天，向玉皇大帝匯報這家一年的善行和惡行，直到除夕夜後才能把灶王爺請回來。在清末流傳的八角鼓的牌子曲《五聖朝天》中就有：「爆竹一聲響，家家祭灶王。為的是灶王爺上天言好事，回宮降吉祥……」臘月二十三，家家都把房屋打掃乾淨，就可以祭灶了，祭灶多在日落黃昏後進行，在灶王爺的神像前放上供桌，擺上香燭、饅頭、灶糖（又稱大糖、關東糖），一邊念叨「灶王爺本姓張，騎著馬挎著筐，秫秸草料備齊當，送你老人家上天堂，人間好事要常講，明年下界降吉祥」的祭灶歌，唸完祭灶歌，還要在灶王的嘴巴上抹灶糖，這是用灶糖塞住灶王爺的嘴，意在灶王升天後，要在玉皇面前多說好話，以求來年福祿安康。然後，還要揭下灶王神像，送進灶膛裡燒掉。到年三十晚上「接神」，還要把送走的灶王爺請回來，再把一張新的灶王爺神像貼到原來的地方。有的貧苦人家祭灶簡單，供桌上只擺放自家做好的糖，祭灶時把糖抹在灶王爺的嘴上，叨唸著「好話多說，壞話別講」，現在，長嶺偏遠鄉村還有少數祭灶的習慣，其他地方這一習俗已不多見。

▲ 婚嫁習俗

婚嫁習俗 漢族的婚嫁在不同時期有著不同的特點。解放前，漢族婚嫁沿襲了封建習俗。男女婚嫁須從父母之命，聽媒妁之言。經訂婚、娶親、回門才算完婚。訂婚時，首先講究「門當戶對」。然後，請先生「看命運」「觀屬相」。確定合婚後，男方選定吉日，邀請親友、媒人等去女方家相媳

婦，女方再去男方家相女婿。雙方均無異議，女方給男方開彩禮單，共訂婚約，男方向女方行聘禮，俗稱「過小禮」，為正式訂婚。娶親前，由男方擇定（或雙方商定）婚期，向女方送酒、豬、衣物、金錢等，俗稱「過大禮」。娶親前一天，新郎披紅戴花，二人鳴鑼開道，鼓樂與賓朋相隨，前往祖墳或祖先堂「拜祖」；再去姑、舅等近親家「拜裝」；爾後繞街而行，謂之「亮轎」。正日（迎娶之日）備轎，新郎披紅、戴花、騎馬，前往女方家迎親。將新娘接至家中後，由司儀人主持新郎、新娘行「拜天地」儀式後，步入洞房。是日，親友、鄰居都來贈送禮品或現金，以示祝賀。主人盛宴賓朋。三日（或七日）後，新郎、新娘攜禮品去女方家，俗稱「回門」。解放後，廢除了父母包辦、大要彩禮的封建婚姻制度和習俗。一九五〇年，國家頒布《中華人民共和國婚姻法》，實行男女婚姻自主、戀愛自由，只要雙方同意，便可到當地政府依法進行婚姻登記，領取結婚證書後，舉行簡單的結婚儀式，設便宴招待賓朋。六七十年代，倡導喜事新辦，多舉行革命化的集體婚禮，在田間地頭，或在簡單的會議室，婚禮由當地的領導主持，開場白一般都是毛主席語錄，新人胸前佩戴大紅花，最具典型的服飾為：新娘繫著紅色圍巾，新郎身著一套綠色衣褲，一般贈送的禮物是一套《毛澤東選集》，親朋送的禮物多是暖瓶、毛巾、茶缸之類。但也有少數地方有訂婚、過彩禮、結婚大車小輛的現象，彩禮為四大件，即手錶、自行車、收音機、縫紉機。八十年代後，改革開放的春風，讓人們生活水平提高了，婚禮的內容鮮活了，「彩禮」也豐厚了。彩禮由原來的四大件變成了彩電、洗衣機、摩托車、四輪車，首飾是「三金」，即金項鏈、金耳環、金戒指，娶親時有車隊，四輛摩托車開道，城鎮在飯店辦置酒席，宴請親朋好友，農村在院內搭棚置酒，七碟八碗，喜慶熱鬧。隨著時代的發展，婚嫁風俗也在發生變化。二十一世紀後，長嶺縣的青年男女，婚姻更加自由，有自己相處結婚的，有親朋老友介紹相識的。訂婚後，由男方設宴招待，叫「會親家」，席後，男方給女孩兒壓腰錢。「彩禮」也有變化，條件好的給樓房、轎車，農村還有要耕地的；「金戒」變成了「鑽戒」，也許是受廣告「鑽石恆

久遠，一顆永流傳」的影響。雙方擇吉日辦喜事，婚前，女方要設酒宴招待老親少友，俗稱「打發姑娘」。婚禮的前一天，男方選家族中有聲望的人和女方家協商送親人數等事宜，新郎的嫂子，用紅色的水舀子端著餃子一塊兒來到女方家，餃子的數量是新娘、新郎的年齡之和加二，到女方家時，敬天一個，敬地一個，嫂子叨唸著：「我是嫂子，來送餃子，來年生個大胖小子。」新郎新娘食用後，雙方的兄弟姐妹開始搶餃子。婚禮當日，男方派花車迎親，新郎在伴郎的陪同下隨花車接新娘，手捧鮮花叩門，進門後向丈母娘鞠躬喊媽，丈母娘給改口錢。新郎向新娘求婚、找鞋、穿鞋、抱轎，然後，女方送親的隊伍出發，伴娘抱包（陪嫁）、端燈（長命燈）上車，車隊向裡繞行，伴隨錄像車。到男方家，婆婆接包，給押車孩子押車錢。新娘進新房後，上床坐福，新娘的舅舅點亮長命燈。坐福後，新娘給婆婆戴花，改口叫媽，婆婆給改口錢。親朋好友和新郎新娘照相。之後眾人去舉辦婚禮飯店。婚禮一般按著事先設計好的程序進行，形式多種多樣，大致是：大屏幕播放新人成長照片和結親場面、新娘新郎走紅地毯步入婚禮殿堂、互戴戒指、喝交杯酒、倒香檳酒、雙方家長講話、來賓互動等形式。婚禮結束，喜宴開始，新郎新娘為大家敬酒，來賓舉杯暢飲，祝福一對新人婚姻和美、白頭偕老。很多地方還有看八字、配屬相，婚禮時跳火盆、蒙蓋頭、抱斧子，婚禮的晚上，平輩弟弟、妹妹鬧洞房，三日回門等習俗。

滿族的婚嫁有著本民族的特點。長嶺縣解放前，滿族青年的婚事也和漢族一樣，聽父母之命，媒妁之言。經媒人往來於男女家幾次，一旦說成，過小禮時，男青年要到女方家，拜見女方父母及尊長，俗稱「磕頭」，女方家贈給錢、帛、文繡等。結婚儀式也和漢族基本相同，婚期前一天「亮轎」，男家備酒宴、設鼓樂、列儀仗於門外，置彩車於路旁；過嫁妝，女方送陪嫁物於男家。結婚時新娘亦要坐花轎（後改花車），新郎迎新娘入門。舉行婚禮時，參加婚禮的人用滿語合唱「喜歌」，也有的往洞房裡撒黑豆。三日後，新郎陪新娘回娘家，俗稱「回門」。

蒙古族的婚嫁受當地漢族的影響，解放前，蒙古族亦實行包辦婚姻。由男方父母托媒人去女方家幾次提親，經女方老人同意後即為訂婚，然後過彩禮。訂婚後，女婿要攜禮物同媒人到女方家拜見女方父母，商定婚期。結婚時男女雙方都要備酒席。結婚頭一天，新郎在伴郎、媒人及賓朋的陪同下到女方家迎娶新娘，女方家設宴款待。第二天，新郎、新娘與送親隊伍同赴男方家。送親隊伍到達後，男方家人給女方送親的首席賓客敬酒，然後舉行結婚儀式。婚後三天，女方家人、親屬攜帶禮品來看望女兒，女兒隨來人回娘家，俗稱「回門」。

壽誕禮儀　慶壽，俗稱過生日。解放前，地主、富農及官宦人士在四十歲左右就要慶壽，大收「壽禮」，以此搜刮民財。解放後，慶祝壽辰根據家庭生活條件行事，有的人家年年為老人慶壽。平時過生日比較簡單，舊時，一般過生日時吃雞蛋和豆飯，吃

▲ 壽誕禮儀

雞蛋時要把雞蛋在桌上滾動幾圈，邊滾邊說：「吃個滾雞蛋，一年都平安。」老人們講，孩子過生日吃豆飯是為了長心眼。現在過生日，家人小聚，弄幾個好菜，喝點好酒，相互祝賀一下，有時買個生日蛋糕，唱幾句「祝你生日快樂」。為父母、長輩過生日比較隆重，尤其是幾個有講究的生日。為父母慶祝六十壽辰，是長嶺縣歷來就有的風俗，六十歲被稱為一甲子，這天，兒女們以酒肉、糕點、壽桃、壽麵等給老人慶壽。六十六歲，也是很多家庭都為老人過生日，出嫁的女兒要用六兩肉，六兩麵，包六十六個餃子，吃餃子時，先敬天一個，再敬地一個，剩下的壽星一天吃完，寓意「六六大順」。還有過七十、八十大壽的，現在一般選在正月初七、初八過，是藉著春節的喜慶，一家人為老人祝壽，再一次團圓在老人的身邊，其樂融融，使壽誕別具氣氛和溫情。

生育禮儀　送奶禮。婦女生孩子，親友們送雞蛋、大米、白麵、白糖等食品，或布料和衣物，俗稱「下奶」。孩子的外祖母為孩子準備小被褥、小衣褲

等。孩子出生三十天時，父母要準備酒菜，宴請親友、共同祝賀，俗稱「過滿月」。

▲ 悠車育兒

過百日。孩子出生百日，親友們要贈送各式衣物、玩具，有些人家還置辦酒菜，請親友們共同祝賀，俗稱「過百日」。過百日時蒙古族還有「抓歲」和「絆腿線」的習俗。抓歲就是孩子百天時，把許多東西放在孩子面前，如筆、算盤、玩具、綵衣等，孩子先抓到哪樣，就預示著孩子的喜好和將來的從業方向。「絆腿線」，就是用紅線綁住孩子的腿，寓意孩子能平安健康地成長。

睡扁頭。東北人認為孩子扁頭方正為美，所以，孩子出生後，長輩人為孩子縫製小紅枕頭，裡面裝上高粱米等硬的米粒，讓孩子睡一到二個月的硬枕頭，使孩子沒有突起的後腦勺，這一點和南方大不一樣。這一習俗，現在已經消失。

悠車育兒。悠車是滿族一種傳統的育兒工具，後來傳入了漢族。悠車一般用薄板圍成，形狀如小船，兩頭微微翹起，用繩子拴著，吊在室內的房樑上，孩子睡在悠車裡，既舒服，又省大人的力氣。關東四大怪的另一種說法，「窗戶紙糊在外，冬穿皮襖毛朝外，大姑娘叼煙袋，孩子悠起來」中的「孩子悠起來」就是指孩子睡悠車。現在，這種育兒工具已不復存在。

敬獻禮儀 敬菸敬茶。長嶺境內居民都有敬茶之禮，多為紅茶與花茶。長嶺一些地區，由於受蒙古族影響，有喝紅茶的習慣，來了客人必須敬茶，敬茶時以多半杯為敬，倒茶後，茶壺的壺嘴不能對著客人，客人喝茶時，還要端上瓜子一類的乾果讓客人食用。一般農村多敬紅茶，縣城多敬花茶，隨著人們生活水平的提高，茶葉的種類也在增多，有龍井、普洱、茉莉等，客主品茶敘談，雅緻而溫馨。敬菸，也是長嶺民間的一種習俗，舊時，客人來了都要敬菸，有用煙袋的，也有用手卷煙的，敬菸時，雙手送過去，主人為之點著火，

以雙手捧著火柴為敬。現在隨著人們健康意識的增強和國家「戒菸令」的出台，吸菸的人越來越少，但敬菸的習俗依然保留著，每逢佳節和紅白喜事都要備菸，為來訪的客人敬菸。

獻哈達。蒙古人有獻哈達的習俗。哈達是喇嘛教的禮教用品，獻哈達表示對長輩和客人的一種尊重和祝福。舊時，長嶺境內的蒙古族佳節和大的活動，都要獻哈達。獻哈達時，要雙手舉過頭頂，哈達要對折，折縫向著接受者，哈達獻完後，要下半跪請安禮，後來改為躬身敬禮。現在長嶺民間獻哈達已不多見，只有在大型演出和某一些旅遊景點，還有獻哈達的禮儀。

崇尚禮儀　長尊有序。長嶺人從古至今就有尊老愛幼的傳統，敬重老人，喜愛幼子，敬老愛幼已在家家戶戶成為習慣。講究長尊有序，一般宴席長輩坐主位，讓長輩先起筷，敬酒先敬長輩等等，這些敬老愛老的習俗，長嶺人正用一顆顆善良寬厚的心和自覺的行動來延續和發展。

以北為大。漢族人在方位上以北為大，特別崇尚北，如祭祖祖先牌位在北面、宴席長者坐在北面等等。

東大西小。長嶺人的居室舊時都是東大西小，如果是東西屋，長輩住在東屋，晚輩住在西屋。如果是樓房，長輩住在靠東陽光充足的房間等等，這些習俗至今延用。

▲ 敬獻哈達

▲ 長尊有序

服飾文化

▲ 漢族服飾

長嶺縣居民多來自山東、河北、遼寧等地，習俗大體與上述省份相同或相近。但「隔地異風，逾時別俗」，歷史的發展，地域的差異，風俗習慣也不斷變化。長嶺縣的滿族、蒙古族等少數民族，有些風俗習慣與漢族逐漸同化，但仍保留部分民族風習。

漢族 舊社會，長嶺縣漢族人以青、藍、白三色布為主要衣料。男女習慣穿長袍、大褂。貧者穿粗布，富者著細布、綾羅。夏、秋時節男人多穿長衫，穿白襪，戴草帽或禮帽，女人多穿旗袍，男女多數穿布鞋，只有少數富豪人士穿皮鞋。冬、春時節男女多穿棉袍。勞動時，男人穿對襟短衣，女人著帶大襟短衫、襖，男人戴氈帽頭或皮耳扇棉帽，貧者穿靰鞡，富者穿氈靴或皮靴。解放後，人們的服飾有很大變化，從中山裝、列寧服到綠軍裝，衣料品種、色澤和服裝款式逐漸繁多。二十世紀七十年代後期以來，不僅各種衣料的男女服裝不斷翻新，男人多以西裝、夾克、Ｔ恤衫為主，女士服飾、鞋帽更是日新月異、百花齊放。

滿族 長嶺縣滿族居民衣著風習，在長期與漢族雜居中完全相同，解放前，男著長袍馬褂，女穿旗袍，本為滿族衣著特點，且以此影響著漢族的衣著。解放後，滿族居民的衣著和漢族發生了同樣的變化。

蒙古族 長嶺縣蒙古族居民衣著基本與漢族相同。但也有男女喜歡穿長袍、束腰帶、穿靴子。

大眾飲食

漢族　古代，長嶺人以狩獵為主，食物的來源是飛禽走獸、野生魚蝦，並以植物的根葉、果實為輔助食品。進入奴隸社會之後，有了農耕，就以糧食為主要食物，副食以肉和菜為主。清朝到民國期間，主食以雜糧和粗糧為主，如高粱米飯、小米飯、黃米飯、玉米麵窩頭、菜包、玉米粥等。從設治至中華人民共和國成立初期，城鄉居民多以小米、玉米麵、高粱米及黃米（糜米）為主食。小米、高粱米多做乾飯或煮粥，用玉米麵貼餅子或蒸窩頭，黃米麵蒸豆包，過年和特殊的節日有餃子、饅頭、花捲之類的麵食。菜多以自種的白菜、蘿蔔、馬鈴薯、茄子、辣椒、豆角、南瓜、角瓜、黃瓜、蔥、蒜等為主。七八十年代，又有了菜花、茼蒿、木耳、油菜等，習慣吃燉菜。中共十一屆三中全會以後，人民生活條件顯著好轉，城鄉居民主食中的白麵、大米等細糧逐年增多，菜食做法逐漸多樣化。當地居民還有吃野菜之俗。春夏之際人們常採集苣蕒菜、蒲公英、灰菜、馬齒莧、豬毛菜、黃花菜、野韭菜、小根蒜等食用。還有醃製酸菜、晾製乾菜、醃製鹹菜的習慣，乾菜有茄子乾、豆角乾、黃瓜乾、蘿蔔乾等。肉類有豬肉、牛肉、羊肉、驢肉等。禽類除了家禽雞鴨鵝外還有鴿子、鵪鶉、野雞等飼養場的禽類供人們食用。蛋類以雞蛋、鴨蛋、鵝蛋為主。水產品以魚蝦居多，長嶺境內多處湖泊水庫，盛產魚類遠近聞名，如龍鳳湖的白鰱魚、胖頭魚，五井子的鯽魚，黑泉眼的鯉魚，光榮湖的三道鱗魚等，使長嶺人的副食更加豐富。還有從外地進來的水產品：鯰魚、青魚、帶魚、嘎牙子、黃花魚、對蝦等，也豐富了長嶺人的菜籃子。長嶺人的飲食習慣，在保持本地口味的基礎上，也在吸納南北菜系的風格，使主食和副食更加多樣化，口味在大眾化的基礎上突出特色，打造品牌，並在宣傳品牌上注重文化內涵，使長嶺的飲食文化在繼承前人的基礎上賦予更加豐富的內涵。

滿族　長嶺縣滿漢雜居已久，兩族習俗互相熏染，在飲食方面小有差異。

薩其瑪，漢語稱「金絲糕」，是滿族的風味糕點，除喜歡吃漢族人常吃的黃米麵黏豆包、黏糕外，還喜歡吃黃米麵製成的水糰子。每遇年節還吃豬肉大肉飯。禁食狗肉、馬肉。長嶺縣蒙古族居民的飲食與漢族大體相同，但亦有本民族特點。

蒙古族　蒙古族居民喜歡吃炒米、肉食、乳食。炒米是用黃米製成；肉食以牛肉、羊肉製成的「手把肉」為主；乳食為牛奶、羊奶及奶豆腐、奶皮子、酸奶子等奶製品。

回族　長嶺縣回族居民在飲食方面嚴守教規，縣內各集鎮設有回族飯店（館），置辦飲食。

▲ 曬乾菜

▲ 婆婆丁

▲ 醃酸菜

▲ 下大醬

特色菜品

　　全羊宴　全羊宴是長嶺縣極具特色的地方菜，風味獨特，名揚四方。長嶺擁有亞洲最大的天然羊草草場，這裡養育的肉羊，鮮嫩肥壯，並且肥而不膩，香而不羶，是作全羊宴的綠色純天然用料。全羊宴主要有手把肉、熏羊排、蒜泥羊肝、熗拌羊肚絲、水煮羊蛋、芹菜炒羊肉、炒羊雜、烤羊蹄、紫蘭

▲ 全羊宴

羊肉片、羊湯。主食是羊肉餡餃子。手把肉，是長嶺從古至今最受歡迎的傳統菜餚，手把肉是從內蒙古傳來的，因為蒙古族人喜歡用手拿肉吃，故得名「手把肉」。精選天然綠色肥羊的肋骨，分條斷成一寸多長的段，下鍋用清水煮爛，再加佐料進行烹調，有清炒、醬香、紅燒等做法，風味各異，有原汁原味的，有紅燒醬香的，鮮嫩可口，濃香四溢，是最具長嶺特色的美味之一。羊湯的做法：取天然羊草餵養的肥羊內臟，洗淨後放到大鐵鍋裡煮熟，將羊肚、羊肝、羊心、羊腸等內臟切成碎塊，將羊血切成細條，放入鍋中文火煮一小時，放入鹽、蔥、香菜、薄荷等佐料，即可食用。長嶺的羊湯，口味特別，鮮美味純，不羶不膩，味道正宗。長嶺的全羊宴，是一道羊系列美味大宴，極具長嶺特色和草原風味，色香味俱佳，鮮香誘人，讓人食而不忘。

　　全驢宴　長嶺的全驢宴，是長嶺著名企業吉林省秋林集團為打造福驢文化而首創的極品佳餚。秋林集團在長春市東盛大街開辦了「眾賢閣驢肉食府」，眾賢閣驢肉食府是以長嶺天然草原黑驢肉為主的驢肉菜系酒家，酒家裝修考究，賦予文化氣息，酒家的正廳裡懸掛著《驢肉養生賦》《福驢賦》，各個餐廳裡掛有驢的漫畫和驢的故事及食用驢肉的常識和健體養顏功效等書法條幅，構成整體的福驢文化風格。全國各地的飲食愛好者都慕名而來，品嚐這裡獨具

▲ 驢肉生產線

▲ 驢肉食府菜品

長嶺風味和特色的驢肉大宴，享受這裡獨具福驢文化氛圍的餐飲環境。全驢宴是眾賢閣酒家的特色菜和招牌菜，主要有以下驢肉特色菜餚：乾煸驢三樣、爆炒驢板腸、熏驢排、鐵板燒驢臉、驢蹄筋炒香菇、黑驢肉拼盤、油炸驢腰花、驢肝驢心驢舌拼盤、手撕驢脊骨肉、醬燉驢尾骨、驢肉養生湯。主食是驢肉蒸餃和驢肉灌湯包。全驢宴屬於純東北風味，具有色香味俱全、菜餚品種繁多、肉質細嫩天然綠色、烹調技法獨具特色、菜形別緻亮眼、鮮香不膩、營養豐富、美容養顏等特點。來這裡品嚐全驢宴，既是味覺的享受，又是精神上的享受，既能一飽口福，又能一飽眼福，更能在福驢文化的薰陶下體味長嶺飲食文化的底蘊。

　　全魚宴　長嶺的全魚宴，因長嶺的龍鳳湖而名聲大震。龍鳳湖是國家級水利風景區，盛產白鰱魚、胖頭魚、鯉魚、鯽魚等二十多種魚類，是純天然、野

▲ 全魚宴

生魚類，味道鮮美、純正，加之烹調技法純樸高超，極具農村風味和長嶺特色。全魚宴有：大鐵鍋清燉胖頭、清蒸鮭魚、煎鯽魚、豆腐燉泥鰍、紅燒鯉魚、烤草魚、糖醋魚塊、生吃魚肉片。大鐵鍋燉胖頭魚的做法：將三斤重的胖頭魚收拾好備用，將大鐵鍋燒熱，放油，等油七成熱後放入切好的蔥、

薑、蒜、花椒粉、大料、辣椒等調料，爆出香味後加水，水開後放入胖頭魚，文火燉三十分鐘，加入少許香菜末，出鍋即可食用。大鐵鍋燉胖頭魚，魚肉鮮嫩，口味純正，是地道的農家風味。糖醋魚塊的做法：選一斤多重的白鰱魚，洗淨剁成塊，加料酒、生粉和少許鹽，拌勻後醃製十五分鐘。鍋內多放油，把魚塊放入鍋中雙面煎黃，加入醬油、醋、生薑、蔥和糖，翻炒一會，使其入味。在魚肉快熟時，用小碗將清水和澱粉攪勻，倒入鍋中勾芡，和魚塊一起均勻翻炒幾下即可。糖醋魚塊，色澤黃燦，甜酥可口，香味四溢，是甜食愛好者喜歡的菜餚。豆腐燉泥鰍的做法：將泥鰍放入鹽水中讓其吐出污物，洗淨待用。鍋中放油，加熱後放入蔥薑炸鍋，加清水，放入紅辣椒少許和切好的鮮豆腐塊，湯沸時放入活泥鰍魚，泥鰍魚遇熱會把頭鑽進豆腐塊裡，每個豆腐塊都鑽進幾條泥鰍魚，黑白分明，紅辣椒點綴其中，造型別緻，充滿色彩。這個菜是地道的農家做法，味道純正，清淡不膩，老少皆宜。長嶺全魚宴，是龍鳳湖旅遊文化的組成部分，來龍鳳湖遊玩的人，都要品嚐用龍鳳湖魚做的全魚宴，人們坐在湖邊的特色飯店裡，看著湖水蕩漾，聽著水鳥唱鳴，聞著花香陣陣，品著美味佳餚，有一種江南風味，又有一種水上人家的雅韻，讓人心爽氣清，樂此忘返。

特色粉條大宴 提起長嶺的粉條大宴，就像電視裡喊「翠花上酸菜」一樣，它是長嶺最具地域風格的一道菜餚。長嶺縣的三青山粉條，是中國地理標

▲ 豬肉燉粉條

▲ 水煮粉絲

▲ 雞肉燉粉條

▲ 牛肉燉粉條

誌產品和吉林省非物質文化遺產，在全國享有盛名。以三青山粉條為原料的粉條大宴，頗具特點和特色。粉條大宴主要菜系包括：豬肉燉粉條、圓粉燉排骨、寬粉燉大鵝、涼拌鮮粉、芹菜炒粉、酸菜炒粉、粉耗子燉鯉魚、牛蹄筋燴拌細粉、麻辣粉絲、水晶粉清煮白菜湯等等。主食是粉條、豆芽、韭菜三鮮餡水餃。其主要菜餚的文化底蘊和做法：一、豬肉燉粉條。長嶺家家戶戶都把豬肉燉粉條看成是上等好菜，不論是年節、生日壽宴，還是有朋自遠方來，都要把豬肉燉粉條擺上餐桌，豬肉燉粉條往往是長嶺或者是東北的一種別稱。粉條選上好的三青山圓粉，豬肉選豬後鞧肉，把豬肉切成不薄不厚的片，鐵鍋內放入葵花油，大醬炸鍋，放入蔥、薑、蒜，出香味後肉片入鍋翻炒，待肉片變色後放湯、加鹽，開鍋後加入粉條，燉熟出鍋。此菜，豬肉味道醇香，粉條順滑美味，入口難忘，回味無窮。二、寬粉燉大鵝。寬粉是三青山粉條中最具特色的品種，色澤潔白、寬度適宜、耐煮耐燉、口感極佳，大鵝選用長嶺草原散養的食用草原鮮草嫩葉的純天然綠色活鵝，宰殺後用清水洗淨，剁成大小適中的塊待用。在鐵鍋放入葵花油，用蔥、薑、蒜爆鍋，把鵝塊放入鍋中翻炒，變色後放入醬油，在滴入少許的米醋，加湯，放鹽、花椒粉、味精等佐料，再放入寬粉，文火燉四十分鐘，起鍋時放入少許香菜末，即可食用。此菜，古樸中透著鮮活，色澤誘人，香味撲鼻，有一種農家菜的風韻，又有一種誘惑打開人們的胃口，是長嶺城鄉的家常菜，又登得上大雅之堂，成為長嶺特色菜餚中的極

品。長嶺的粉條大宴，以其獨特的風味和文化韻味點亮世人的眼眸，豐盈著人們的胃口，讓人們在粉條的美味菜餚中體驗長嶺地道的舌尖文化。

▲ 殺豬全席

殺豬全席　殺豬全席是長嶺最地道的農家菜。長嶺的農村每年都要殺年豬，要請一些老親少友和左鄰右舍吃豬肉，吃豬肉不光吃豬肉、血腸，還有燴菜和一些特色菜，這些地道的農村風味的菜餚，深受人們喜愛，被稱為殺豬全席。主要包括：白肉血腸、殺豬燴菜、水煮肥腸、手撕肉、靠肉、舌心肝拼盤、豬裡脊炒黃瓜、苦腸炒青椒、乾菜燉排骨、粉條燉豬肉。白肉血腸是殺豬全席中一道傳統特色的菜餚，舊時，它是長嶺的一個招牌菜，傳統的節日裡，多數家庭都要有此菜上桌，既能渲染節日氣氛，又能一飽口福，是代表和美與喜慶的菜系，同時也是招待遠方貴客的一道必不可少的菜餚。做法：精選豬前腿和脖子之間的肥瘦相間的肉，用文火煮爛；血腸，把豬血放好佐料，灌入豬腸子中，用細線繫好，在燴菜鍋裡用慢火煮熟。白肉和血腸切成片，放入盤中，配有蒜泥、辣椒油等佐料，蘸佐料食用，白肉肥而不膩、醇香可口，血腸透亮而微顫、鮮美嫩滑，既有傳統的味道，又適合現代人的口味。殺豬燴菜一般用酸菜，也有用乾白菜的，殺豬的前一天晚上就把酸菜切好，洗淨備用，第二天殺豬後，炘一鍋豬肉，有肥有瘦，豬肉炘好後，用炘肉湯燴酸菜，並在裡面煮血腸，有豬血融入菜湯裡，味道更加獨特。再把肉切成片，把肉片、酸菜放在一個大碗中，食用時蘸蒜醬，香味滿口。燴菜可以吃很長時間，越燴越好吃，它是長嶺人特別青睞的美味佳餚。現在長嶺的飯店都有

▲ 露天燒烤

▲ 豐富食材

▲ 炭火烤肉

▲ 鐵鍋燉大骨頭

▲ 一鍋出

燴菜，吃起來味道純正，卻少了農村殺豬時的氣氛。但是，人們還是常常品嚐殺豬燴菜，為的是沾一些年味，喚起更多的童年回憶。殺豬全席是地道的長嶺農村特色，又體味著長嶺的民俗民風，每年寒冬時節，隨著年味的臨近，長嶺的農村家家都要殺豬宴請貴客，殺豬全席就成了長嶺最為豐盛、最為講究的極品佳餚。人們坐在火炕上，吃著美味，喝著美酒，享受著淳樸自然的風情，心在溫醉中向著新年的腳步靠近。

特色燒烤　長嶺的特色燒烤是別具風味的燒烤大全。烤全羊是其中的主菜，還有烤肉串、烤魚、烤鵝蛋、烤土豆、烤地瓜、烤板筋、烤肉椒等等，配有主食烤饅頭片、烤玉米和珍珠湯。主菜烤全羊，是選長嶺腰井子天然羊草飼養的一年生綠色羊，將屠宰後的羊洗淨瀝水，在羊的周身和腹內塗抹上精料（自製的混合料），讓羊以臥姿在炭火上烤三至四小時，烤熟，將全羊展示給客人後再分成塊食用。烤肉椒，把長形青椒去蒂後掏空裡面的籽，把瘦肉剁碎，放油，加蔥花等佐料，拌成肉餡，將肉餡塞入青椒內，烤熟即可。主食中的珍珠湯，將麵粉用清水和成玉米粒大小的疙瘩，將鍋內加油，油熱後放蔥薑蒜翻炒，炒出香味後加湯、放鹽，湯沸後，將小麵疙瘩撒入，開鍋即熟，出鍋時加入雞精和少許香菜碎末。珍珠湯的特點，湯清味美，疙瘩嬌小靈透、美似珍珠。這道特色燒烤菜，可以說是一道

精美的燒烤廚藝大展示，色香味俱全，形景藝俱佳。再坐在蒙古包裡，聽著蒙古風情的音樂，推杯換盞，別有情趣。

▲ 酸菜豆腐湯

鐵鍋烀大骨頭 鐵鍋烀大骨頭是長嶺的特色菜。大骨頭可以是豬骨頭、羊骨頭、狗骨頭，一般都是大腿骨，剁開，將骨碴向上，讓骨髓含而不漏，烀大骨頭時用特殊的配料和佐料，其中就有自製的風味醬，在大鍋中烀一至二小時，入盤上桌，香氣四溢，人們隨手品嚐，別有味道。

▲ 豆腐腦

一鍋出 一鍋出的前身就是農家的大鐵鍋燉菜，菜鍋上面貼一鍋圈玉米麵餅子。現在聰明的老闆把鐵鍋搬到了飯店，周圍是窄條火炕，真是「圍著鍋台吃飯」。一鍋出的燉菜裡有農村小雞、排骨、粉條、白菜，也有魚和其他菜混著燉，上面貼一圈玉米麵餅子，或蒸花捲，飯菜一鍋出來，既省時又美味。最讓人感興趣的是整個的製作過程，保留著原始的農家本色，灶膛裡燒著木頭兒，整整齊齊的長條形，方形的鍋台，白鋁的鍋蓋，服務員判斷飯菜是否熟了，不是看時間，而是用鼻子聞鍋裡的氣味，最有趣的是親朋好友圍著鍋台而坐，散發的熱氣和濃濃的香味，時時撩撥著人們的心情，有一種夢裡老家的感覺。

▲ 長嶺亂燉

▲ 玉米排骨

▌特色主食

▲ 黏豆包

黏豆包　黏豆包是長嶺的傳統食品，也是最受人們喜歡的食品之一。無論是舊時還是現在，黏豆包經常光顧人們的餐桌，無論是貧民小院，還是大雅之堂，黏豆包都會用它獨有的魅力，點亮人們的眼球，喚起人們的胃口。舊時，黏豆包多數在冬季年前製作，舊時的細糧很少，黏豆包可在正月當細糧食用，又由於「黏」和「年」諧音，所以，黏豆包是過年時不可缺少的食品。製作方法：把黃米用清水泡半天（稱為漿米），然後淘洗撈出（稱為淘米），放在桌子上的箭桿簾上（稱為瀝水），磨成麵，把少量的黃米麵用開水打成麵糊（稱為打麵芡），把其他黃米麵放入和好，放在熱地方（農村放在熱炕頭）發一晚上（稱為發麵），麵發好後待用；

▲ 包黏豆包

把紅小豆煮熟，用木勺搗爛，放入白糖或少許的糖精攢成乒乓球大小的豆餡團（稱為攢豆餡）；用揉好的黃米麵包入豆餡做成豆包（稱為包豆包），再用玉米葉、蘇子葉墊底，放入鐵鍋內大火蒸二十分鐘，出鍋後，用薄片竹板（稱為餑餑板）蘸清水把豆包分開，放在飯桌上冷卻後凍之，食用時，每次加熱即可。現在人們不光春節時吃黏豆包，平時飯店和農家常作黏豆包，現在包豆包是用一整個玉米葉把豆包包上，出鍋時互不黏連，有時還用糯米麵代替黃米麵，做出的黏豆包

別有風味。

玉米麵餅子　玉米麵餅子，俗稱「大餅子」，玉米麵餅子的是長嶺人舊時的主要主食。把玉米麵摻入少量的黃豆麵，用溫水和麵，放半個小時，和好後，貼入鐵鍋一圈，蓋鍋，中火，十五分鐘即熟。還可以用玉米麵蒸窩頭或作發糕。現在隨著人們生活水平

▲ 玉米麵餅子

的提高，玉米麵餅子成了人們換換胃口的佳品，在製作上也有所改進。在玉米麵中加白麵、雞蛋、白糖，發半小時，把平鍋擦油，鍋熱後把和好的麵按不同形狀貼入平鍋，形狀有圓形、橢圓形等，出鍋後，顏色黃燦，香味四溢。

二米飯　二米飯的原料是小米和大米，二米飯作為長嶺的特色主食，自古以來，備受人們喜歡。舊時，人們做二米飯的方法很原始，大鍋裡放水，水開後放入洗好的大米，煮幾分鐘後放入洗好的小米，八成熟時撈出，在菜鍋上蒸熟，或在大鍋中放水

▲ 二米飯

沏熟即可。二米飯鬆軟可口，飯味濃純。現在，多數人家使用電飯煲，做二米飯時，把洗好的大米和小米同時下鍋，定時即可。用電飯鍋做的二米飯，少了農家風味，卻保留了米中的營養成分。每逢夏季，做一盆二米飯，做個醬茄子，再配有小蔥、白菜葉、香菜，吃起來順口可口。常言說：「二米飯，醬茄子，撐死老爺子。」道出了長嶺人對二米飯由衷的青睞。

豆麵卷子　豆麵卷子，也叫「驢打滾」。傳說，慈禧在宮中喜歡吃點心，並且要求花樣常換，一次御膳房作一種小吃，是用江米做成的，一個叫小驢子的太監來端點心時，不小心把點心碰到裝豆麵的盆裡，來不及重作，就端

給了慈禧，慈禧一吃大加讚美，便問大廚這種小吃叫什麼名字，大廚覺得是小驢子的太監惹的事，隨口便說，「叫驢打滾」，從此這個名字就叫開了。長嶺作豆麵卷子，是用黃米麵蒸成窩頭，放涼；將大豆炒熟，碾成豆麵；把窩頭壓扁，用熟豆麵當補麵擀成餅，捲成卷後，切成小段，可直接使用，也有喜歡吃甜食的人，可蘸白糖使用。

▲ 豆麵卷子

▲ 韭菜盒子

韭菜盒子　長嶺的韭菜盒子，是長嶺人在長期生活實踐中的獨創，被稱為長嶺一絕。做法：將白麵用溫水和成稍軟一點兒的麵糰，待用。把韭菜洗淨切碎，把少量的雞蛋煎熟剁碎，放油、鹽、花椒麵、味精、胡椒粉等佐料，拌均勻，待用。把麵糰分成小麵劑子，擀成薄餅，把韭菜餡包進去，包成大餃子形狀，壓扁，在平鍋裡倒入葵花油，兩面翻烙，烙熟即可。剛出鍋的韭菜盒子，黃亮亮，油光光，表面浮著油珠，皮薄瑩透，餡鮮味美，香口入心。

酸湯子　酸湯子也是長嶺鄉村人喜歡吃的一種美食。長嶺建縣後，很多外地人入住長嶺，帶來了外地的風味小吃，據說酸湯子就是從遼寧的遼陽傳入的。將玉米在缸裡泡半個月，泡好後磨成漿麵粉，稍放清水和好。鐵鍋放油，大醬爆鍋，放蔥花、花椒粉等佐料，加水燒開。把一個細鐵筒（一種製酸湯子的工具）套在手上，雙手把和好的麵用

▲ 酸湯子

力從細鐵筒中擠壓出去，變成長短不一的麵條，直接落入鍋中，這一過程，雙手一直做甩的動作，老輩人講，甩湯子，有技巧，全靠手勁。灶膛加硬柴，火旺湯沸，麵條入鍋後自然飄浮，等甩完最後一條麵，酸湯子就做好了。吃酸湯子，主要配菜是鹹菜，鹹蔥葉、鹹黃瓜拌小蔥（把醬缸醃製的咸黃瓜和小蔥一同剁碎）、鹹芥菜絲炒瘦肉等都是吃酸湯子的最為對口的小菜。酸湯子最大的特點就是滑順爽口，伴著淡淡的酸味，讓人回味無窮。從小在長嶺長大的人，從外地回來祭祖，都要事先寫信或打電話讓家人泡好玉米，回來後第一頓飯就吃酸湯子，一連吃幾天，他們對酸湯子的厚愛，不亞於蘭州人熱愛蘭州拉麵。

蕎麵餄餎　餄餎，古稱「河漏」，蕎麵餄餎是長嶺最為傳統的麵食，已有百餘年的歷史。舊時，人們把吃餄餎當成一件幸福的事情，可在人前誇耀。製作方法：先和麵，清涼的井水和麵，把和好的麵揉成一塊塊麵糰，和別的麵條可不一樣，餄餎不是用刀切出來的，而

▲ 蕎麵餄餎

是用餄餎床子壓出來的。把餄餎床子（一根像粗木條凳似的木架子）架在大鐵鍋上，餄餎床子上一個漏斗狀的圓孔對著鍋，圓孔的底有漏空，將和好的蕎麵糰塞入圓孔中，圓孔上方有個蓋，形如活塞，用力將那塞子壓下，圓形的麵條便入鍋，鍋裡是沸騰的開水，麵條入鍋開始煮麵，煮麵最講究火候，什麼時候出鍋，全憑經驗而行。等麵煮好出鍋，倒入拌料（拌料的成分是：醬油、菜籽油、味精、花椒麵、蔥花、鮮湯等）拌勻，即可食用。有的直接拌入韭菜花的，也很美味。其特點：條細筋韌，清香利口，湯鮮味美，營養豐富。

飯包　飯包是長嶺一種傳統的飲食，地域特色十分鮮明，自然情懷濃重厚裕。飯包是長嶺早年就有的特色美食，源於蒙古族的飲食習慣，像蒙古族的手把肉一樣獨具風情和魅力。每年春秋時節，當綠色蔬菜豐盈的時候，家家戶戶就極具興致地用飯包點綴單調的餐桌，豐富人們的飲食，飯包便成了百姓喜愛

▲ 飯包

的天然綠色食品。飯包的製作大同小異，味道卻各有千秋，其古老的做法為：用嫩綠的大白菜葉一片或兩片，在上面塗上雞蛋醬、韭菜醬，放上小蔥、香菜、土豆泥等菜料，再放上小米飯或二米飯，也有用玉米麵大餅子和饅頭的，用大白菜葉包好，雙手捧起食用，清淡而美味，有一種貼近原始和自然的感覺。隨著人們生活水平的提升，飯包也從百姓的餐桌走進了高雅的飯店，只是飯包內的菜類更加多樣，飯包的形狀更加小巧，可用筷子夾起，也可用指尖輕輕捏起，免去了雙手捧吃的不雅，增添了更多的情致。飯包，這種具有原生態氣息的長嶺美食，在濃濃的清香和自然回歸中，讓人們輕輕品味長嶺飲食中的清麗和質樸的美味。

居住文化

　　長嶺縣居民以漢族居多，漢族的居住習俗是：解放前，長嶺縣城鄉大多數貧困居民住馬架和簡陋的土平房，只有少數富戶及地主官宦之家才有條件講究住房格局。他們選擇向陽平川之地為房基地，一座以五間為多，亦有三間或七

▲ 土平房

▲ 磚平房

▲ 磚瓦房

間為一座的。多為三合院，正房坐北向陽，配有東、西廂房。亦有四合院或只有正房。有的土木結構，有的磚瓦結構。住房或中間開門，分東、西兩屋；或一頭開門，稱「筒式房」。木製門窗，有風門和過道門。窗戶上下對開。每間房兩扇或四扇（稱兩合或四合），臥室搭火炕。解放後，居民住房質量和習慣逐漸有所變化。五十年代農村出現磚平房，七十年代出現瓦房，八十年代出現鋼筋水泥結構的平台式房屋與樓房。現在，全縣實施「泥草房改造工程」，長嶺縣農村基本上告別了土屋，多為紅磚藍瓦房。住房多數仍為三間一座，面南坐落。室內建築，改變了傳統習慣，臥室、廚房等設置有多種形式，多數仍住

▲ 土平房火炕

▲ 磚平房火炕

▲ 磚瓦房火炕

▲ 樓房內室

火炕。居住遵從長幼尊卑的傳統習俗。舊時，如一家老幼同居一座三合院（或四合院），長者住正房東屋，次者住西屋，子侄晚輩住東西廂房或門房。目前，居住條件有了更大改善，很多城鎮居民住上了樓房，仍選寬敞向陽之室為長者居住。長嶺縣境內的滿族、蒙古族居民居住風習與漢族基本相同，但滿族居民喜歡住正房，多為中間開門，分東西居室，西間為大，長輩住西間。解放前，家貧者亦是老少同室，南北大炕，長輩住南炕。蒙古族居民有開西窗的民族特點。

▲ 樓房

▎民間遊藝

　　長嶺的民間遊藝是長嶺民間文化的組成部分，長嶺的民間遊藝活動趣味無窮、樸素亮麗，有的具有少數民族特點，有的具有地方特色，也有的受到中原漢族的影響和薰陶，是在源遠流長的文化交流中形成和延續下來的，構成了長嶺文化的多姿多彩。

▲ 摔跤

　　摔跤　摔跤在中國已有數千年的歷史，長嶺的摔跤活動，是以蒙古族形式為主，又經過滿漢的改進、演變而流傳至今。

　　蒙古式的摔跤據史料記載已有千年的歷史，它同其他摔跤一樣，要求競技者手、腰、腿部動作協調配合，在與雙方的較量中展示自己的力量和技巧。蒙古式的摔跤在參賽人數上有著嚴格的要求，必須是二的某次乘方數，如八、十六、三十二等。比賽沒有時間限制，採用單淘汰制，一跤定勝負，每輪淘汰半數。蒙古式摔跤服裝具有鮮明的民族特色，上衣上嵌有閃亮的銅釘或銀釘，褲子是白色的布製作的，褲邊繡有民族特色的花紋，頭上的圍巾用青紅黃三色製成，青色象徵天，紅色象徵太陽，黃色象徵地。參賽者頸上掛有五色飄帶，標誌著勝負的多少，獲勝的次數越多，頸上的綵帶數越多。比賽開始，雙方參賽者以鷹步跳躍進場，並伴有歌聲響起，場面熱烈而充滿氣勢。長嶺的這項運動項目，在解放後到六十年代比較盛行，只是比賽的場地、服裝、規則越來越簡單化了，田間地頭、操場平地，都是青年人大顯身手的好地方，它是一個比較適合東北人特點的運動項目。

　　射箭　射箭是一項傳統的遊戲項目，尤其受蒙古族、滿族人們喜愛。蒙古族、滿族人是在馬背上長大的民族，喜歡射獵，精於騎射，箭法精湛，這項活

動在清朝時期極為盛行。隨著時代的發展，射箭作為體育活動更加展示著它的無窮魅力。多少年來，長嶺人對射箭的熱情依然很高，節假日或閒暇之時，拉弓長勁，搭箭遠射，在健身的同時，又是民族特色的一種展示，頗具魅力和色彩。

▲ 射箭

拔河 拔河是一種傳統的又具大眾化的運動項目。比賽分為兩隊，每隊人數相同，一般每隊十幾人，每隊有一名領隊，手拿紅旗，為本隊喊號子加油，能使本隊參賽者用力一致，並具有一定的聲勢。把一條長而粗的繩子，中間繫一綵帶，兩隊參賽者握緊繩子，一字排開，一般以犬牙交錯為佳。比賽場地中間劃一界限，讓繩子的綵帶部位對準界限，在距離綵帶兩邊一米遠的地方畫兩條線，也是兩隊的比賽界限。比賽開始，兩隊齊心用力拉緊繩子，盡量身體向後傾斜，領隊揮舞手中的紅旗，喊著有節奏的口號，為本隊鼓勁吶喊。雙方互相較勁，繩子的綵帶忽左忽右，當綵帶離開中間界限到達一個隊的界限時，這隊獲勝，比賽一般是三局兩勝。這種活動，長嶺五十年代後比較盛行，大型運動會和單位工會文體活動，都有此項比賽，成為活動的亮點，也體現一種團隊精神和力的較量。比賽時雙方啦啦隊不斷為本隊加油，場面熱烈，讓人情緒高漲。

▲ 拔河

抽冰猴兒 抽冰猴兒是一種舊時冰上遊戲。冰猴兒，也叫「冰尕」，或叫「陀螺」。是木製的，圓形，上平下尖，尖端處鑲嵌一個圓珠，中間偏上部位有一圓凹刻，玩時將鞭子繩繞在凹刻上，用力一甩，冰猴兒飛速旋轉，再不停地用鞭繩抽打，使冰猴兒不停地旋轉。有些講究的冰猴兒，還在上面的平面上畫上五顏六色的花紋，旋轉起來十分好

看。冰猴兒有時也在平地上玩，但沒有在冰面上旋轉的時間長。

溜冰車　溜冰車也叫玩「冰爬犁」，是一種傳統的冰上活動。冰車是用木條製作而成的，長方形的，像個小爬犁，製作時還要在下面的木條上加上鐵條，以減少和冰面的摩擦。人坐在上面，也可以蹲在上面，雙手握著冰鉗子，撐著冰面，使冰車兒向前滑動。有時也可以站在上面，選一緩坡，向下靠慣性滑行，越滑越快，很是刺激。冰車兒可以一人玩，也可以雙人玩，還可以一個人坐在上面另一人推著在冰面上奔跑，非常快樂。這種民間溜冰活動，舊時多在江面、水庫、井邊進行。

▲ 抽冰猴兒

放風箏　風箏起源於春秋時代。傳統的風箏，名字多為吉祥的寓意，如「龍鳳呈祥」「福祿雙全」「百蝶喜春」「年年有餘」「龍騰虎躍」等。長嶺舊時的風箏有八卦、七星、蜻蜓、蜈蚣等，放風箏的線都是手工紡製的，用一個木拐纏繞著，隨著風箏的升高而逐漸放開。放風箏多在春天，微風輕蕩，綠草茵茵，放風箏的人牽扯著風箏奔跑，爽心而愜意。長嶺最大的風箏是「蜈蚣」一百多節，上面裝有手電燈泡，傍晚風箏飄在天上，亮光一閃一閃的，和傍晚的星星對著情話，詩意而靈動。八九十年代以來，風箏在品種上和製作上更加多樣和先進，風箏也不光在春天時迎風而飄，夏秋季節放風

▲ 溜冰車

▲ 放風箏

箏的人也很多，多在廣場和郊外，大人孩子皆宜，既鍛鍊了身體，也愉悅了心情，是戶外自得其樂的健體活動。一九八七年二月，長嶺縣舉辦少年兒童放風箏比賽，參賽三百多人，比賽結果一、二、三等獎各五名，頒發了獎品。一九八八年在縣體育館舉辦青少年放風箏比賽，有一百七十四人參加比賽。以後每年教育系統都要舉辦放風箏比賽，每次參加人員一百五十至三百人左右，使長嶺的文體活動更加豐富多彩。

　　踢毽子　踢毽子，大約起源於漢代，至今已有二千多年的歷史了。在長嶺很早就有踢毽子的活動，是一項很受人們喜愛的室內外健身活動。可在室內或室外選一塊平坦的地方作為活動場地，基本動作有：盤、拐、碰、蹦四種。還有壓、打、跪、踩、掏，踢、打、蹦、壓，裡踢、外蹦，連踢、連打，一踢、一打等玩法。盤，用腳內側交換著踢毽子；拐，用腳外側反踢；磕，用膝蓋把毽子彈起；碰，用腳尖踢毽子。可二人比踢，以誰踢得多為勝；也可多人參

▲ 踢毽子遊戲

▲ 踢口袋

加，分成組，以團體總踢次數判定勝負。以上這些玩法，都是長嶺舊時玩法，現在踢毽子又在原有基礎上增加了很多玩法，如花樣踢，即很多動作交叉進行；亂踢，即沒有特殊規定動作怎麼踢都可以；團踢，也稱廣場毽子，即很多人圍一圈，共同踢一個毽子，不規定時間、技法，或打，或踢，或蹦，或拐……伴有現代舞的浪漫，毽子上下翻飛、左右飛舞，是廣場早晚人們非常喜歡的活動項目之一。

　　踢口袋與夾口袋　踢口袋是舊時長嶺的一種民間玩法。口袋是用兩塊或六塊花布縫製而成的，裡面裝有米粒，兩塊布的叫扁口袋，六塊布的叫方口袋。踢口袋多

是女孩兒玩，踢法和踢毽子相似。口袋除了踢外，還可以跳房子用，被稱為「夾口袋」。在地上畫一些方格，把口袋在方格里按規定動作依次夾到其他方格里，直至夾到對面的方格外，夾起口袋拋起再用手接住口袋，再把口袋拋起，拍一下膝蓋後接住口袋，一直把口袋運回原地，口袋不落地為勝，再向前跳下一方格，有類似於跳房子。夾口袋這種活動，至七十年代後逐漸淡去人們的視野。

嘎拉哈遊戲　嘎拉哈遊戲是東北常見的一種遊戲。嘎拉哈是動物的拐踝骨，以豬羊為多。舊時，長嶺家家都有十幾對、多則上百對嘎拉哈，作為一種傳統的民間遊戲，玩法很多。最常見的是彈嘎拉哈，很多人坐在大炕上，圍坐一圈，把很多人的嘎拉哈放在一塊，按人平均分配，然後

▲ 玩嘎拉哈

每個人出相同數量的嘎拉哈，由彈者撒在炕上，選一個於其紋面較多的嘎拉哈為「頭」，向另一些紋面相同的嘎拉哈彈擊，命中贏回此嘎拉哈，沒有命中，或彈錯、撿錯視為失敗，由下一個人撒、彈，贏回所有嘎拉哈為最後勝者。還有欻嘎拉哈，欻嘎拉哈時，一般用兩對嘎拉哈，也有用四對的，有欻單、欻雙、欻三、欻四、單裹、雙裹之說。欻嘎拉哈時，高高扔起碼頭（大錢串子或小布口袋），快速抓住相同紋面的嘎拉哈後再接住碼頭，手碰到其他紋面的嘎拉哈或者接不住碼頭，視為失敗，由下一個人接著欻。還有其他玩法，如擲嘎拉哈、背嘎拉哈（用手背接，以接多者為勝）、猜嘎拉哈、捏肚、擲驢等。還有用豬骨節（豬蹄上的小骨節）代替嘎拉哈欻的，豬骨節小巧玲瓏，欻時隨意自如，也有很多玩法，其中特別好玩的一種是完成一整套的按規定動作，欻到最後一個節時，伴有童謠：「種大麥，種二麥，種黃花，種芥菜；鏟大麥，鏟二麥，鏟黃花，鏟芥菜……收大麥，收二麥，收黃花，收芥菜。」邊說童謠邊欻，另一隻手配有鏟地、收割的動作，很具趣味性。近些年又有一種人工料製

▲ 彈溜溜

成的「仿骨」嘎拉哈，也深受孩子們的喜愛。

彈溜溜　彈溜溜，是一種男孩兒子玩的遊戲，可以二人玩，也可以多人玩。遊戲時先在平地上摳出一個小坑，坑的大小根據溜溜大小決定，在距離小坑八九米遠的地方畫一條線，作為遊戲的起點線，遊戲者用拇指彈出溜溜，入坑者為勝。在彈溜溜的過程中，有技巧和智慧在裡面，如果你不能直接入坑，可把距離坑邊近的溜溜彈到遠離小坑的地方，如果能擊中其他人的溜溜，可以連續彈，如果沒擊中，或沒入坑，便由下一個人彈溜溜。彈溜溜的玩法還有多，常見的還有「擺陣子」，每人出一個溜溜，撒在地面上，石頭剪子布後，決定彈溜溜的先後順序，遊戲時以擊中對方溜溜為勝，勝者贏得被擊中者的溜溜；擊不中，下一個人彈。有時溜溜還用泥球兒（用黏泥做成的溜溜大小的圓球）代替，多時泥球兒作為獲勝者的獎品。長嶺彈溜溜的遊戲盛行於二十世紀六七十年代前，現已不多見。

跳方格　跳方格也叫跳房子。在平地上畫一些方格，有畫長方形十個格子的，也有畫正方形九個格子的。十個格子的是兩行，每行五個方格，右邊一行第一個方格叫一格，接著是二格……一直到五格，五格右邊的方格叫六格，以此排回來是七格……直到十格。在十格內再畫一個小方格，稱此格為「房子」，在九格內畫一個圓圈，稱此格為井。玩時，把小盒子或碗底（碗打破後，把完整的碗底敲下來，磨光邊緣）扔到一格里，單腿踢盒子或碗底到二格、三格……踢到八格後，要在八格踢著盒子或碗底躍過九格（井）直接到十格（房子），踢出十格或壓在十格的內外線上視為失敗，由下一個人重新開始。如果踢到十格沒壓線的地方，跳格者從八格跳回一格，再讓另一隻腳落地，跳格子的腳抬起，拾起盒子或碗底，回到原地，升級到二格，以此類推，跳完八格完成一輪遊戲。跳格子可以二人玩，也可以多人分成兩組玩，你上我

下，有時一輪遊戲要玩很長時間。跳格子還可以用口袋代替盒子、碗底，用口袋時，不是單腿踢，而是用雙腳夾著口袋跳格子。用口袋的玩法，多是跳九格的，跳法與十格的有所不同。跳格子是很多女孩兒樂此不疲的遊戲，現在這種遊戲變異或被其他遊戲形式取代了。

▲ 跳方格

跳皮筋　跳皮筋是女孩子喜歡的一種遊戲，玩這種遊戲，需要三人或三人以上參加。由兩個人抻皮筋，即把皮筋套在腳脖上或身體其他部位，按寬窄拉開距離，另外的遊戲者按規定動作跳皮筋，可以一人跳，也可以分成組跳。跳皮筋時孩子們一邊跳一邊唱著童謠，如：「小皮筋，七八七，馬蓮開花二十一，二五六，二五七，二八二九三十一，三五六，三五七，

▲ 跳皮筋

三八三九四十一……九五六，九五七，九八九九一百一。」一首童謠唱完，跳皮筋者完成了規定動作，皮筋從腳脖升到膝蓋，接著唱下一首童謠繼續跳，如：「千里草原紅旗飄，龍梅玉榮志氣高，戰風雪，趕羊群，英雄姐妹立功勞。」直至皮筋升到腰部、肩部、項部（稱為細脖）、頭頂（雙手舉過頭頂）。如果跳的過程中，規定的動作沒完成，或踩筋、絆筋了，就換下一人或下一組跳皮筋。以先跳到皮筋最高處為勝者。這種遊戲，長嶺二十世紀六十年代後盛行，隨著時間的推移，皮筋花樣翻新，童謠也在更新。

編花籃　舊時，長嶺的民間流傳著編花籃的遊戲。編花籃一般是四位小朋友，把一條腿編在一起成花籃形狀，然後，跳著圈，拍著手，唱著童謠：編花籃，編花籃，花籃裡面有小孩兒，小孩兒名字叫桂蘭……有時花籃的中間站一

▲ 編花籃遊戲

▲ 靠南牆

個小朋友，花朵一樣地笑著，動人可愛。其他圍觀的小朋友也拍著手一起唱著歌謠，是一個適合孩童玩的遊戲。

　　靠南牆　靠南牆是舊時孩子們常玩的一種遊戲，盛行在二十世紀五六十年代。玩法是：很多孩子靠牆站好，由一人（一般都是遊戲的組織者）說童謠按順序數點靠牆的每個人，比如：「雞蛋黃，靠南牆，南牆倒，快溜跑」。童謠的最後一個字落到誰的身上，誰就跑出去，以此數點下去，童謠又變成其他內容，當剩下最後一個人時，說童謠的孩子便點自己和剩下的孩子，童謠變成「公雞頭，母雞頭，你看家，我放牛」。一般童謠的最後一個字都落在說童謠孩子的身上，接著說童謠的孩子也跑了，剩下那個靠牆的孩子便追趕其他孩子，追上誰，誰就接替他追其他孩子……追的差不多了，再重新開始遊戲。這種遊戲多半是在晚上藉著月色進行，有一種朦朧和神祕感，孩子們經常奔跑得大汗淋漓，既開心，又鍛鍊了身體，是一個很有趣味性的遊戲。

　　丟手絹　小朋友們圍成一圓圈坐在地上，一個孩子手拿花手絹，在圓圈的外面邊唱邊跑，隨時把手絹丟在小朋友的身後，然後繼續向前跑。如果被丟給手絹的孩子發現了，就拿著手絹追趕丟手絹的孩子，追上了，丟手絹的孩子進到圓圈內，被丟手絹的孩子代替他（她）繼續丟手絹，如果沒追上，就繼續坐到原來的位置，丟手絹的孩子繼續丟手絹；如果被丟手絹的孩子沒發現，丟手絹的孩子跑回到他（她）的位置，被丟手絹的孩子就做到圓圈裡，丟手絹的孩子繼續丟手絹。當圓圈裡坐了四五個孩子時，就罰他們給大家唱歌，然後重新

排圓圈繼續遊戲。丟手絹的過程，孩子們拍手唱著歌謠：丟手絹，丟手絹，輕輕地放在小朋友的後面，大家不要告訴他，快點快點抓住他，快點快點抓住他。

▲ 丟手絹

找朋友 找朋友是一種孩子們喜聞樂見的遊戲，盛行於長嶺五六十年代。小朋友們站成一圓圈，一個孩子在圈內邊轉圈邊唱：找啊找啊找朋友，找到一個好朋友，敬個禮，握握手，你是我的好朋友……來到一個小朋友的面前，敬禮、握手然後站在他（她）的位置上，這個小朋友進到圓圈裡，繼續找朋友。這種遊戲，體現了小朋友們禮貌、友愛、協作的團隊精神。

老鷹抓小雞 孩子們按大小個排成一隊，後面的孩子扯著前一個孩子的衣後襟，打頭的是大個孩子當雞媽媽，其他孩子當小雞，另一個大孩子當老鷹。遊戲開始，老鷹想方設法要抓小雞，雞媽媽護著小雞不讓抓，一圈一圈地躲閃著、周旋著，既有技巧，也有智慧，是一個很受小朋友喜歡的遊戲。

過火車 這種遊戲是多個孩子共玩的一種遊戲，盛行在六十年代前後。一群孩子排成長隊，後面的孩子扯著前面孩子的衣後襟，另外兩個孩子雙手交叉，支起一個高過頭頂形如屋脊的支架。排成長隊的孩子在領隊的帶領下，鑽過那屋脊形的支架，大家一齊喊著童謠：「一趟過火車呀，二趟過金魚呀，三趟馱個小毛驢。」

▲ 老鷹抓小雞遊戲

孩子們一邊說，一邊從屋脊形的支架上鑽過，一趟，二趟，第三趟時，那兩個支成屋脊的孩子把隊列中最後一個孩子「扣住」，即把最後一個孩子扣在兩人手拉手的圈裡，這個孩子便出隊列，為其他孩子助威。繼續一趟過火車……直

▲ 撞拐

到把隊列中所有的孩子都「扣住」，遊戲結束。

撞拐 撞拐也是長嶺民間一種常見的遊戲。一般是兩個人參加比賽，參賽雙方都搬起一條腿，單腿蹦著撞膝蓋，以搬著的一條腿不落地為勝。比賽時，很多人圍觀助威，喊著口號，場面熱烈。

穿糖葫蘆 穿糖葫蘆是一項古老的孩童遊戲，流傳於民間，在長嶺盛行於解放前後。把一個苞米瓢立在地上，旁邊每個遊戲者放上相同數量的箭桿（細的高粱桿的稍）作為獎品。孩子們站在離苞米瓢八九米的地方，用一個長的高粱桿射苞米瓢，射中者苞米瓢旁邊的箭桿歸其所有，其他孩子再添上同等數量的箭桿。遊戲可兩個人進行，也可多人參與，是當時孩子們樂此不疲的遊戲。隨著時間的推移，此遊戲已失傳。

擲鉛坨子 長嶺解放前後，民間盛行的一種遊戲——擲鉛坨子。把鉛酒壺融化，放在圓形的模子裡，待到冷卻後，就製成了一個圓形的鉛坨子。玩法很簡單，在地上挖一個比鉛坨子稍大一點兒的圓坑，比賽者站在距離圓坑十米左右的地方，向圓坑投擲鉛坨子，投到坑裡或投到距離圓坑最近者獲勝。此遊戲演變到後期，就變成了擲杏核了，在二十世紀五六十年代流行，便捷而方便，為孩子們所喜愛。

鑽天猴 一種舊時的遊戲活動，流傳於長嶺民國時期和解放初期。用一節二三寸長的玉米瓢，插上一根長雞毛，就是鑽天猴。玩鑽天猴時，用勁把它拋向天空，用力的時候有技巧，能讓鑽天猴旋轉而上，直奔藍天，並發出動聽的聲響。很多人一塊玩鑽天猴時，你上我下，響聲不斷，如天空多只小鳥飛翔，壯觀而亮眼。

民間藝術

長嶺縣民間藝術形式主要有耍龍燈、舞獅子、旱船、扭秧歌等，這些民間文藝帶著濃厚的鄉土氣息，以朵朵濃香，為長嶺的文藝園地增添色彩和魅力。

▲ 耍龍燈

耍龍燈　新春佳節，特別是正月十五晚上，長嶺常有「耍龍燈」的表演。「耍龍燈」又叫「舞龍」，是流行在全國各地的一種民間習俗。「龍」被視為吉祥的化身，「耍龍燈」就是祈望神龍保佑，以求風調雨順、平安康泰。

龍燈是由龍頭、龍身用竹竿竹篾做成，共九節。節間以鐵環相連，空其中，每節點兩支蠟燭，繪其外。外罩黃布畫上龍麟。龍頭、龍身、龍尾，各節都有一人擎架。逗龍者手持一繡球在前引導。曲行前進，極像一條火龍在空中飛舞。有時火龍昂首伸須，直飛天空；有時低頭俯視，似入水中；有時首尾相接，盤旋前進；有時蜿蜒起伏，活靈活現，栩栩如生。

▲ 舞獅子

舞獅子　舞獅子這一習俗歷史悠久，起源於三國時期，南北朝時流行，之後傳入東北，已有一千多年的歷史。長嶺很早就有舞獅子這一民間藝術，舊時和解放後，春節、廟會和大型的活動，都要有舞獅子這一表演。獅頭較為簡單，獅身、獅尾都用簡麻製成，簡麻涂染成金黃色，狀像獅毛。每頭獅子由二人合演，一人充當獅首，一人充當獅身，舞者的褲子和鞋都要披毛，酷似真獅子。表演時逗獅者手持一繡球在前引導，獅子隨其招數，做出各種動作。如搖頭擺尾、跑跳躥伏、滾繡球、躥桌子

等。表演熟練者，惟妙惟肖，猶如真獅。

▲ 扭秧歌

扭大秧歌　長嶺民間流行的大秧歌，是東北大秧歌。早在清末、民國和東北淪陷時期，長嶺各地每到春節，從正月初一到初五和元宵節，城鎮以商戶、農村以保甲為單位組織秧歌隊，走街串戶，有拜年歡樂、恭賀新春的寓意，長此以往，成為傳統的習俗。扭秧歌的人身著戲裝，扮成各種人物，手持道具，表演各種動作。每隊兩行，右行為上裝（旦），俗稱「包頭」的；左行為下裝（丑），俗稱「逗丑」的。每行的排頭為拉衫兒的。秧歌隊每到機關、商戶或大戶院內、門前或圍觀群眾多的地方，在嗩吶、鑼、鼓、鈸伴奏下，在拉衫的引導下，旦、丑前後穿花，路線複雜曲折，分合有序，稱之「跑圓場」。又在圓場內演唱地方傳統歌曲，故稱「唱秧歌」又稱「扭秧歌」。後來，秧歌隊為了增加表演難度，舞者雙足踩在二三尺高的木腿上，低者為寸子，高者為高蹺。傳統的秧歌中的人物，多半是戲曲中的人物，有《西遊記》中唐僧、孫悟空、豬八戒、沙僧「西天取經」的一組，還有《白蛇傳》中的白娘子、許仙、青兒「遊西湖」的一組，等等，扮相多樣。舊時，大秧歌在表演形式上以「踩街」和「走場」為主，每到十字街和廣場都要打圓場、走隊和演唱秧歌帽，唱詞是傳統老調，有時即興演唱，按情景編詞，都是一些祝福吉祥的話。解放後，長嶺繼承和發展了大秧歌這種傳統習俗，春節、其他節日和一些大型活動，都要舉辦大秧歌表演。形式除了保持原有的風格，又在原有的基礎上創新和發展，扮相更加亮眼，人物造型更加多姿多彩，具有強烈的時代氣息。近年來，大秧歌這種傳統的藝術形式，更加贏得現代人的青睞，長嶺每年舉辦的「文化藝術節」「體育運動會」等大型的活動，都能看見大秧歌靚麗的身影。有時城鄉還舉辦大秧歌比賽，有十幾個代表隊參加，幾千人觀看，場面十分火爆和壯觀。長嶺縣城的老年秧歌隊，每天晚上都

在商店、藥店的門前和大型文化廣場扭秧歌，伴奏還是嗩吶、鼓、鈸等傳統的樂器，隊形由原來的兩隊，變成四隊或八隊，隊形變化有龍擺尾、編蒜辮、串門、劃圓場等，曲調多是一些流行歌曲，如《十五的月亮》《常回家看看》《小白楊》等，形式也變得多樣化了，動作融入一些舞蹈的動作，更具時代氣息和觀賞性，像長嶺縣糧食系統的秧歌有豐收舞和採茶舞等動作表演。現在，長嶺的大秧歌，已經成為每天晚上最具魅力的活動，成為廣場上最亮麗的一道風景。

跑旱船 旱船是一種民間較為喜歡的表演藝術形式。旱船是按船的外形用木棍紮成的木架子，四周圍以彩布，狀似遊船，是一種模擬水中行船的民間舞蹈。一般是一人乘船，舞者扮成俊俏少女似坐其中，手把船沿，或跑或停，飄忽不定，如遊蕩於碧波之上。也有雙人

▲ 跑旱船

共同乘用的，表演者中有一名「艄公」，划槳行船，在前面引路，乘船者走碎步跟隨，表演出水面行船的情景。旱船在表演時多為兩隻，有時也多達三五隻，或一線排開，或分散有距，「艄公」們配合默契，隨波輕蕩，起伏波動，逼真生動，極具濃郁的地方特色和民族風情。二十世紀六十年代，又出現了與「旱船」相似的「老漢推車」。小車用木棒紮成，四周圍以彩布，布上畫有車輪，舞者扮成俊俏少婦似坐車中，一老漢銀鬚垂胸、頭戴氈笠，奮力推車。二人協調配合，隨著古老的樂器鑼鼓點翩翩而舞，氣氛熱烈而歡快。

地名由來

　　長嶺的地名文化，包括縣名、縣城街路名、縣城廣場公園名和村屯名的起源由來和習俗含義，其中蘊含著極其豐富的文化元素。長嶺的地名文化，擁有著厚重的根基，植根於長嶺這片豐饒的土地上，像一棵枝繁葉茂的大樹，在浩如煙海的歷史中，強壯著腰身，播撒著片片濃蔭，讓長嶺的腳步，始終伴隨著文化的音符，款款前行……

　　縣名　長嶺縣名的起源有三種說法，每一種說法都在訴說一種淵源，講述一個故事，記載一種歷史，傳承一種文化，讓人們在淡淡的描述和有趣的故事中，品讀長嶺百年的腳步和腳步印痕下鮮活靈動的文化色彩。

　　其一認為是承襲了渤海國長嶺府的名稱。據《新唐書》記載，渤海國長嶺府曾設在此地，因以縣名。但在《增訂吉林地理紀要》一書中卻否定了這一說法。「渤海的長嶺府應在今吉林市西南，而今日的長嶺縣則在其西北。」「長嶺縣地處海拔一四五至二七〇米之間，境內平衍無高山大嶺，所以不足為據。」

　　其二是源於縣駐地原來的土名「長嶺子屯」。在長嶺縣，至今還有個地名叫「老長嶺子」，在長嶺鎮南二公里原廣太鄉境內，一九〇五年有個叫胡長嶺的蒙古人在此地開店，稱長嶺子店，遂成屯名，後簡稱長嶺子，長嶺縣名由此而來，此說常見於舊時野老口口相傳，但史無實據，不足為信。

　　其三是取名於長春西北至通榆縣縱橫一二百里的「長長的沙嶺」，當地人稱「崗子」。長嶺縣境東部高，北部低，東南部係高台地，中部係沉積平原，西北部係半固定沙丘，縣境內地貌以東起三縣堡，西止大興一線為分水嶺，南北橫跨松花江與遼河兩大流域。

　　在《東三省政略》一書中專有「紀長嶺縣設治」一節，其文大略如下：「長春府與所隸農安縣之區域，其先皆蒙古郭爾羅斯前旗游牧地也……由長春而北斜行至奉天開通縣界，縱橫一二百里有長嶺焉，亦蒙地之荒蕪者也。承平日

久，生齒益繁，附近人民以時開墾。」「於是漸成村落，揀派委員經理其地。」因此於光緒三十四年與密山、蒙江、樺甸等府縣同時設置。

所以，關於長嶺縣名的由來，多數人更傾向於第三種說法。一九九四年出版的《中華人民共和國地名詞典／吉林省》也選擇了這種說法：因位於松遼分水嶺上，故名。

縣城街路名 長嶺縣城街路命名，根據吉林省城鎮街路、胡同命名若干規定要求，結合長嶺鎮實際情況。街路命名的原則是：尊重歷史，照顧習俗，體現規劃，方便管理，含義健康，好找好記，字音明快，語言美雅，反映出社會主義城鎮特點。

街路的區分是：南北道命名為街、東西道命名為路。

長嶺鎮共命名了十三條街，十三條路。

街路命名的根據：

長嶺建縣城時用青磚修築四個拱形城門，門上分別書行書字，東門上寫迎旭，南門上寫來薰，西門上寫挹爽，北門上寫拱宸。以這八個字命名兩條街、兩條路的名稱。分別為：迎旭街、挹爽街、來薰路、拱宸路。

長嶺鎮內傳統習慣叫法有東關、西關、南關、北關。以這四關分別命名了兩條街、兩條路的名稱。即：東關街、西關街；南關路、北關路。

取「長嶺永新」四個字為頭，用十六個字搭配成「長嶺永新、長治久安、興盛慶豐、安居樂業」四個詞組命名九條街、九條路名。老十字街南北道命名為長嶺街，東西道命名為嶺城路。

以「長」字打頭搭配興盛慶豐詞組，命名長慶街、長豐街；長興路、長盛路。

以「嶺」字打頭搭配東西南北詞組，命名嶺東街、嶺西街；嶺南路、嶺北路。

以「永」字打頭搭配長治久安詞組，命名永長街、永治街；永久路、永安路。

以「新」字打頭搭配安居樂業詞組。命名新安街、新居街；新樂路、新業路。

縣城廣場、公園名 長嶺縣城沿襲了有關龍的命名習俗，又展示了如龍的恢宏氣勢，以此由來的龍源山文化公園，推動了長嶺縣創建省級「園林城、衛生城、文明城」工作進程，使新規劃建設的廣場（公園）以及旅遊景區名稱更加符合時代特徵、地域特色、民俗習慣，展現長嶺悠久的歷史和厚重的文化。對「一湖、二園、四廣場」進行命名，極具文化內涵，是長嶺龍文化的延續和發展。

「一湖、二園」包括：

「龍鳳山水庫」命名為「龍鳳湖」。

「西山公園」命名為「龍源山文化公園」。

「東山公園」命名為「龍泉山森林公園」。

寓意：龍興之地、溪波蕩漾。物阜民豐，山高水長。

龍是中國神話中的一種善變化、能興雲雨、利萬物的神異動物，傳說能隱能顯，春分時登天，秋分時潛淵。上下數千年，龍已滲透了中國社會的文化。龍是華夏民族的代表，是中國的象徵。

長嶺與龍有深厚的淵源。長嶺建制於一九〇八年，縣城所在地平坦遼闊，東西各有一土山，長嶺有「七十二個坨子加一個駱駝脖子」的說法。因此，長嶺有「長長的丘陵」之意，這種起伏的丘陵曲線舒緩平滑，不似其他山勢陡峭凌厲，猶如龍身，故此，長嶺自古有龍脈之譽。長嶺有雙龍、龍鳳兩鄉鎮，原雙龍鄉有大龍、小龍，光明鄉有二龍，前進鄉有龍王，前七號鎮有龍鳳山，新安鎮有對龍山，原七撮鄉有二龍鎖口。

人們把縣城東西兩山所在的公園分別命名為：龍泉山森林公園和龍源山文化公

▲ 龍鳳湖北門

園。現在的西山，經改造後海拔高於東山，將其作為龍首的象徵，此地森林茂密，是休閒娛樂的最佳場所。「源」的本意為源頭、本源，非枯非竭，源遠流長。因此，龍源山文化公園的寓意為長嶺天祥地瑞，吉泰康健。龍泉山森林公園即現在的東山，是龍源山文化公園的姊妹園。「泉」本義為泉水，不以季節而增減，具有汩汩不息、綿延不絕之意，人們形象地稱之為龍尾，一首一尾，血脈渾圓，自然天成。「龍源龍泉」合二為一即「龍的源泉」。長嶺縣城是全縣政治、經濟和文化中心，以「龍的源泉」意即為全縣經濟社會又好又快發展提供原動力。

「龍鳳湖」即現在的「龍鳳山水庫」。中國古人把陸地中的封閉水域稱為湖。龍鳳山水庫早期是由天然雨水積聚而成，後經人工開掘才建成水庫，如果以「水庫」命名景區則有人工開掘之痕，不具天然特色，略顯乏味。縣城有「龍源、龍泉」，此地有「湖」，龍水相依，龍脈貫通，故將「龍鳳山水庫」易名為「龍鳳湖」。

長嶺天上有風力，地下有油氣，寶藏豐富。但是屬缺水縣份，人們祈盼風調雨順。人們命名的「湖」「源」「泉」均有水。人居離不開水，近水而聰慧。同時，用國人認為最吉祥的圖騰「龍」作為景區的標識，蘊含著長嶺人祈望享受最理想的福祉，象徵著長嶺必將在龍的精神感召下，崛起、振興、騰飛。

▲ 嶺南廣場

「四廣場」包括：

「南廣場」命名為「嶺南廣場」。

位置：位於南環路與老 203 公路交會處西南側附近（原電大東北角）。

寓意：按照方位命名。位於長嶺城

▲ 英雄廣場

南，南為陽，向著太陽。祝福長嶺人民永遠
向著光明闊步前行。

「北廣場」命名為「英雄廣場」。

位置：位於長嶺街與嶺北路交會處。

寓意：一是長嶺人民在縣委、縣政府的
正確領導下，緊緊圍繞經濟建設這個中心，
大力發展社會主義市場經濟，經過不懈的努

▲ 和諧廣場

力奮鬥，取得了令人矚目的成就，長嶺人民是英雄的人民；二是北山屹立著革
命烈士紀念碑，特別是為長嶺解放建立不朽功勳的羅勇標等許多革命烈士長眠
於此，為了紀念他們的豐功偉績，將廣場命名為「英雄」廣場，具有歷史意
義。

綜合起來，就是長嶺人民要繼續傳承發揚革命精神和英雄氣概，解放思
想，開拓創新，發展經濟，為建設一個經濟繁榮、社會和諧穩定的新長嶺而努
力奮鬥。

「中心廣場」（待建）命名為「人民廣場」。

位置：擬位於實驗小學北側，南至長興路，北至永久路，東至長慶街，西
至永長街。

寓意：順民心，合民意，體現以人為本的理念，時時刻刻為人民利益著
想。人民廣場是縣委、縣政府未來要建設的一項重要民生工程，將進一步豐富
群眾的業餘文化生活，使人民的生活更加幸福美滿，為廣大市民創造良好的休
閒、娛樂場所。

「西廣場」命名為「和諧廣場」。

位置：位於永久路西側與西二環交會處。

寓意：「和諧」是當代中國的主旋律。由於此廣場位於永久路西側與西二
環交會處，命名「和諧廣場」寓意長嶺將永久和諧，強縣富民，吉祥安康。

取天地人和之意；取六和同春之意；取和諧社會之意；取安定團結之意；

取和諧廣場名字也有核心和中心之意。

　　村屯名　　長嶺村屯地名的形成，則囊括了北方大多數地方地名的各種特點和形式，有根據地理位置起名的，有根據地號起名的，有根據地形地貌起名的，有根據植物特徵起名的，有根據商鋪商號起名的，有根據傳說故事起名的，有根據住戶多少起名的，有根據吉祥希望起名的……其中蘊涵著厚重的文化底蘊，因此，長嶺的地名也異彩紛呈、各具特色，體現了東北很多地方特點。在此列舉一些長嶺的村屯名的由來，體現其蘊涵的一種特色文化。

　　屯名稱「號」的由來：長嶺縣始建於一九○八年（清朝光緒三十四年），建縣前，地屬內蒙古科爾沁大草原八百里瀚海東南部地帶，是一眼望不到邊際的茫茫原野。建縣前期，在農安縣伏龍泉建立臨時衙署——長嶺縣設治委員會，因在漫無邊際的長嶺大草原上無標誌，墾荒建屯極其困難，有一名姓鮑的壯漢，包攬了這片大草原，人們都管這個壯漢叫「荒攬頭」，他事先帶領部分人，騎馬踏查這塊處女地，做到胸有成竹，決心將大草原丈量編號。於是這位「荒攬頭」製作了一百零九塊三尺高的木頭牌子，每塊牌子上都用毛筆書寫成醒目的號碼，捆成數捆，放在馬背上駄著。那時草原上沒有道路可行，「荒攬頭」帶領一隊人馬按方向定位勘察。用馬步丈量的方法，每塊地號長寬約六華里正方形，每丈量出一號地，就挖成三尺高的土堆，在土堆上樹起木牌位置，依次編成地號，由一號編成一百○九號（一號稱為元號）。「荒攬頭」本想繼續勘察土地編號，因種種原因未能實現。所以說長嶺縣境內叫「號」的屯就到一百○九號為止。長嶺建縣後，「荒攬頭」把其中大部分土地出賣給第一任縣長張呈泰，張呈泰又按地號再次賣給山東、河北等地移民來長嶺的墾荒者，並以縣的名義，給買主頒發了地照。這樣「號」就在地照上被官方固定下來了。大批墾荒者紛紛奔赴長嶺，在自己所買的土地上開荒、建房、打井、立屯，屯子就以地號為名。長嶺百年的歷史變遷，隨著人口的陸續增長，自然屯也不斷地增多，有些新立的自然屯仍然用「號」來命名。儘管自然屯不斷增加，而屯名始終沒超過一百○九號。又由於不是所有的地號都建了屯，所以叫「號」的

屯不是從一號到一百〇九號都有。這就是長嶺叫「號」屯的來龍去脈。

太平川：清光緒二十八年（1902 年）建屯，因有李三爺開店得名「李家店」。後來，有劉三爺、鄒三爺兩個店與李家店齊名。於是要起個正式的屯名，並用「三」字代表三個店。當時苦於匪患，為取安定，用了「太平」二字，又把「三」字豎起來寫，便成了「太平川」。所以民間流傳：「先有三個三，後有太平川。」

蓮花山：清光緒元年（1875 年）建屯。因附近沙坨似山，山邊水泡蓮花盛開，人們便以此命屯名為「蓮花山」。

大榆樹：原名「李家屯」。據傳，清同治九年（1870 年）李姓建屯時就有棵榆樹，後來長成遠近聞名的大樹，人們便改屯名為「大榆樹」。至今樹齡已逾百年，仍然枝繁葉茂，佔地約六十平方米，樹幹胸圍四點三六米，直徑約一點四米，樹高約七米。旁枝側伸約五米，樹冠呈傘狀。此樹飛鳥不落、行人不攀，周圍從未生長過其他樹木。

西歡喜嶺：清同治十三年（1874 年）建屯後，屯人以站在屯後沙坨子上，向東能看到伏龍泉鎮的興隆景象為樂趣。故此人們命屯名為「西歡喜嶺」。

太平山：清乾隆四十九年（1784 年）始建屯落，因屯人迷信東崗上霧天曾有五馬顯影的傳說，改屯名為「五馬崗子」。後來，屯中陸、馬、康、張四姓合辦的酒店出了名，人們便用其商號名稱該屯為「世合盛」。當時周圍匪患嚴重，但該屯卻比較太平，人們又稱該屯為「太平山」。

永合村：一九四八年立村，取「人合心，馬合套，長期合作，共同富裕」之意起名「永合」。一九五七年成立農業生產合作社，一九六一年改為生產大隊，一九八三年恢復村，一直沿用此名。

西窯：清同治十年（1871 年），馬泉從山東萊陽到此建屯，並在屯西開磚窯，故名西窯。

興隆山：清道光三年（1823 年）建屯，取「日子興隆」之意，並以屯西沙坨子為山而命名。

三益屯：一九三〇年，張學良及其岳母於八奶奶的三益公司在此設分公司，置地招墾收租，成屯後，人們稱之為「三益屯」。

雙陽屯：一九四二年，劉判齊、劉判燦哥倆建屯，取「只要光明，不要黑暗」之意，自比太陽命屯名「雙陽」。

龍鳳山：一九四三年李祥建屯。在修房整地基時，飛起一群野雞，喻為鳳凰；又房西有長二公里的南北向土嶺，形似龍，故名「龍鳳山」，一九七五年修龍鳳山水庫時，將屯址西移約一公里。

新安鎮（新集場）：清光緒十三年（1887年），北京「四大恆」外櫃管瑞廷，從河北保定府新安鎮來此建屯，仍用「新安鎮」為屯名。屯址在遼源州（鄭家屯）至新城府（扶餘）的官道上，交通方便，商旅行人、來往車輛不斷增加，商鋪、店家競相開業，買賣興隆，市場繁華。有個蒙古王爺途經這裡，說：「真好像集場。」此後，「新集場」便成了與「新安鎮」並存的屯名。

東八方地：清宣統三年（1911年），呂、韓、祝、鄭四家建屯。共買八方地（每方45垧），故名「八方地」。一九一五年建立了西屯，此屯則稱「東八方地」。

烏樹台：一九二五年，戴、夏、孟、馬四家立屯。因迷信附近黑水泡裡有烏龍，又視泡東沿兩棵梢似平台的榆樹為神樹，故命屯名「烏龍樹台」。後來簡化成「烏樹台」。

古井子：清光緒二十年（1894年），李姓建屯。因在門前打井時，正挖在一口用石板蓋著的古井上，彎腰即可取水（至今還用），故以古井名屯。

西八大公司：一九一四年，在墾務公司西邊建屯。後來，劉管事的將墾務公司分為八處，總辦理處設此屯，故得名。

大葡萄花：一九一二年建屯時，後坨子上野葡萄花盛開，故得名。

先鋒村：原名邵家窩堡管理區。因生產先進，於一九六一年改為大隊時，命名「先鋒大隊」，一九八三年改村仍用「先鋒」名。

三八村：一九五八年九月黎明（長嶺鎮）公社在這裡建立作業區（管理

區），第一任主任是婦女，故命名「三八」作業區。一九六一年改為大隊，一九八三年改為村，均沿用「三八」名。

炮手坨子：清光緒九年（1883年），屯子建在兩條形似龍狀沙崗之間的平川地上，名「雙龍川」。後來，屯中出了個槍法百發百中的炮手（獵手），遠近聞名，人們便稱此屯為「炮手坨子」。

腰長坨子：一九一三年，楊德福、杜廣祿兩家建屯。因楊做木頭底鞋遠近聞名，便稱此屯為「楊木頭底」。後來，屯人覺得此名不雅，便根據屯子在東、西長坨子中間，改名「腰長坨子」。

大黑李：清宣統二年（1910年）建屯，名「三勝」。後來，屯中李家的管家對窮人刻薄，好打人罵人，臭名遠颺，人們送號「大黑李」。久而久之，人的綽號變成了屯名。

西駱駝來：清宣統二年（1910年）建屯。因有駱駝隊來此過夜，得名「駱駝來」。一九一三年東屯建立後，此屯稱「西駱駝來」。

流水坨子：清光緒元年（1875）建屯，屯址在前後兩座沙丘之間，因地勢低窪，雨期有水流過，故得名「流水坨子」。

躍進街：清光緒三十四年（1908年）建屯，名「擰勁街」。一九五八年大躍進開始後，改名「躍進街」。

愛國屯：一九一二年，謝立軍在崗前建屯。崗上草都不長，人稱「窮崗子」。一九四〇年荒廢。一九四七年，徐占武等九戶人家重立屯，當年喜獲豐收，家家將好糧交給國家，受到政府表揚，從此得名「愛國屯」。

集體村：一九四八年建村，取意「換工插犋，互助合作，共同富裕」，命名「集體」。

望海屯：清光緒十九年（1893年）建屯，名「萬合」。地勢低窪，歷年澇災嚴重。一九四七年，為使人們不忘水澇災害之苦，堅定治澇決心，改稱「望海屯」。

李家溝子：清光緒十年（1884年），李子善建屯，當時在屯中間用犁蹚了

一條溝，後來被雨水沖深，故得名。

永久村：清乾隆五十九年（1794年），李連元一家從河北永平府昌黎縣逃荒到此定居謀生，起屯名「興隆堡」。後來，李家開藥鋪出了名，「李藥鋪」取代了「興隆堡」。一九四八年建村政權時，取「幸福長存」之意，命村名「永久」。

龍母廟：清道光十年（1830年），孫玉林由山東登州三城堡來此建屯，仍用原名「三城堡」。後來，屯子周圍長滿榆樹，人們又稱此屯為「榆樹屯」。清同治十年（1871年），在屯西南修一座龍母廟，從此以廟名屯。

三家子：清道光十年（1830年）姜、盧、紀三家建屯，名「三姓堡」。後有孫福世從龍母廟遷來，他爺爺輸了錢要他出錢還賭債他不給，爺爺放火燒了他家柴草，人們稱此屯為「火燒孫」；而屯人則反過來稱「火燒爺」。一九八一年普查屯名時，改為「三家子」。

三青山：據傳說這一帶山巒連綿，像一條揚頭翹尾的巨龍，頭在西稱「山頭」，尾在東稱「伏山」。每當暮色蒼茫，便顯現出一輛華麗的馬車東來西往或西來東往，似兩個山神在互請，稱為「山請山」，如此代代相傳。可久而久之，人們誰也沒親眼見到山神和馬車，便不再相信傳說，於是把「請山」改為「青山」，依據當地有三道山樑，又「三」「山」諧音，「三青山」就取代了「山請山」。

王家平房：清乾隆六十年（1795年），王明太來此開荒，所蓋皆土平房，成屯後，得名「王家平房」。

利發盛：清咸豐元年（1851年）建屯，名「順山堡」。中華民國初年，王（王南屏家）、崔、侯三家合股開雜貨鋪，號「利發盛」。後來出了名，便以商號名屯。

雙廟子：清道光元年（1821年），畢所義建屯，名「畢大屯」。後來，在屯西南修了一座兩個門的土地廟，人們便稱此屯為「雙廟子」。

駱駝脖子：清道光二十八年（1848年），劉夫太建屯，根據前高後低中間

凹的地勢，選高處置屯，取「過抬頭日子」之意，定名「駱駝脖子」。

福慶長：清乾隆六十年（1795 年）建屯，名「寸金堡」。後來，王南屏家開的商號（福慶長）出了名，「福慶長」便取代了屯名。

衛煙斗：清道光二年（1822 年）。衛姓兄弟二人建屯開荒種地，後以做煙斗為業，頗有名氣，故得名。

趙先生：中醫趙成海於一九四一年住此，因其醫術高超，人稱趙先生，成屯後便以「趙先生」稱屯。

前三縣堡：清同治元年（1862 年），由孫水立（蓬萊縣人）、劉寶玉（汶上縣人）、張明漢（文登縣人）三家立屯，名「三姓堡」。清末民初，根據屯中居民來自三個縣，改屯名為「三縣堡」。後來，為與三縣堡後屯區別，改稱為「前三縣堡」。

富裕屯：清嘉慶元年（1796 年），於躍龍、於躍鳳、於躍林哥仨從山東來此開荒，只蓋七間房，成屯後得名「光腚房子」。一九八一年地名普查時，改為「富裕屯」。

黑泉眼：清康熙元年（1662 年），王志念從山東來此開荒立屯。因屯前有個泉眼，自噴黑水，用鍋扣上還冒黑水，故得名。

糜子場：清道光二年（1822 年），王文義來此開荒，大量播種糜子，當年喜獲豐收，成屯後得名「糜子場」。

朱克山：清咸豐元年（1851 年），康、霍兩家立屯。傳說山（沙丘）上有一頭野豬領十幾個豬羔，康家認為與己不利，想讓豬去吃山，命屯名「朱克山」。

海青坨子：清道光元年（1821 年）建屯，因該坨子一帶原屬蒙古族牧主海青的牧場，而得名。

草房王：一九一二年，王殿元買三間草房居住開荒，成屯後人稱「草房王」。

腰坨子：清光緒七年（1881 年），由南方來的一戶李姓建屯，人們稱此屯

為「南城李」。李家開的鐵匠爐出了名，人們改稱此屯為「李家爐」。後來雜姓人家多了，人們便以坨子命屯。因屯後三個相連的坨子，中間細，兩頭粗，形同豬腰子，於是就叫該屯為「腰坨子」。

頭段：清光緒二十一年（1895年），張、段、於三家建屯，因出荒號為頭段而得名。

排子山：清光緒元年（1875年），蓋成章建屯，因屯後有一排沙坨子而得名。

前二里界：清宣統三年（1911年），史殿祥立屯。屯東、西兩頭各有一條邊道，兩界中間距離二華里，故名「二里界」。後來，建了後屯，此屯則稱「前二里界」。

郎家窩堡：清宣統元年（1909年），郎清搭窩棚開荒種地，成屯後，人稱「郎家窩堡」。

十家戶：清宣統二年（1910年），唐廣財、王順、王彬、戴景儒、孫鳳義、孫鳳林、呂廣富、丁夭禮、楊四、張萬昌十家，買了第十號地塊建屯，名「十家戶」。

金山筐籬：一九三八年，王相國立屯，因後有金山（沙丘），前有筐籬形水泡而命名「金山筐籬」。

王鄉正：此屯初建時無名。一九四五年初王恩弼遷來，因其當過「鄉正」，就以「王鄉正」定為名屯。

火燒窩堡：一九一二年，張仁立窩棚種地，每年春來秋歸。有一年冬天，兩個討飯人進窩棚取暖，失火燒了窩棚。後來此處漸成屯落，人稱「火燒窩堡」。

三勝村：一九三七年，趙廣祥、崔士保、王貴三家立屯，取「一家勝過一家」之意，命名「三勝村」。

金山：一九二一年，杜金山建屯，得名「金山」。

八付犁杖：一九一九年，八戶人家定居，用八付犁杖租地種，故得名。

七撮房：清宣統元年（1909 年），毛興、楊振、田老六等七家蓋七撮房子立屯，故得名。

二龍索口：清宣統三年（1911 年），王姓建屯，屯址在兩條似龍形狀沙坨子夾口處，故得名。

六合元：一九一六年建屯，名「劉合源」。後來，有張奎武、陸興等六戶人家居住，生活困難，互相幫助，並結為親戚，取「合氣生財」之意，改名為「六合元」。

西風水：一九一二年張可山建屯時，前面有個水泡子，自認為有「風水」，定為屯名。後來，東屯建立，此屯稱「西風水」。

後蛤蟆沁：一九一二年，王國紅、畢萬福、劉廣伍三家立屯，屯前沼澤一片、蛙鳴四野，故名「蛤蟆沁」。後有前屯建立，此屯稱「後蛤蟆沁」。

西豐庫：一九一二年，白玉昌立屯，日子興旺，牛羊成群，糧食滿倉，吃用不盡，人稱「豐庫」。後有東屯建立，此屯稱「西豐庫」。

勝利園：一九四一年，日本人生鋼建屯，名「生鋼農園」。解放後，改稱「勝利園」。

北正鎮：清宣統元年（1909 年）建屯。屯址在南平鎮以北新放蒙荒正字號地內，故名「北正鎮」。

前水月：一九四〇年，高富建屯。因地勢低窪，雨季有水流過，日本人取「水一越而過」之意，命名「水越」；而當地居民則稱「水月」。一九四一年建立後屯，此屯則稱「前水月」。

公爺府：此處原是蒙古王公游牧站腳地，建有宅院，人稱「公爺府」，清末遷走。後來，王、李、肖三家建屯，沿用原名。

華昌：一九一二年，陳姓建屯，因租種華昌公司地而得名。

長發村：一九一四年，戰青山立屯，名「戰家窩堡」；後賣給邢家，改稱「邢小鋪」；以後邢家又將此屯賣給夏長發，屯名改稱「長發村」。

腰井子：清光緒七年（1881 年），徐文明建屯，名「長山堡」。後來，居

民增多，在屯中打三眼井，兩頭的井水不好，只有中間這眼井水好，人們便改屯名為「腰井子」。

三團村：一九一二年建屯。因此地曾駐保護丈放蒙荒的陸軍騎兵師三團，先後稱三團（即老三團，屯址在九十三村東北水泡東沿）、新三團（屯址遷至苗家屯西北沙崗前）。一九三二年在此屯建立三團主村（全縣 45 個主村之一），從此得名「三團村」。

張家燒鍋：清光緒三十四年（1908 年）建屯，因張九德開燒鍋得名。

故事傳說

千古流韻的腳步，彩繪著月光繽紛，祥雲朵朵，有一支荷花出浴般的彩筆，描畫著那山那水那美麗的傳說和故事，漁歌點點的韻味中跳動著燈火闌珊，讓人在三五分微醉中品賞妙曼而動人的音符。

龍鳳湖傳說

當晨曦以輕盈的腳步走來，一片幽靜而大氣的湖水便睜開了明亮的眼睛。微風輕蕩，霞彩滿天，湖水被旭日染紅，錦緞般的波紋湧動著神韻，把一抹太陽的笑容，托舉給湖岸上的碧樹綠草、鳥語花香……這就是鑲嵌在長嶺大地的一顆明珠——龍鳳湖。提起龍鳳湖，聽老輩人說，它名字的由來，還有一個動人的故事。

那是在很久遠的時候，老長嶺的西面住著一戶人家，是一對老實厚道的老夫妻，他們以種田為生，茅舍柴門，清貧度日，雖說清苦些，但靠雙手吃飯，日子也過得踏實，唯一缺憾的是，老夫妻同枕相隨三十載，卻沒有一男半女。於是，老夫妻便把對兒女的期盼，幻化成一種情趣，他們閒暇之時，用長滿繭花的雙手養花弄草，他們的窗前和小院裡，盛開著五顏六色的花，每到盛夏，花香四溢，彩蝶飛舞……此時的老夫妻便笑彎了眉、笑醉了風。

老夫妻家門南面，有一片靜水，雨水豐沛時，水面闊展，向南延伸了很遠，遠遠望去，水天一色，陽光輕灑，波光粼粼，讓人心曠神怡、心胸闊展。老夫妻種了幾畝薄地，每年都靠這片靜水滋潤，老夫妻把這片造福生活、豐盈季節的湖水，當成了聖水。老夫妻用心打造著老屋去往聖水的通道，他們選一些上好的花種，從家門向聖水種植花草。老夫妻揚著笑容，翻土耕作，播撒花種，澆水施肥……整整用了三個年頭，老夫妻的家和湖水之間成了鮮花的長廊。老夫妻和村鄰們每天去湖裡取水，花朵燦爛著他們的臉龐，老夫妻種植的花草讓人們享受著芬芳和快慰。老夫妻種花、愛花、播撒愛心的舉動，感動了

百花仙子，她就讓身邊的仙草做了老夫妻的孩子，於是，老妻經過十月懷胎，在百花齊放的夏天，生了一個美如花仙的女孩兒，起名叫花兒。

花兒天生麗質，不到五歲就能描龍畫鳳，她繡的花帶著露珠、搖著芬芳，她畫的龍騰雲駕霧、活靈活現，左鄰右舍、十里八村的嬸嬸姐姐都求花兒描鞋畫枕、繡衣彩褲，花兒被鄉里鄉親的稱為美人巧手。奇怪的是，花兒每次繡製完圖案都要用眼睛專注地看一會，便有一兩滴淚水滴在圖案上，那圖案頓時有了神韻——繡花花怒放，繡鳥鳥展翅，鄉親們親切地喊花兒淚姑娘。

花兒常沿著鮮花鋪就的小徑去湖邊，靜靜地看著湖水，看著看著便有淚滴下，這時的湖水便微微泛起波瀾，有一條青魚游過來，魚尾一展，花兒的小竹籃裡便盛滿活魚，花兒向青魚說著話，青魚就快活地搖著魚尾，蕩出美麗的波紋。青魚有時還會變成一位翩翩少年，陪花兒在湖邊靜坐，清風、花香，他們手拉著手，肩並著肩，直坐到夕陽西下，少年又變成青魚遊走，花兒提著籃子回家。常常如此，花兒從來沒有把這個祕密向爹娘吐露過，但村裡的人都知道，只要花兒常到湖邊坐坐，就會風調雨順。

有一年遇上大旱，一個春天都沒下一場透雨，人們捧著種子，扶著彎犁，就是沒有機會播下種子。長廊的花草乾枯了，爹娘滿嘴的大泡，鄉親們幾次求雨無望，村落裡沒有了笑聲。花兒看在眼裡，急在心上，她便去了湖邊。花兒望著日漸變少的湖水，眼淚就撲簌簌掉下來，可好一會也不見青魚游來，花兒在湖邊哭了好久、坐了好久，一直到太陽西落。花兒一連幾天去湖邊，都不見青魚的影子，就在花兒絕望時，一位白鬍子老者向她走來，拍著她的肩，講起她和青魚的故事。

原來花兒是湖岸東坡的一棵靈草，在湖邊靈動著鮮活與典雅，青魚是東海龍宮中的小青龍，常常被靈草的歌聲和舞姿所感動，於是，小青龍常常出宮來到湖裡看望靈草，靈草和青龍深情地相望，秋波柔情，成了知己。一年夏天，趕上缺雨，湖邊的花草失去了綠色，靈草也葉片黯淡，沒有了歌聲。小青龍看見即將枯死的靈草，心急如焚，就每天都向靈草滴一滴眼淚，這樣堅持數日，

靈草得救了，最後成了仙草。為了報答青龍的救命之恩，為了感謝善良的老夫妻用陽光般的指尖種草養花，仙草離開百花仙子成了老夫妻的孩子，來償還小青龍的淚水、回報一方泥土……白鬍子老者告訴花兒，這次青龍被魚鱉蝦蟹告了刁狀，可能凶多吉少，老者讓花兒七天內在十尺紅布上繡一條長龍，繡好後，鋪在湖面上可救青龍。

花兒回到家開始繡龍，她一邊繡一邊流淚，眼淚所滴處，龍鱗片片閃光。花兒不分晝夜地繡著，整整七天，一條活靈活現的長龍繡好了，花兒奔跑到湖邊，見湖水幾乎乾涸了，在裂痕裸露的湖底，一條青魚正奄奄一息。花兒奔跑過去，把那條十尺長龍蓋在青魚身上，然後花兒淚如泉湧，一滴、一片、一大片，花兒用一個時辰，淚水灑遍了十尺紅布，當花兒最後一滴眼淚滴在龍珠上時，一條金色的長龍騰空而起，祥雲、微風、細雨，金龍繞著湖面騰舞，湖水就翻花地上漲，不一會兒，一湖靈動的碧水映著浩浩天宇。這時候，天空出現雙楨的彩虹，彩虹的影像映在湖水裡，湖上隱約出現了一座彩橋，花兒裙袖翩翩，抱著十尺長龍走在彩橋上，當她走到彩橋中間，金龍正好飛來，在他們相擁的時候，花兒變成了一隻金鳳凰，伴著金龍一起飛向天空。龍鳳聯袂，繞湖低飛，湖面不斷地括展，湖水便靈靈動動，碧浪清波裡游著大魚小魚。龍鳳又飛向老夫妻的茅舍，花的長廊，枯死的花又盈滿芳香。龍鳳在老夫妻的房舍前低飛，頻頻點頭，像是一種感恩，也像一種道別，頓時老夫妻的茅舍被翻新了，朱門亮窗，青堂瓦舍，老夫妻盈笑地站在小院裡，他們的房前屋後開滿鮮花……

龍鳳攜手飛向聖湖，金龍躍入湖裡，成了這片靜水永久的守護者；金鳳落在聖湖的東面，頓時，一個美麗而柔情的坡崗，伸出柔情的雙臂，擁抱一湖碧水。從此，青龍和花兒這對戀人每天握手相望，這裡成了龍騰鳳舞的吉祥之地。人們為了記住忠於愛情、造福百姓的青龍和花兒，把這片聖水叫作龍鳳湖。

如今的龍鳳湖，已成為國家級 AAA 旅遊景區和國家水利風景區，這裡天

藍水美、小船悠悠、漁歌互答；這裡有碧草繁花、鳥鳴蝶舞、曲徑通幽；這裡有蒙古包點綴、菜美酒香、篝火新歌；這裡更有龍祥之氣、鳳舞之韻、吉運之風……現在，龍鳳湖正微笑著張開火熱的臂膀，歡迎您的到來。

龍源山傳說

相傳很久以前，有一個從黃河水災中逃生的孤兒，名叫龍源，他赤腳北上，走了七七四十九天，來到八百里瀚海中的長嶺。當時這裡還是一片蠻荒之地，龍源踏尋了七溝八坡，選了一個向陽的山岡，壘起簡單的房舍，靠一身力氣，開荒耕地，種菜種糧，過起了恬淡自在的田園生活。

龍源家門南面有一眼淡水潭，潭水清澈甘甜，一年四季潭面淡霧繚繞，遠遠看去，霧靄清波，美如仙境。龍源每天去清潭擔水，潭邊總有一些鳥兒，繞潭而翔，藍天白雲，百翅翩翩，祥和美麗。龍源一邊打著潭水，一邊向著鳥兒歌唱，百鳥便低飛唱和，歌聲、鳥曲伴著微風遠去，歌聲的飄落處，天邊掛上了一片霞彩。

一年春天，龍源去潭邊擔水，一群大雁從南方飛來，繞潭低飛三圈，又向龍源飛來，把十粒杏樹種子撒落在龍源的水桶邊，高聲鳴叫後向遠處飛去。龍源拾起樹種，望著遠飛的大雁，用一串歌聲對大雁千里迢迢的辛勞表示敬意。

龍源把十粒杏樹種子種在潭邊的坡崗上，每天擔潭水澆灌，半月時光，幼苗破土，日漸茁壯。龍源侍弄著十棵小杏樹，鬆土施肥，拔草整枝，精心呵護……三年的工夫，杏樹便枝繁葉茂，健壯灑脫，在潭邊美麗成一片杏林。

每到春天，柔風拂面，杏花便俏滿枝頭，芬芳四溢。龍源在杏林間散步，聞著花香，聽著鳥鳴，便心曠神怡，歌聲飛揚，那歌聲繞過他的茅舍，飄到潭邊，潭水便嘩嘩作響，闊展的波紋，映著太陽的光彩，像一條錦帶，伴著輕紗般的霧，飄到雲彩之上，醉著龍源的心，美著龍源的笑。

一天，龍源迎著旭日去清潭擔水，一片霞彩，灑滿潭面，輕紗薄霧，把一種朦朧美，寫意成一幅畫。龍源立在潭邊，被眼前的美景打動著，他情不自禁地歌唱起來。紅日霞光，微風輕蕩，細紋紅波，他身後的十棵怒放的杏樹，舉

著一個春天的色彩和芳香，為他搭起絢麗的舞台，讓他在放歌中沉醉。龍源的歌聲越上潭面，飄到了霞彩深處，真有人在畫中歌、花在水中香之感。

　　就在這時，鋪滿霞彩和歌聲的潭面上，一位飄飄欲仙的少女踩著霞韻和花香款款而來，她的臉上和裙帶上都灑滿霞輝，她笑盈盈地向龍源走來，輕聲地喊著龍源哥。龍源像在夢裡，他直愣愣地站在那，好半天不知如何是好。少女走向龍源，甜甜地笑著：「我叫龍花，是你的歌聲和花香把我引來的。」她一邊說著，一邊奔跑著去了杏林。龍源遠遠地看著龍花，有一種似曾相識的感覺。龍花在杏花間跑著、笑著，一地落英，一地笑聲，龍花成了春天裡快活的小鳥。臨近太陽當頭時，龍花捧著一大束杏花，踩著潭水走了。

　　第二天，龍花又是踩著朝霞而來，採一束杏花，又乘著午陽而去。龍源讓龍花的笑沸騰了血液，又像被夢幻搖著心扉，他常聽老輩人說，房牆上掛的畫上可走下美女，可眼前這乘水而來活脫脫清麗的少女，莫非是仙女？龍源又想起龍花的笑聲，脆脆的，甜甜的，像百靈在歌唱。他又想起龍花的身影，柔柔的，爽爽的，讓他想起春柳和杏花，他多麼希望龍花也像畫上的美女，走下畫框，為他生火做飯……想著想著，竟笑出了聲，這笑聲飄到了屋外，掛在西斜的三星上。

　　第三天，龍花又乘水而來，手提包袱，逕直走進龍源家的小院，龍源笑著迎出去，拉著龍花的手走進茅屋，從此，兩人過起了恩愛的夫妻生活。他們每天一起去潭邊擔水，一起去杏林賞花，一起耕地撒種，一起洗菜煮飯……杏花落了，甜杏壓彎枝頭，他們整整過了七七四十九天，茅屋、杏林、潭邊，到處是他們幸福的笑聲。

　　就在這天的晚上，龍花和龍源去潭邊散步，他們挽手而行，潭水靜靜的，把一彎曉月捧起，他們在潭邊相依而坐，靜靜地聽著彼此的心跳，好一會，龍花望著星空：「今晚的月色好美啊，真想永遠地坐下去。」

　　「只要你喜歡，我們每天都來這裡賞月。」龍源笑著說。

　　「只怕是過了今晚，月亮就沒有韻味了。」

「不會的，只要你在，月亮就會充滿神韻。」

龍花望著龍源：「我們夫妻數日，你只管擔水劈柴、流汗出力，為什麼不問我家在何處？」

龍源笑著：「我知道你是奔著我的歌聲和花香而來，天涯送真情，何問其他？」

龍花說：「天下沒有不散的宴席……」接著龍花向龍源講起自己的家事。

原來龍花是東海龍王的女兒，一次出龍宮玩耍被龍源的爺爺打魚網到了，龍花變成一條透明的小魚，向著龍源的爺爺流著眼淚，龍源的爺爺可憐這條會流淚的小魚，就把她放了……這次東海龍王是讓她來報恩的，與龍源做七七四十九天夫妻，明天她就要回龍宮了。龍花慢慢地說著，像在講故事，龍源聽後卻如五雷轟頂，他緊緊地抱住龍花苦苦哀求，淚水橫流，打濕了龍花的衣裙。

龍花為龍源擦著淚水：「我也想留下和你生活一輩子，可龍宮的規矩不能違抗啊。」

龍源還是抱著龍花大哭：「你不能離開我，就是死我們也要死在一起。」龍源的哭聲震得茅舍也抖上三抖。龍花安慰著龍源說自己要違背一次父王的意願，留下不走了，龍源破涕為笑，他們對坐了好久才回家，又是捧燈而坐，整整一夜。

當新一天的太陽把一束光灑向深潭，潭水一片翻花，有一股涼風直奔茅舍，龍花知道自己要回龍宮了，就把一顆龍珠送給龍源：「這個你收好，如果有一天你要找我，就把這顆龍珠吞下，跳進潭裡，那潭水通著東海，我們再想辦法說服父王，讓我們生活在一起……」龍花的話還沒說完，她就裙帶飄飄地隨那束東風乘雲而去了。龍源追到潭邊，潭水一片寧靜，他想吞下龍珠隨龍花而去，這時，十棵杏樹齊刷刷地發出清脆的響聲，龍源戀戀不捨地奔到杏林，撫摸著自己用心血養大的杏樹，仰天長嘯，這十棵杏樹是他心中的十顆珍珠啊！他又想起喜歡杏花的龍花，他要為龍花帶去一片杏林。

龍源奔回家，開始紡繩子，他一邊紡著繩子一邊想著龍花，情到深處，又

是一片淚雨朦朧，他把激情紡進去，把淚水紡進去，把思念紡進去，把歌聲紡進去，他整整紡了七七四十九天，紡出了十根又長又粗的繩子。

一個陽光燦爛的早晨，龍源用十根繩子綁好十棵杏樹，再把它們連在一起繫在腰間，他向為自己遮風擋雨的茅舍三叩頭，又向自己腳下的土地三叩頭，然後把龍珠吞下。龍源感到渾身燥熱，他奔向深潭，猛喝著潭水，當深潭的水漸漸變少時，龍源變成了一條金色的長龍騰空而起，他努力地奔向天空，可那十棵繫在他腰間的杏樹，卻牢牢地根深於大地，並且大地上的泥土隨著繩子的向上而升高著，覆蓋了深潭，當泥土升到一房高時，龍源的目光像兩道巨光直掃八百里瀚海，他看到，瀚海蕩蕩，沒有多少水系，鹼地沙崗，綠意渺渺，滿目淒涼。他又回頭看那十棵杏樹，像十雙巨手緊緊地扯著他的衣襟，挽留著他一顆忠實於土地的心。龍源向著天空大吼著，震落了身上的片片龍鱗，那龍鱗隨風飄著，散落在八百里瀚海上，成了千座水庫和泉眼。龍源繼續大吼，他的心炸碎了，落在了他腳下的土地上，十棵杏樹爬上了他的脊背，龍源成了八百里瀚海上一條靜臥的土龍，他的龍頭巍巍挺起，向著東海的方向。從此，八百里瀚海成了龍祥之地，人們在這裡生息繁衍，草綠花香，炊煙淺唱，四季豐盈。

幸運的是，龍源化成的這條臥龍的龍頭，就在長嶺的城南，那個高傲挺立、笑傲蒼天的坡崗，用一片忠誠，心仰天河，地接龍脈，早盈紫氣，暮灑祥光。人們為了記住造福八百里瀚海的龍源，把這個坡崗命名為龍源山，並在它的腳下修建了一個美麗的公園——龍源山公園。公園裡也有十棵杏樹，遊人紛紛慕名而來，在杏花間走走，沾些龍祥之氣。

龍泉山傳說

龍泉山位於長嶺城東，龍脈舒展，鐘靈秀美，掌心捧著龍靈塔，紫氣縷縷，映著天藍雲美。說也怪，名為龍泉山，卻無泉影，倒是綠樹蔥蘢，花香四溢，長歌短笛，瑞氣升騰。聽老輩人說，這裡流傳著一個美麗的傳說。

那是在很久以前，龍源變成臥龍後，臥龍的龍頭總是微微翹起，日夜矚望

著東海，並努力地讓脊背上的杏花火爆地開放，用天下最濃最美的花香，傳遞著對遠方龍花的思念。龍花回東海後，也日夜思念著龍源，特別是生了龍兒送出東海後，她每天都是茶飯不思、以淚洗面。

一年春天，三月三龍女們出龍宮游春，龍花被龍王准假和兩位姐姐出宮遊玩，她們去東海邊一個小鎮游春賞景，兩個姐姐玩得非常開心，龍花卻靜坐在泉邊，看著湧動的泉水，想著龍源和龍兒。這時，遠處有悠揚的笛聲傳來，美妙悅耳，音律低婉縈迴，龍花靜靜地聽著，忽然靈機一動，她把頭上的一根銀簪丟進泉水，眨眼間一根青青的翠竹就亭亭而立。有一條小魚游來，龍花用手一指，小魚就變成了一個男孩兒，站在龍花面前。龍花拔出翠竹，吹了一口氣，翠竹就變成了一支七孔長笛，龍花把長笛捧在手中，眼淚就撲簌簌落在長笛上，長笛上便出現了泉水的波紋，龍花把長笛貼在心口，長笛上便有了一條透明的小魚，嘴銜一朵粉色的杏花。龍花把長笛交給了男孩兒，拍了一下他的頭，男孩兒便向飄來笛聲的方向跑去。

男孩兒直奔湖邊，在一彎橋上，一個風流瀟脫的書生，手捧竹笛，妙曲蕩春。男孩兒來到書生面前，正好書生吹完一曲，男孩兒把長笛遞給書生，書生接過長笛輕輕一吹，一種天籟之音蕩著一江春水，遊人止住了腳步，花兒競相開放，成百上千隻蝴蝶飛來了，繞著書生和男孩兒而舞，舞著舞著，書生手中的長笛捧在了男孩兒的手上，男孩兒吹出了更加美妙的樂曲。龍花站在泉邊，用手一指，一匹駿馬奔來，男孩兒跨上駿馬，笛聲悠揚，駿馬飛奔，他們跨過高山，越過大河，直奔八百里瀚海，在太陽還沒落山的時候，男孩兒躍馬吹笛，來到了龍源幻化成臥龍的山坡。

男孩兒選了一個靠東的山頭，每天在太陽東昇時吹響長笛，龍脊上的杏花就紛紛向男孩兒飛來，笛聲縈迴，婉婉轉轉，淒淒美美，長笛就不斷地滴著泉水，一滴，兩滴……那是微風中龍花的淚水。男孩兒整整吹了七七四十九天，吹熟了龍脊上滿崗的甜杏。男孩兒捧起一枚甜杏，長笛的一滴泉水滴到甜杏上，甜杏瞬間變成一隻蝴蝶向東海飛去。

男孩兒站在山頭上，開始在星星綴滿夜空時吹響長笛，每吹完一曲，長笛就有一捧泉水落地，當男孩兒吹完七七四十九曲時，地上的七七四十九捧泉水就成了一眼甘泉，那是一眼高坡之泉。泉水映著星光，靈靈動動，泉水托著霧氣，盈盈繞繞。這時龍花美麗的影像出現了，龍花含笑站在泉水之上，長袖翩翩，向著臥龍坡翹望。當雄雞的叫聲響起，龍花的影像不見了，泉水就會滲到地下。

男孩兒兒每天晚上都吹響長笛。慢慢地，男孩兒腳下的山坡有了龍祥之氣，樹綠了，花香了，鳥兒歡歌，風兒起舞；慢慢地，山岡以外的土地有了生機，十幾里處有了炊煙，百里之外有了河流；慢慢地，山岡以下的腹地有了寶藏，儲藏了大量的原油和天然氣……男孩兒吹著長笛，長笛連著東海和瀚海，笛韻湧泉，那是龍花源遠流長、永不枯竭的情和愛。

後來，龍花每晚出龍宮的事被龍王知道了，龍王大怒，把龍花打入冷宮，又派青龍來到臥龍坡，把那個吹笛的男孩兒一砍兩段，拋向遠處，再把那支七孔長笛用利劍斬碎。長笛碎片漫天飄散，所落之處，長出了連片的樹木，男孩兒的頭落到查干湖，湖裡生出許多胖頭魚，男孩兒的腳落到龍鳳湖，湖裡生出許多白鰱魚，男孩兒的衣服飄上天空，變成了朝暉和晚霞……

人們記住了那個用淚水化泉潤澤八百里瀚海、福佑後人的龍花，也記住了那個笛聲悠揚的山岡，後人尊敬地把那個山岡叫作龍泉山。現在龍泉山公園正以花的笑容、泉的情懷歡迎八方來客。來這裡走走吧，聽一聽靈泉心曲湧動的笛音。

龍盛園傳說

相傳在八百里瀚海變成一條臥龍的龍源，曾和東海龍王的女兒龍花，做了七七四十九天夫妻，龍花回水晶宮後，已有身孕，後來生下一個男嬰卻是凡身，送出東海，被一個漁翁收養，漁翁看見這個男嬰時，他正躺在柔軟的沙灘上，身上有著暗紅色的龍形胎記，就給這個孩子取名為龍兒。

龍兒跟著漁翁以船為家，在東海上生活了七年，龍兒從未開口說話。一

天，一隻蒼鷹落在他們的小船上，把一包植物的種子放在龍兒的手裡，然後拍打著翅膀，在蒼鷹要飛起時，龍兒坐到了蒼鷹的背上，在蒼鷹凌空時，龍兒向漁翁大聲地喊了一聲爹，頓時，微風輕蕩，祥雲朵朵，漁翁的小船變成了一條紅色的大船。蒼鷹駄著龍兒繞大船盤旋三圈，海裡的大魚小魚紛紛跳進漁翁的紅船，不一會，就是滿倉鮮魚。蒼鷹駄著龍兒遠去，漁翁立在船頭，老淚縱橫，淚水滴在紅船上，鯉魚尾巴一搖，淚水就變成白花花的銀子，裝滿一籮筐。漁翁笑了，他知道，這是龍兒在報恩。

蒼鷹駄著龍兒，千里迢迢，飛到八百里瀚海，凌空俯視，松江遼河奔流蜿蜒，樹林莊稼綠意成片，清泉水庫珍珠漫灑。再往前飛，見一條臥龍東西橫跨，氣勢超然，臥龍的脊背上，綠草鋪地，野花搖曳，綠樹蔥蘢，紫氣縈繞。龍兒知道，這龍形之地，就是父親的化身。

蒼鷹把龍兒駄到了臥龍的龍頭處——龍源山，就飛走開了。龍兒在龍源山下長跪不起，當他把自己稚嫩的頭和父親大山一樣的頭貼在一起時，父子的血脈貫通了，瞬間龍兒長成了英俊灑脫的男子漢。

龍兒沿著龍頭的指向，向西走了十八里，在臥龍的臂彎裡住下，他用青枝做梁，用花草壘牆，用清風推門，用柳葉飾窗……他的家在龍脊上就是一把迎風的長笛，吹奏著東海和瀚海的綿綿淺唱。

龍兒在陽光下打開蒼鷹送給的種子，不由喜展眉梢，那包上好的種子，有玉米、高粱、大豆、稻穀等莊稼種子，還有茄子、香瓜、韭菜、白菜等蔬菜種子，雖然每樣只有幾粒，卻五顏六色、飽滿可人。龍兒捧著神鷹送來的種子，熱血舞蕩著春風，土地溫柔著情懷，耕牛搖著長尾，犂鏵虔誠在陽光下……龍兒伏在臥龍背上，向著東海吐露心聲，要把這塊龍祥之地，變成米糧倉，變成聚寶盆。

龍兒赤腳踏在沃土上，用心播下良種，再去二十里遠的龍鳳湖擔水，早晚兩次，龍兒用火熱的肩頭，擔著朝露夕暉，澆灌他的莊稼，澆灌他的菜禾……漸漸地，秧苗綠了，菜花黃了，玉米聯手而唱，高粱紅臉而歌。當春夏的腳步

漸遠，龍兒迎來了一個金秋的獎賞。龍兒微笑地收穫著，他的幾粒種子，變成了幾捧或幾籮筐。龍兒亮著嗓子而歌，歌聲繞過抒情的炊煙，飛向了遠方。

他的歌聲也為他收穫了甜蜜的愛情，一個名叫盛兒的姑娘，捧著微笑，從十里遠的蓮花坡走來，走進龍兒別具一格的小院。從此，兩人並肩攜手，共同打扮他們美麗的植物園。

他們用虹一樣的手指，春種秋收，幾多汗水，幾番冬夏，當他們可愛的女兒出生時，龍兒和盛兒培育的優良種子已夠十里八村的農戶所用。收穫時節，人們都要來龍兒、盛兒的家道謝，龍兒、盛兒就會備下酒菜，款待八方來客。陳年老酒，特色菜餚，家長裡短，歡聲笑語，有激情者就唱他一嗓子，有識文斷字的就吟詩作賦……龍兒、盛兒的家，成了農人切磋農事的場所，成了文人雅士釋放激情的殿堂。龍兒、盛兒有一個不成文的約定，凡是來家裡的客人，哪怕是路過歇腳的，都要送給一包種子，這樣，龍兒、盛兒的種子就傳遍了八百里瀚海，有些傳到南方，有些漂洋過海。人們被龍兒、盛兒博大的心胸感動著，就把他們的名字合二為一，親切地喊他們——龍盛兒。

如今，長嶺城西十八里處的良種實驗基地，就是很久很久以前龍盛兒培育良種的地方。這裡有連片的實驗田構成的立體詩行，這裡有迎風舒展的曲徑，這裡有爬滿葡萄藤的長廊，這裡有風味獨特的酒家……當八百里瀚海的後生用熱血飛昇理想、用色彩描摹歲月的時候，人們不會忘記捧著寬博之心、用金指尖為土地描紅畫綠的龍盛兒，人們把這裡命名為——龍盛園。

龍靈塔的故事

龍靈塔端坐在長嶺的東方，廟台方正，盈滿龍祥之氣、仙靈之光。可最初的龍靈塔是一片低矮的坡崗，方圓不大，卻傳說著一個美麗的故事。

那是在很久的時候，老長嶺這個地方，人煙稀少，風沙四起，人們面朝黃土背朝天，每年收些糧食，只能艱難度日，如果趕上災年，百姓就會食不飽腹，有的甚至沿街乞討。

有一年春天，趕上大旱，直到五月過半，也沒見一滴雨水，人們敲鑼打

鼓，祈求天降甘露，有虔誠者，竟長跪三天，祈雨救生，終於迎來了一場喜雨，人們播下了種子。可莊稼長到齊腰深時，又遇旱天和蟲災，蝗蟲遍地，莊稼的葉片幾乎都被蟲子吃光了。人們用盡各種辦法，蝗蟲還是有增無減。人們在地頭燃起火堆，祈求神靈滅災。可柴火燃盡，蝗蟲依然猖狂。人們在田野上站成長隊，把雙手伸向蒼天，用廉價的淚水，祈望一點星光的降臨。

這天，正趕上觀音菩薩帶著身邊的童女去天宮赴蟠桃會。這個童女名叫龍女，她本是東海龍王的小女兒，一次藉著月色去漁鎮觀燈，坐在一個茶樓裡，頭上被潑灑了茶水，變成了一條大魚，正當她要被砍殺時，觀音菩薩派身邊的童男善財救了她，龍女回龍宮後，因冒犯了龍宮的規矩而被龍王逐出水晶宮，後來被觀音菩薩收作身邊童女。

觀音菩薩和龍女乘祥雲而行，龍女為觀音菩薩捧著滴水瓶，瓶上的綠枝蔥蔥翠豔，襯托著龍女迎風的衣裙。這時，龍女隱約聽見人間有哭聲，便把目光透過祥雲，她看見火烤的大地，蝗蟲肆虐，哭聲一片，就動了惻隱之心，她重重地打了一個噴嚏，滴水瓶一斜，幾滴聖水灑落人間。觀音菩薩笑笑：「你這個鬼精靈，衝你這份博愛之心，就讓世人記住你吧。」然後雙手合一，把目光投向人間。

頓時，一個塔形的閃電直射大地，接著晴天響起一聲炸雷，細密的雨點紛紛墜下。人們眼望天空，見一朵祥雲間，觀音菩薩和一個童女的影像清晰可見，接著天空有一條騰舞的小龍，瞬間又幻化成美麗的童女，祥雲停留片刻，便飄飄而去。人們歡呼著：「觀音菩薩顯靈了，龍女播灑祥雨了……」人們向祥雲飄去的方向叩頭。

傾盆大雨整整下了三個時辰，蝗蟲被暴雨拍死了，焦渴的土地喜沐甘霖，莊稼有了生機，拔節地瘋長……那一年，人們迎來了一個豐收年，家家糧食滿倉，六畜興旺。

從此，人們把炸雷震響的坡崗尊為「佛堂聖地」，每年都有很多人前來燒香拜佛，很多年一直延續，香火不斷。後來，人們在這裡修建了大型寺廟，起

名龍靈塔。

人們來龍靈塔上香敬佛，拜敬龍女，祈望安泰吉祥、物景年豐。每年都會有一朵祥雲從龍靈塔的上空飄過，人們便虔誠地仰望，知道是觀音菩薩又帶著龍女去赴蟠桃會了。

八寶湖的傳說

長嶺縣前進鄉南城子附近有個大窪甸子，雨多便形成水泊。人們叫它八寶湖。傳說很早以前，這裡的確有個湖，湖中有八個噴泉，按乾、坎、艮、震……等八卦方位，排列得很勻稱。噴泉的水噴起七八尺，變成千百顆水珠，陽光一照，晶瑩可愛，好像八棵水晶樹，十分美麗。冬天，泉口不凍，長滿了碧綠的冬青，更給八寶湖增加了光彩。一年夏天，飛來八隻天鵝，在湖中住下來，白天，在湖面遊戲，在天空飛翔，晚上，它們變成八個姑娘，身著潔白的衣裙，在湖面翩翩起舞。這時噴泉噴出的水珠，就變成了萬盞明燈，湖光水影，美麗極了。湖邊有個小村，名叫八寶屯，因屯中住著八戶人家，每家都有一把祖傳的寶劍，小屯也因此而得名。有一年一個月中八戶生了八個白胖小子，按出生早晚，給孩子起名叫大寶、二寶、三寶……最小的叫八寶。八個孩子童年在一起玩耍，非常和睦，長大了又在一起種地、放牲口、砍柴火、捕魚、互相幫助，像親兄弟一樣。一天，八寶兄弟們來八寶湖洗澡，他們脫衣下水，盡情地洗浴。這時飛來八隻天鵝，落在他們身邊，一邊伸長脖子「哦」「哦」地歡叫，一邊用翅膀拍打湖水，水珠濺到八寶兄弟們身上，八寶兄弟也捧水向天鵝身上淋，天鵝抖動著翅膀，歡快地叫著，他們玩耍一會兒，八寶兄弟上岸回家了。此後，每逢天熱八寶兄弟來洗澡，天鵝便飛來與他們歡聚。

一天，晚飯後，天氣非常悶熱，八寶兄弟一商量便來到八寶湖洗澡。剛走近湖邊，只見湖上一片燈光，燈光裡面有八個姑娘正在湖面上翩翩起舞，舞姿優美動人。他們見有姑娘在湖上玩耍，便回身要走，忽聽姑娘們說：「別走呀！快下來玩吧！這不比白天更美嗎？」哥八個一聽都羞紅了臉，覺得不好意思下水。這時姑娘們又說：「咱們都在一起洗過多少次澡了，還害羞啥！快下

來吧！」八寶兄弟這才恍然大悟，原來她們是天鵝變的。八寶兄弟有心下水，又不好意思脫衣服，不脫衣服又怕弄濕了，正在躊躇，八個姑娘扔過來八雙鞋，並說：「你們穿上便可以在水面上走，衣服也不濕。」八寶兄弟便穿上鞋，走進湖裡，果然踩在湖面不下沉，便和天鵝姑娘跳舞遊戲。此後，每隔三五天，他們便聚在一起歡歌而舞。

這年秋天，一個風雨交加的黑夜，一條惡龍霸占了八寶湖，並要強迫天鵝姑娘為妻妾，天鵝姑娘與惡龍大戰一場，因打不過惡龍，便逃到八寶兄弟的屯裡避難。

八寶兄弟聽到惡龍霸占八寶湖和要娶天鵝姑娘，都氣得咬牙切齒，要下湖與惡龍拚命。老人們勸他們等些日子，等摸清了惡龍的底細，再去除掉它。

惡龍見天鵝姑娘逃走了，非常煩惱，於是，興風作浪，使湖水氾濫成災，沖毀了鄰近的村莊和良田，捲走了人畜……八寶兄弟見湖邊百姓吃盡了苦頭，便拿出祖傳的寶劍，身穿軟甲，腰繫絲條，並穿上天鵝姑娘給的鞋，整裝出發，天鵝姑娘也都身穿戰裙，手握雙劍，一道隨行，直奔八寶湖。

惡龍正在湖中想念天鵝姑娘，忽聽湖外叫喊，浮出水面一看，見是天鵝姑娘，不覺垂涎三尺，急忙昂頭探爪，去抓天鵝姑娘。天鵝姑娘挺劍刺來，大戰在一起。

八寶兄弟乘惡龍與天鵝姑娘大戰之機，從湖面偷偷接近惡龍，一同用寶劍向惡龍腰部、尾部猛刺、猛砍。只聽「撲」「撲」「撲」，連聲響起，惡龍的身上已被刺出五個窟窿，砍了三道口子，傷處血流如注。惡龍遭到偷襲，低頭一看，見八個壯士持劍而圍，不由一驚。這時，天鵝姑娘又乘機用劍刺瞎了它的雙眼，惡龍急忙沉入湖底，將湖水攪得波瀾翻滾。天鵝姑娘與八寶兄弟在凶濤惡浪中奮勇拚搏，終於斬了惡龍，除了一害。

村民們歡呼勝利，八寶兄弟和天鵝姑娘回到岸邊。可是，八寶湖已經面目全非，噴泉被泥沙堵住了，湖面出現了小沙丘……天鵝姑娘的家園被毀，她們都落下淚來。

村民們選出三位德高望重的老人，給天鵝姑娘和八寶兄弟說媒，使他們成了八對美滿的夫妻。人們為了紀念除掉惡龍的八寶兄弟和天鵝姑娘，就把這裡叫作八寶湖。

十三泡的傳說

在長嶺縣西部有十三個大水泡子，東西一字排開，形成天然湖，兩岸沙嶺起伏，連續不斷，嶺上野草叢生，鬱鬱蔥蔥，這就是遠近聞名的十三泡。

在很久以前，十三泡一帶土質肥沃，草木茂盛，牛羊肥壯。一天，不知從什麼地方來了十三個聰明美麗的姑娘。她們在這裡開荒種地，放牧牛羊，紡線織布，用勤勞的雙手建設家園。

離十三姐妹生活的地方不遠，有座黑風山，山上有個黃沙洞。有個魔王帶領一群小妖住在這裡。這魔王心狠手辣，性情殘暴，他隨身帶有一件寶物名叫黃沙囊。只要把黃沙囊在空中一抖，霎時黑風四起，黃沙滿天。風沙過後，水泡乾涸，草木枯黃，人畜遭殃，人們都管魔王叫旱魔。

旱魔聽說草原上住著十三個美麗的姑娘，頓時垂涎三尺，心生歹意。一天，他派一名小妖前往十三姐妹那裡去說親。威脅說：「如果十三天之內不答應，魔王就把這一帶變成沙丘，讓人畜死個精光。」小妖回去後，十三姐妹又氣又恨。附近的農牧民知道了這件事。就勸她們逃到別的地方去，免遭旱魔危害。十三姐妹卻不同意，她們說：「我們走了，這裡的父老鄉親可要受害了。咱們要想辦法除掉他，躲是躲不過去的！」農牧民深受感動，便和十三姐妹一起想出了一個戰勝旱魔的良策。

第十天，旱魔又溜鬚拍馬派小妖來催問婚事，十三姐妹欣然應允。旱魔聞訊，樂得手舞足蹈。馬上擇吉日良辰，把十三姐妹吹吹打打接上黑風山，引進黃沙洞。旱魔一見這十三個天仙似的姑娘，早已神魂顛倒，當即大擺酒宴，招待送親的農牧民。十三姐妹輪流勸酒，樂得旱魔連連乾杯，不一會兒就喝得醉如爛泥，眾小妖更是東倒西歪，十三姐妹一看時機已到，便從旱魔身上偷偷取出黃沙囊，大姐立即使出一股一股靈氣，騰空而起，霎時黑風滾滾，黃沙漫

漫，鋪天蓋地而來，把十三姐妹和正在酣睡中的大小妖魔統統埋在黃沙洞中，從此，人們又過上了太平的日子了。

幾年過後，在沙丘起伏的草原上，一連出現了十三個水泡子，澆灌和滋潤著這裡的土地，繼續和風沙乾旱鬥爭，據說這十三個水泡子就是十三姐妹化成的。

兩寶山的由來

長嶺縣腰坨子鄉有個屯叫兩寶山。屯邊有個沙丘像被從中間劈開似的，也叫兩半子山。

傳說很早以前，這個沙丘邊上有個小屯，住著十幾戶人家。住在東頭的叫王成，他為人忠厚老實，勤勞善良；住在西頭的一家也姓王，名叫王懷，他為人奸詐，無利不起早。

據說，有一年王成在熱炕頭上育了黃瓜苗，種小麥時就開花放葉了，天暖和了，他把黃瓜苗移到園子裡，在農曆三月三這天，竟有棵秧上坐了個黃瓜「妞」，人們就把這事傳開了。

這年夏天，來了個南方的風水先生，姓鄭叫鄭直，和老實巴交的王成交上了朋友，留在王成家，他每天都到屯旁的沙丘邊去轉悠。

這天，鄭直從二十多里的集上買回了魚肉酒菜，還給王成妻子兒子買了衣料。傍晚，叫王成妻子做了四樣菜，燙上酒，兩個人越嘮越對心思，就在關老爺神像前磕了頭，盟了誓，然後才上桌喝酒。飯後，鄭直對王成說：「咱倆結了義，就如親兄弟，我就對你實說吧！這屯邊的沙丘裡有兩件寶物：一是一匹金馬駒子，二是一盤寶石磨。金馬駒拉著寶石磨轉，每轉一圈就下三斤六兩金豆子。要把沙丘劈開，得了這兩件寶，咱哥倆就是無窮的富貴。可是，要劈開這沙丘，必須用三月三結的黃瓜！明天我想回去一趟，託付你一個事兒，就是看好三月三結的黃瓜。」

王成說；「大哥你放心，我不但把黃瓜看好，這話也絕不能對外人說，只望你早點回來。」鄭直囑託完王成，第二天就走了，王成整天悶頭幹活，對誰

也隻字不提。光陰如箭，轉眼到了七月初五，可是盟兄鄭直還沒回來。王成沉不住氣了，晚上，他對妻子說了金馬駒子和寶石磨的事兒。妻子想了想說：「大哥要是不回來，七月七咱就摘下黃瓜劈開沙丘，取出寶物，等大哥回來，他說咋辦就咋辦，說啥咱也不能獨吞。」王成表示贊成。

初六，吃完早飯，王成妻子就把這事兒跟娘家媽說了，她媽又跟老伴說了……就這樣這事兒傳到了屯西頭的王懷耳朵裡。

這天，晌午飯後，王懷正在喝茶，他的親信王福跑來說：「大叔，王成家有黃瓜，沙坨子裡有金馬駒子……」王懷聽說金馬駒子，著急地問：「什麼黃瓜金馬駒子的，是咋回事兒？」王福好半天才把這事兒說明白。王懷聽得眼也直了，口水也淌下來了。他妻子見他這副模樣，推他一把說：「喂！你快想個辦法呀！要不金馬駒子咱可得不著了。」王懷一聽如夢方醒連忙說：「對！對！王福你快去王成家，把哪根黃瓜是三月三結的打聽明白，等事成了，大叔給你蓋三間青瓦房，給你三坰好地，再給你娶個媳婦，也叫你過上舒心日子！你打聽時可得機靈點，別叫王成他們聽出窿縫來。」王福拍著胸膛說：「這事兒包在我身上！」說完就奔王成家去了。

王成在初六這天，他一早就上大道邊迎接盟兄去了。王福來到王成家便溜進黃瓜地假裝要摘根黃瓜吃。王成妻子急忙從屋內出來問道：「他大叔，你找啥呀？要吃黃瓜，你到屋裡等著，我給你摘一筐，叫你吃個夠。」王福故意說：「不用了！我挑大的摘一根就夠了。」王成媳婦聽說要挑大的摘可著了急，趕緊進了園子，恰巧這時王福走到三月三結的那根黃瓜跟前，他做出伸手要摘的樣子。王成媳婦急地喊起來：「哎！那個摘不得！那是三月三……啊！那是你大哥留的黃瓜種，我給你挑個嫩的。」說著摘了根黃瓜，遞給了王福。

王福已聽出他要摘的那根大黃瓜就是三月三的黃瓜，他又前後看了看接過黃瓜，邊吃邊走了。

當天晚上，王懷好不容易盼到了半夜，他叫王福把黃瓜偷來。二人直奔小沙丘，來到附近，王懷把黃瓜迎風一晃，突然黃瓜長大到十丈多長，他舉起照

沙丘狠狠劈下，只聽呼隆一聲，沙丘劈成兩半。往裡一看只見光芒四射，果然一匹金馬駒拉著寶石磨在轉動，黃燦燦的金豆子落下來。他忙用黃瓜把劈開的沙丘支上，便和王福跑進去抓金馬駒。他倆累出了一身汗，總算抓住了金馬駒子，又用繩子捆上寶石磨，叫王福背著，向外走，正在這時，支沙丘的黃瓜呀呀直響。王福仍下寶石磨喊道：「大叔！快跑吧，黃瓜支不住了！」王懷卻罵道：「膽小鬼！怕啥！咱不把寶物整出去，不是白費勁了嗎？」話音剛落，只聽咔嚓一聲，黃瓜斷了，沙丘又合併回來，王懷、王福和金馬駒子、寶石磨又都埋在沙丘裡了。而劈開的地方，留下了豁口，人們便管它叫兩半子山，隨著傳說的流傳，後來又改名叫兩寶山了。

駱駝脖子的傳說

長嶺縣利發盛鎮有個屯名叫駱駝脖子。相傳，二百多年前，小屯並不在這裡。有個叫劉本業的財主，在一個像駱駝的沙丘的駝峰前建起了宅院，雇了十幾個夥計開荒種地。春天，他對夥計們說：「你們好好幹吧，到秋多收了，咱們是肉肥湯也肥！」夥計們信以為真，起早貪黑幹活，多種了不少地，蒔弄得又好，到秋糧食獲得了大豐收，劉本業發了大財，可是年終結賬時不但沒多給夥計勞金，而且七扣八扣，夥計們的勞金就所剩無幾。劉家有財有勢勾結官府，夥計們有理無處說，只好忍氣吞聲。

一天，來了個風水先生，人送外號抱不平。窮哥們便把他請到張老大家，你湊兩斤白麵，我拿一瓶燒酒，他送來幾個雞蛋……實實惠惠地招待了抱不平。吃完飯，大家都想讓先生算算，抱不平深思了一會說：「我也是窮人，實話實說吧，算卦、相面、看風水是我餬口的營業，其實我是見啥人說啥話，隨機應變，騙幾個錢，如果算得準，我不早發財了嗎？」大家聽到這兒雖然覺得失望，可又覺得抱不平說的實話。抱不平看出大家的心情，又說：「我不忍心糊弄大家，但我可想辦法治治那些欺辱窮人的財主，可以讓劉本業拿出錢糧來分給大家。」說完他便奔劉家。劉本業見來個生人便問：「先生從哪來？找我什麼事？」抱不平說：「我從貴州來，是八代祖傳看風水的，年初我從家鄉江

水中看到一棵奇特的八杈榆樹的影子，此樹生長地，必有大富大貴之人。如不知愛護此樹還會有禍事發生。所以，我千里迢迢來找這棵樹，以便告知主人。我在門外見了這棵樹，但見已鋸掉東北方一杈，應主東家的第三子夭折！如不補救，還將有大禍降臨！」

劉本業聽後目瞪口呆，冷汗直流，暗想：此人真是神算，斷事如親見！忙說：「先生真是神人，所言一絲不差，還請先生多加幫忙。」他告訴家人快備酒菜，給先生接風洗塵。酒飯後，劉本業再三請求抱不平給破解破解，免招災禍。抱不平慢條斯理地說：「明天我前前後後好好看看，如你造化大，近處有好風水地，便可逢凶化吉！」

次日，劉本業親自陪抱不平把墳塋、宅院和屯四周的地勢看了一遍。晚上，劉本業又備酒招待抱不平，並在敬酒時說：「抱兄，你要想辦法保住我家的榮華富貴，我劉某絕不忘恩負義，我一定厚厚地謝你！」抱不平說：「多謝劉兄厚意。既然劉兄仗義疏財，我就實話對你說吧！此處陰、陽宅，都有風水好地，可惜你沒占正，你的陽宅建在駝峰前部，駝峰是馱東西的地方，所以你現在能富起來，可馱的東西終究要卸，你以後必然破產；你家的陰宅在駱駝的尾部，就更不好了。此處有兩塊寶地，陰陽宅要占上，不但富貴長久，在子孫中還能出兩個掛甲將軍！只是……」抱不平故意停下不說。

劉本業聽得入迷了，見他停下不說，可急壞了，忙問：「抱兄，只是什麼？你有什麼要求，我都答應！」

「這兩塊寶地，我要看了會瞎雙眼，要想不瞎，得做千件好事，所以我才為難！」

「好說！只要能選到寶地，做好事用的錢糧可由我出！」

那麼，你給我千弔錢、百石糧我十天做完千件好事，我就告訴你這兩塊寶地。」

「這……」劉本業打了個哏，暗暗盤算：千弔錢、百石糧可真不少啊！可是為了長遠的富貴，只有豁出來了，便說：「好！我明天就給你錢糧，你開始

做好事吧！」

抱不平偷著告訴張老大通知窮哥們都來領錢糧，這樣不到三天，錢糧發完了，千件好事也做完了。

這三天，劉本業好像從身上割肉一樣，又難受又心疼，他見抱不平把錢糧都發放完了，便急著叫抱不平給看陰陽宅的寶地。抱不平把他領到村東頭，指著逐漸高起的崗子說：「這裡地勢漸高，是駱駝的脖子，把陽宅建在這兒的前面，就能永遠過抬頭日子！」又往前走了一段路，抱不平指著一個沙包說：「這是駱駝的頭，沙包前有個窪窪，如將陰宅遷到這兒，子孫中可出兩個掛甲將軍，此事只有你知我知，只有暗暗進行，不可露出風聲，否則被別人知道，搶先占了可別怨我！」

劉本業一心想長久富貴，子孫顯赫，怎肯錯過良機，第二天就安排遷墳、挪院。窮哥們知他急於動工，藉故推託不幹，劉本業只好出大價錢雇工。一個多月才把新房蓋好，舊墳遷完，把多年積攢的錢糧都用完了，有兩個兒子在這遷墳搬家中折騰病了，不久死了。劉本業覺得這個事兒有點兒不對勁兒，便找抱不平想問問，找了三天東西屯，前後街都找遍了也沒找到。這時他才知道上當，真是「王八鑽灶坑──連憋氣帶窩火」，不久便一命嗚呼了。從此，抱不平智鬥劉本業的故事在這一帶傳開了，駱駝脖子的這個屯名也叫出去了。

明塔的傳說

長嶺縣永久鎮有個明塔村。提起明塔，還流傳著一個故事。

相傳很久以前，這裡山清水秀，柳綠花紅，牛羊滿坡，五穀豐登。人們過著安居樂業的生活。

一年有個旱魔來到這裡，給人們帶來了風沙乾旱的災難，使這裡四季乾枯，讓人們生活不下去了。

一天一個叫小明的青年把鄉親們找到一起，商量怎麼辦。大家都說只有請來龍王來制服旱魔。小明說：「我年輕身體壯，請龍王還是讓我去吧，如果我一百天不回來，你們就投奔他鄉，找條活路。」說完他就上路去請龍王。

他趟過九十多道河，翻過九十多座山，走了九十多天，歷盡千辛萬苦，終於來到東海邊。呵！這海可真大啊！天水相連，無邊無際。龍宮在哪兒呀？我怎麼去找龍王呢？要是我找不到，請不來，旱魔治不住，鄉親們可怎麼活下去……他想到這些，不由痛哭起來。他哭了三天三夜，眼睛紅了，聲音啞了，昏了過去。朦朧中聽有人問：「小夥子你為什麼傷心，哭得這麼悲切，說出來我或許能幫你想想辦法。」小明睜眼一看，見一白髮老人站在身邊。他趕緊站起向老人深施一禮，把家鄉旱魔危害百姓、來東海請龍王的事兒說了一遍。老人說：「好孩子，你千里迢迢到東海來請龍王為鄉親們除害，精神實在可嘉。不過，我在海上打了一輩子魚，也沒見過龍王……」

　　小明又急得哭起來了。老人急忙說：「孩子，你別忙，我或許能幫你找到龍王！」小明聽說能找到龍王，立即不哭了。老人接著說：「半月前，我在海上打魚，半天只打上一條兩眼如珠、兩條長鬚、五個短爪、一身金色鱗片的怪魚來，她自稱是龍王的三女兒，求我放了她。我見她可憐，就答應了她的要求，她入海前從嘴裡吐出一塊小白石頭給我。叫我有急難事時拿這塊白石頭去龍宮找她。這不巧了嗎，你要請龍王消滅旱魔為民除害，我就成全你吧！」說著老人從懷裡掏出白石頭遞給小明。小明接過晶瑩潔白的石頭喜出望外，急忙跪倒給老人磕頭，並親熱地叫了聲「爺爺！」老人非常高興，扶起小明說：「孩子，你做的是好事，爺爺應該幫你，來，上船！爺爺送你去找龍王。」小明坐船走了一會兒。便說：「爺爺！我就在這兒下海吧！」他拿出了白石頭，跳進大海中。說來也怪，小明一下海，海水立即分成兩半，露出一條道來。小明向爺爺招手告別，便大步向前走去。

　　不一會兒，只見前面白光四射，閃出一座冰雕玉砌的宮殿來。「何方野人？膽敢窺探龍宮！」忽聽有人喝問，小明循聲望去，見宮門口站著蝦蟹二將，急忙上前施禮，把手中的白石頭掂了掂說：「你們認識它吧！急事求見龍王，二位將軍通報一聲。」蝦蟹二將見來人拿的是龍宮之寶避水石，急忙笑臉相迎，進宮通報，不一會兒，裡面鼓樂喧天，紗燈對對，侍女排排，旗羅傘

扇，排列兩旁。龍王帶領夫人、兒女迎了出來。小明急忙上前參拜，龍王挽起迎進客廳，侍女獻茶。小明急忙站起來又向龍王深施一禮，將旱魔肆虐的事情說了一遍，懇求龍王相救。龍王說：「玉帝昨晚已降旨，命我去收復旱魔，義士可在我處盤桓數日，等候佳音！」小明急忙拜謝龍王，並告辭說：「小人離家已久，使命完成，就此告別！」

龍王送走小明便擂鼓聚將，一聲令下，烏雲四起，電閃雷鳴，龍王領兵將直奔小明的家鄉而來。小明家鄉的人們，從小明走後就天天盼，盼望小明請來龍王制服旱魔。十天、二十天……一百天就要到了，正在大家焦急的時候，這天中午，突然烏雲密布，雷電交加。霎時天空猶如扣上一口特大的黑鍋。人們都嚇得躲進屋子裡，只聽雷聲越來越響，雨也越下越大，一連三天三夜，雷雨交加。

第四天早晨，雲開霧散。閃止雷停，紅日昇起，土地濕潤了，旱情消除了，大家走出家門來到村口，只見一個明亮的大白柱子聳立在村頭。粗有十幾丈，高有幾十丈，用手一摸還在淌水，原來是個冰柱子。有人說：「這是冰塔吧？」「一定是小明請來了龍王，用冰塔把旱魔壓住了！」「這三天的大雷雨，一定是龍王把旱魔打敗了。」人們七嘴八舌地猜測著，從此東海龍王用冰塔壓住旱魔的故事也傳開了，村子也就叫冰塔村了。後來，小明成家立業，子孫滿堂，活了九十多歲，人們為了紀念他，就把冰塔村改叫明塔村了。

龍王廟的傳說

長嶺縣前進鄉有座龍王廟。據傳，清光緒年間，一年春天乾旱甚烈，當地農民無法耕田下種，便聚眾商議，決定設壇祈雨。

人們肩抬「龍駕」，各處行走求雨，不料，當眾人跪拜求雨時，「龍駕」上盤臥青蛇一條，長約三寸許，人們爭相圍觀，甚感驚異，以為是民眾求雨精誠所感，「龍王」駕臨。於是，人們焚表發願：「龍王行至哪裡，駕返，便在哪裡修廟，以謝龍王降雨救災之恩。」現龍王廟址，就是青蛇失蹤之地。

該廟在一九四八年被當地群眾拆除，但此傳說在當地仍然流傳。龍王廟子

村也由此得名。

龍頭山的傳說

長嶺縣城東南約一百華里的地方，有一土岡，高約五丈，長約五華里。崗頭向西南，形若龍頭，尾向西北延伸，故名龍頭山。

相傳，過去山頭左側有一水潭，潭水清澈碧透，深約數尺。內有蓮花，綺麗多姿。夏日，遊人絡繹，觀潭賞花，風和景麗。

清道光年間，有一南方人來到此處，對當地人說：「此處必須修築廟、燒窯，百姓方能避災獲福。」當地人便在水潭東岸築廟一座，在南岸依山修窯。

一日，天忽然放起大霧，濃霧甚大，行人對面不得相見，只聽山內隆隆作響，山岡上多處冒煙，人們聞聲不敢出房。三日後，雲消霧散，水潭乾涸，山頭塌一大坑，深約數丈，有棵大樹倒於其中。人們相傳惡龍被燒死了，免去了災禍。

中華人民共和國成立後，經過地質考察，發現山岡裡藏有油母頁岩。傳說中的當年隆隆作響，多處冒煙，乃依山修窯將油母頁岩燒著所致。

鷹坨子的傳說

長嶺縣流水鎮西南有個屯叫鷹坨子。開始叫金雞坨子，後來改名叫鷹坨子。為什麼改名呢？有這樣一個傳說。

在剛建屯不久，有個叫崔鳳山的農民，一天，他去趟地，發現坨子頂上樹窠子裡有只金黃色的大母雞，領著一窩金黃色的小雞崽在草窠裡吃食。他就撐著抓，撐了一氣兒，一個沒有抓住，都撐沒了。晚上回家，和屯裡的人說，大家都說：「那一定是寶！準是大金寶和小金克子變的！」這件事兒傳開了，屯名也叫金雞坨子。後來，這傳說傳到一個風水先生的耳朵裡，他覺得有利可圖，就來見本屯的財主王發。

王發為人奸詐，貪財如命，不放過一個撈錢的機會。他聽風水先生說坨子裡有金雞和金雞崽，很動心，但一轉念懷疑地問：「這樣的好事兒，你怎麼不

自己去取，告訴我幹啥？」風水先生料到他會有此問法，不慌不忙地說：「一是我命薄福淺，擔當不起，咱這一帶也只有您有這福分；二是金雞坨子在林子的深處，取出來要花一定的本錢，我拿不起錢才來找你。」說到這兒風水先生故意賣弄地說：「取出金雞可得花費一千多元，你先琢磨合不合適，三天後我來聽信，不過，我不告訴你怎麼取，你知道坨子裡有金雞也是白搭！」兩個人經過幾番討價還價，最後商定：由王發出一千元錢，由風水先生招工挖取，取出後給風水先生十隻雞崽，其餘均歸王發。

風水先生故弄玄虛，按二十八宿製了二十八隻老鷹，分布於坨子四周，雇了二十八個青壯年開挖，挖到二十八天時，什麼也沒見著，風水先生卻跟王發說：「已聽到金雞叫了，再有兩天就可挖出，為防金雞跑掉，還需要五百元錢。」王發聽說兩天便可挖出金雞，心花怒放，便又拿出五百元交給風水先生。

王發等了三天，不但沒送來金雞，連風水先生也不見了。這時，他才知道上了當，他怕聲張出去丟臉，便放出風聲說：「現在金雞還沒成寶，暫時停工，二十年後再挖。」為防金雞跑了，又把屯名改為鷹坨子。

黑沙坨與白沙坨的傳說

長嶺縣新安鎮西約八華里，公路旁有個黑沙坨；雙遼縣向陽鄉西南有個白沙坨。它們地處科爾沁草原南部邊緣，恰是兩個衛士守衛著科爾沁的南大門。提起這兩個坨子，民間流傳著黑沙公主和白沙公主抗敵保家的故事呢。

在很早的時候，這裡是一望無際的大草原，人們叫它科爾沁。當時科爾沁部落的頭人，名叫巴特爾，他為人正直，辦事公道，人們都很愛戴他。巴特爾有兩個女兒，大的面色黑紅，取名叫哈亞其其格；小的面色白嫩，取名叫查干其其格。小姐妹不但小時候像花朵似的招人喜愛，長到十八九歲時，更加亭亭玉立，英俊秀美，巴特爾把她們視為掌上明珠。從小教她們讀書、騎射。她們成年後不但才智過人，而且武藝超群，成了巴特爾的得力助手。

這時，科爾沁南邊的女真族發達起來，經常對科爾沁草原進行侵略。這年

秋，女真族長又派大將豪隆率五千騎兵入侵科爾沁，守衛邊境的將領扎布一面奮起抵抗，一面派飛騎報警。巴特爾聞訊立即率領將士增援，當援兵接近邊寨時，豪隆已攻破營寨，扎布負傷，領著部分兵將邊戰邊退。巴特爾命兩員猛將率五百輕騎，繞過正面，去偷襲豪隆的後寨，燒燬他的糧草，自己率領人馬沖上去迎戰豪隆。

豪隆正追殺，見殺來一股援軍，敗兵亦返身殺回，拚死格鬥。大戰約兩個時辰，豪隆忽見後寨起火，大吃一驚，正欲回軍去救，他忽然想到巴特爾善於用兵，我如退兵去救，巴特爾必然追殺，我將一敗塗地！不如拚死一戰。於是他高喊：「弟兄們，咱們的糧草被燒了，咱們只有活捉巴特爾，征服科爾沁，才有活路！大家拼吧！」他挺槍直取巴特爾，二人大戰在一起。戰了五十多個回合，巴特爾終因年邁漸漸不敵，且戰且退。女真兵見主將得勝，個個奮勇衝殺，眼看蒙古兵就要全線敗退，正在這千鈞一髮之際，忽見黑白兩隊騎兵，在兩員女將的率領下，衝殺上來，蒙古兵聲勢大振，一見是哈亞、查干兩個公主率女兵來增援，立即精神煥發，殺聲震天，奮勇殺敵！

豪隆戰敗巴特爾，正在揮兵追殺，忽見殺聲震天，只見黑、白兩員女將已揮刀從左右一齊殺來，他急忙挺槍迎戰。三人大戰七十多個回合，仍不分勝敗。哈亞其其格想：「如此戰鬥下去，萬一女真來了援兵，後果將不堪設想！」於是，她拼著命想與敵人同歸於盡，這時豪隆舉槍刺她的左肋，她不但不擋，反而掄起大刀向豪隆頭頂劈下，豪隆一見大吃一驚，但想招架、躲閃均已不及，只聽撲哧、咔嚓聲響，哈亞、豪隆同時負傷。查干公主見姐姐冒死一刀砍中敵人，左肋中槍，腸子已拖出，她哭聲喊道：「姐姐！快下去包紮，讓我來殺死這個惡賊！」說著掄刀猛砍！

豪隆肩頭被砍，血流如注，急欲逃命，卻被查干公主攔住，他只好咬緊牙關迎戰，二人又站了十幾個回合，查干懷著為姐姐報仇的念頭，並不招架豪隆的槍，而是掄刀向敵人要害砍去，只聽「撲哧」「咔嚓」兩聲，豪隆、查干雙雙落馬。巴特爾趕上又是一刀，砍下豪隆的腦袋，女真兵見主將身亡，便四散

奔逃，蒙古兵追殺一陣，大獲全勝。可是哈亞、查干兩位公主終因傷勢太重，獻出了年輕的生命。

草原上的人們聽到哈亞、查干兩公主為保衛科爾沁戰死的消息，人人痛哭，家家掛孝，巴特爾尊重女兒臨終時的遺言，將她們埋在南部邊境上。

人們為了紀念兩位巾幗英雄，每逢清明佳節，都從四面八方帶著黑、白兩色沙土為她們的墳塋添土，久而久之便成了黑、白兩個沙坨子，因此得名黑沙坨與白沙坨。

黑泉眼的由來

在三縣堡鄉南端與懷德交界的地方，有條彎曲的小河，河上游有個泉眼，人們管這泉眼叫黑泉眼。

相傳，從前這裡是一片草原。一天，一個叫春哥的青年，趕著牛羊來這裡放牧，發現了這條小河。為了找到河的源頭，他早出晚歸，找了七七四十九天，才發現這是從一個缸口粗的泉眼裡淌出來的。

清亮亮的泉水，太陽一照金光耀眼，泉口上還漂著五枚碗口大的金錢。春哥見這裡水草豐盛，適於放牧，就在泉邊搭了個小馬架住了下來。後來，有個叫秋妹的姑娘，也趕著羊群來到這裡，他們在放牧中互相幫助，建立了感情，結為夫妻，成了這裡第一戶人家。天長日久，到這裡放牧的人越來越多，泉口上漂著五枚金錢的事兒也就越傳越遠。從此，人們把這裡叫作「金錢眼」屯。

在這屯正南五十里開外的地方，有個朱家寨，寨子裡住著老財主，叫朱善良。這天，他正躺在炕上抽大菸，手下聽使喚的朱三進來，把泉眼裡有五枚金錢的事兒偷偷告訴他。他一聽，樂了，眯著眼睛說：「金錢漂在水上，我還是頭一回聽說，要是把它撈到手，那可是無窮的富貴了。」於是，他帶上朱三和幾個家奴，騎上快馬，向「金錢眼」跑去。太陽快落山時，他們來到泉邊一看，果然不假。牛善良剛想叫家奴們動手去撈，只見牧民們趕著牛羊到河邊來飲水，他做賊心虛，不得不躲進樹林裡藏起來。

半夜時，朱善良二次來到泉邊，指使家奴打撈金錢。撈了半天沒撈到手，

他氣得大罵：「你們這些飯桶！」他便自己動手，也真奇怪，他在這邊撈，錢就漂到那邊，他到那邊去，錢又漂到這邊，忙了一身汗也沒撈著。後來，他想了一個辦法，蹲在泉水邊等金錢漂過，猛地用手一捧，撈上來第一枚，接著第二枚、第三枚、第四枚也這樣撈上來啦，當撈第五枚時，由於用力過猛，腳沒站住，「撲通」一聲掉進了泉口裡，連同已撈上的幾枚金錢一起沉入水底。朱三和家奴急忙打撈朱善良，撈了半天，也沒撈著屍體，看看天快亮了，只好回家去報喪。

從那天以後，泉眼裡的金錢不見了，泉水也變黑了。據說是因為朱善良黑透了心，把水染黑了。從此，金錢眼這個名字也就改成了黑泉眼。

太平川的傳說

長嶺縣西北的太平川鎮，不僅是長嶺的吞吐門戶，而且是平齊鐵路的重要站點。特別是通（通遼）讓（讓葫蘆）鐵路和長（長春）白（白城）公路建成通車後，這裡便成了交通樞紐。太平川的名字是怎樣來的呢？據說很久以前，因為這裡四周沙丘環繞，中間地勢低窪，下雨滿街流水，晴天氣候乾燥，所以取名叫大干州。當地還流傳一首民謠：提起大干州，十年九不收。缺吃又少穿，家家犯憂愁。白天土匪搶，夜晚賊盜偷。禍亂無人問，苦難何時休。

後來有個風水先生說：「這裡的天災人禍，是因大干州名字不好！」一些群眾相信了他，請他給改個名字。他想了半天說：「還是這三個字，只是把『州』字的三點，挪給『大』字一點，變成太，挪給『干』字兩點變成平，『州』字去了三點，就剩下川字了，就叫太平川吧！」從此，太平川的名字就叫開了。

太平山的由來

一九四五年的秋天，鬍子四起，南北頭的幾家有錢戶把世合盛燒鍋當成靠山，搬進燒鍋院裡住，誰知一宿工夫，老七點和大生字鬍子三四百人就把燒鍋圍了個風雨不透。兩天也沒攻進去，第三天東南晌午了，趙四打頭的在院心忽然看見一個身穿一身青褲褂，白淨面，雪白鬍子的老頭。趙老四覺得奇怪，衝

他問：「有鬍子咋還閒溜躂？」那老頭衝他一笑說：「鬍子來怕個啥，鬍子進不來，一會兒就該逃了。」趙四打頭的半信半疑，朝白鬍子老頭看了半天問：「你姓啥？」老頭不慌不忙地說：「我姓古——月。」說完後，在院裡轉了一陣不見了。

到晌午的時候，圍在院外的鬍子真的都逃了。兩伙鬍子都往西面奔盧家屯，臨走還綁走了劉老四。鬍子著急忙慌逃了，大夥心裡都納悶。不少人都說外面的鬍子從外面看見院裡調來了白馬隊，滿院都是，不計其數，鬍子哪敢再打世合盛？

就在這兩伙鬍子剛逃不一會兒，管事的韓老四，還有姓黃的，就問趙四打頭的，問明白事由，琢磨來琢磨去，覺得這古月二字奇怪。認為這又是狐仙顯靈，就召集大小管事的，買了高香紙馬去狐仙堂上供。也怪，從打那以後，四處鬍子那麼多也沒再來，在混亂的日子裡，也有了太平日子，從那時候起，這裡就改名為太平山。

義合村的由來

在長嶺縣原永升鄉東北角的義合村，原名不叫義合村而叫「一合村」。為什麼把「一」改為「義」為呢？要說起來還頗有點兒來歷呢。傳說是在一九三七年的正月，有個大財主名叫于江，帶著三千家丁騎著大馬，沿著現在的義合村邊界跑一圈，就把這個地方全占有了。到了種地的時候，于江臨時搭起了窩堡，用十副馬犁仗不分黑天白日地趟呀，趟呀，只是在馬吃草的時候，人們才能歇息一會兒。他為了能在短時間內多開出一些地來，一副犁仗往返一次就兩條壟，農民把這樣的壟叫「一合土」的壟。誰知到了下種的時候，等呀，等呀，一直等到老秋也沒掉一個雨點，氣得于江只好拔營起寨。其中有一個夥計說：「我們已來了一年啦，還沒給這個地方起個名字！」話音剛落，另外一個夥計開了腔：「這老干勾于太可惡啦，他淨想發財，哪知老天有眼偏不給他下雨，幹了一春零八夏就撈個『一合土』，我看這個窩堡就『一合村』吧。」從此，在這空曠荒野的地方就留下了這個「一合村」的遺址。到了第二年，有八

個山東老鄉逃荒路過這個地方，一看這個地方有開的壟沒人種，他們商量了一下，決定在此落腳。他們用手和木棍挖坑，在這「一合」壟上撒下了種子。天老爺餓不死瞎家雀，種子下地就落了一場透雨，這年秋天打下老多老多的糧食，這八個老哥，雖說是來自山東省不同的縣，可是他們相處得如同親兄弟一般，商量決定：回老家接來妻小，並邀了一些親戚朋友在此地落腳。日子長了，有人說：「我們也得給這個屯起個名，那『一合村』的名不吉利。」有人說：「我們雖說來自山東不同的縣，但是相處得像一家人一樣，這都是一個窮字，把我們逼到一塊兒來啦，大夥都以義氣為重，和睦相處，我看我們這個屯就改名叫『義合村』吧！」從此「義合村」這個名就一直沿用至今。至今義合村的人還有以義為重的習俗呢！

金豬寶城傳說

在長嶺縣城東，住著一位姓王的老頭，因為他年年種瓜，所以，人們都叫他老瓜頭。

說來也怪，本來他種的是香瓜，地裡卻長出一棵燒瓜秧，不久又結了兩個大燒瓜。老瓜頭樂呵呵地自語到：「這兩個玩意兒真出奇，我得留個籽兒，來年全種這個。」

這天晌午，從南邊來了個老蠻子，路過瓜地時，一眼就看中了這兩個大燒瓜，便湊到老瓜頭跟前翁聲翁氣地說：「把這兩個燒瓜賣給我吧！」老王頭從嘴裡拔出小煙袋，搖搖頭說：「不賣，我家還留籽呢！你要誠心買，至少也得五十兩銀子。」「中啊，一言為定！」說著老蠻子從口袋中掏出五十兩銀子，遞給老瓜頭。接著他又拍著老瓜頭的肩膀，叮囑說：「今兒個我不把瓜帶走，你好好經管著，千萬別動彈它，等八月十五晚上我來取瓜，保證再賞你五十兩銀子。」老瓜頭好奇地問：「你花這些錢，要它幹啥？」老蠻子支支吾吾地說：「沒什麼，我想過節嘗嘗鮮。」

老蠻子走後，老瓜頭尋思，都說南方蠻子識貨，說不定我這燒瓜是塊寶呢。他又想，他不讓我動，我偏要動一動，看到底有啥說道。於是，老瓜頭用

小刀輕輕地把瓜蒂切斷，對好茬原封不動地放在那裡。

一晃兒，到了中秋節，傍晚，老蠻子慌裡慌張地趕到瓜地。只見他貓下腰輕輕用手一碰，兩個燒瓜便自動掉下來了。「呵！你給我經管得不錯，咱說話算數。」說著便遞給老瓜頭五十兩銀子，然後掏出一塊紅布，包起兩個燒瓜，便走了。老瓜頭懷疑地跟在老蠻子後面，約莫三更天，只見老蠻子貓頭鼠尾地溜到南門口，環顧四周無人，便打開紅布，一手拿一個燒瓜，衝著大門輕輕撞了三下，不一會兒，門「吱呀」一聲開了，看城裡有一頭金光閃閃的老母豬，還跟著十隻小金豬仔。可是不論老蠻子用燒瓜怎麼逗引，金豬就是不出城，急得老蠻子像熱鍋上的螞蟻。過一會兒，城門「吱呀」一聲關上了。老蠻子怒火中燒，「咔嚓」一下把燒瓜摔個稀碎，他藉著月光，仔細一看，原來燒瓜沒熟。他有心想去找老瓜頭算賬，可又沒啥理由，只好忍氣吞聲地回南方去了。

從此，人們都說，長嶺是一塊寶地。

石虎的傳說

南城子的石刻群，曾有一段有趣的傳說。

一年秋天的夜晚，天陰得伸手不見五指。忽然雷聲大作，牧群炸營了。第二天早晨，鄉親們發現牲畜死傷無數，被吃剩下的牛羊殘骸遺棄滿地，情景實在是恐怖。後來屯中有個叫苗大膽的老獵人，自告奮勇要除掉這個殘害生靈的惡魔。

老獵人召集鄉鄰幾十人，手持鉤桿鐵齒，埋伏在畜圈旁。三更時，忽然出現兩個龐然大物，兩眼似燈，血盆大口。搖著丈八長的尾巴，衝進畜圈，三口兩口就吃掉一隻羊，苗大膽和眾人齊聲吶喊，嚇得兩個怪物逃走了。

人們追到屯西北，苗大膽瞄準怪物打了一槍，只聽咔嚓一聲，一溜火光。眾人趕過去，見草地上立著兩隻石虎，口中叼著羊羔，胸前抱著牛犢，渾身血跡斑斑。

後來大家為了懲治這兩個龐然大物，合計了一個辦法，特意在哈拉巴山運來幾塊石頭，請石匠雕刻了兩隻石羊，跪在石虎前，意在供其食用；又雕刻了

兩個高大的石人，腰佩長劍立於石虎左右，看管石虎。從此，村屯平靜，人畜兩旺。

五井鎖沙龍

長嶺縣原永升鄉南部有個五井泡子，泡子南北兩側都是高達數丈的沙嶺，嶺上榆樹叢生，恰是水泡子把沙嶺攔腰衝斷。

很早以前，這裡是一片大草原，很多牧民見這裡地肥草好便來這裡定居。逐漸形成了村落。一年春天，一連刮了三天大風，刮得天昏地暗，草木凋零，很多人趕著牛羊往別處去了。最後，只剩下張景治、王景風、李景沙、趙景乾和劉景旱五戶人家。開始，他們在沙嶺南頭修了一座廟，祈求神佛保佑。一天，張景治等人又來廟裡燒香上供，回來時遇見一位白髮蒼蒼的老人。老人問明情由，告訴他們：「這是沙龍為害，要制服沙龍必須在沙嶺腰部挖出水來，把沙龍斬斷，風沙乾旱自可解除。」說完老人就走了。五人急忙回家準備，第二天，男女老少一齊來到沙龍嶺上開始挖井。頭一眼井盤子小了。沒打出水來，第二眼、第三眼、第四眼，還都因盤子小，挖不到一定深度，沒打出水來。直到第五眼井挖到二十丈深時，突然，出現盆口粗的一個泉眼，泉水立即噴出，不大一會兒，便將沙嶺攔腰衝斷，並在打井的地方形成了個水泡子。

因為打井的五戶主人的名字都有個「景」字，又打了五眼井才暫斷沙嶺，所以五井鎖沙龍的故事也就從此傳開。

釣魚台傳說

長嶺縣三縣堡鄉有個屯叫釣魚台。這裡無江河湖泊，無處釣魚，那麼，釣魚台這個屯名的咋來的呢？

相傳這個屯以前不叫釣魚台，因為有個姓于的財主，在這裡，他為人占尖取巧。他家有眼井，他打完水就把柳罐摘下來拿回，別人吃水他也心疼，過往人渴了到井邊喝點兒水，他也吵罵一頓。因此，人們都叫他「嘎于」。

一天，嘎于早晨起來到井邊閒逛，看見井邊木框上吊著一條嘎魚，上面還掛著紙條，他走進一看，上面寫：嘎于嘎于嘎得出奇，占尖取巧，欺壓鄰里，

狗咬花子，井水怕吃，壞事做盡，活該吊死！

　　他當時火冒三丈，便破口大罵起來。人們聽他叫罵，都圍過來看，大家看見吊著的魚和紙條，有人說：「這井台上釣魚，這不就成了釣魚台嗎？」從此，這事傳開了，屯子也因此改成釣魚台了。

吉林文庫 A0703A19

文化吉林：長嶺卷

主　　編	莊　嚴
版權策畫	李　鋒
責任編輯	林以邠

發 行 人	陳滿銘
總 經 理	梁錦興
總 編 輯	陳滿銘
副總編輯	張晏瑞
編 輯 所	萬卷樓圖書股份有限公司
排　　版	菩薩蠻數位文化有限公司
印　　刷	維中科技有限公司
封面設計	菩薩蠻數位文化有限公司

出　　版　昌明文化有限公司

桃園市龜山區中原街 32 號

電話　(02)23216565

發　　行　萬卷樓圖書股份有限公司

臺北市羅斯福路二段 41 號 6 樓之 3

電話　(02)23216565

傳真　(02)23218698

電郵　SERVICE@WANJUAN.COM.TW

大陸經銷　廈門外圖臺灣書店有限公司

　　　電郵　JKB188@188.COM

ISBN 978-986-496-271-6

2018 年 1 月初版

定價：新臺幣 460 元

如何購買本書：

1. 轉帳購書，請透過以下帳戶

　　合作金庫銀行　古亭分行

　　戶名：萬卷樓圖書股份有限公司

　　帳號：0877717092596

2. 網路購書，請透過萬卷樓網站

　　網址　WWW.WANJUAN.COM.TW

大量購書，請直接聯繫我們，將有專人為您

服務。客服：(02)23216565　分機 610

如有缺頁、破損或裝訂錯誤，請寄回更換

國家圖書館出版品預行編目資料

文化吉林. 長嶺卷 / 莊嚴主編.-- 初版.-- 桃

園市：昌明文化出版；臺北市：萬卷樓發

行, 2018.01

　　冊；　　公分

ISBN 978-986-496-271-6(平裝). --

1.文化史　2.人文地理　3.吉林省

674.2408　　　　　　　　　　107002127